国学经典文库

图文珍藏版

前古未有之书　许君之所独创

说文解字

[东汉]许慎·编著　马松源·整理

线装书局

图书在版编目（CIP）数据

说文解字：全4册 / (东汉) 许慎编著；马松源整
理. -- 北京：线装书局，2014.11（2021.6）
ISBN 978-7-5120-1464-0

Ⅰ.①说… Ⅱ.①许… ②马… Ⅲ.①《说文》
Ⅳ.①H161

中国版本图书馆CIP数据核字(2014)第161329号

说文解字

作　　者：［东汉］许　慎
主　　编：马松源
责任编辑：高晓彬
出版发行：线裝書局
　　　　　地　址：北京市丰台区方庄日月天地大厦B座17层（100078）
　　　　　电　话：010-58077126（发行部）010-58076938（总编室）
　　　　　网　址：www.zgxzsj.com
经　　销：新华书店
印　　制：北京彩虹伟业印刷有限公司
开　　本：710mm×1040mm　1/16
印　　张：112
字　　数：1360千字
版　　次：2021年6月第1版第2次印刷
印　　数：3001-9000套

线装书局官方微信

定　　价：598.00元（全四册）

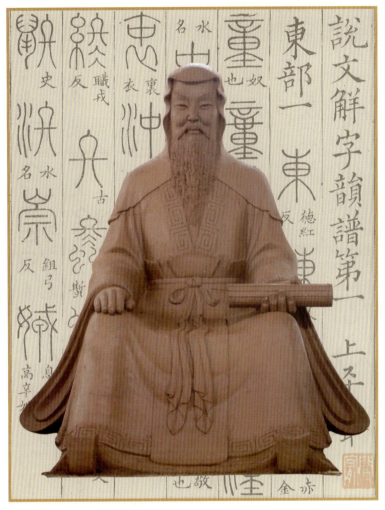

—— "字圣" 许慎 ——

　　许慎字叔重，东汉豫州汝南郡召陵县万岁里（今河南省漯河市召陵区姬石乡许庄村）人。约生于汉明帝永平元年（58年），卒于汉桓帝建和元年（147年），是我国东汉时期的文字学家、经学家。在罢黜百家、独尊儒术以儒学思想治天下的汉朝，在他被尊为"五经无双"和古、今文经学纷争的特殊时期，放弃所有功名利禄，胸怀国家和民族，以科学严谨的理念和执着敬业的态度，倾其一生心血撰著了对中华民族发展壮大和中华文明传承发展产生巨大影响的我国乃至世界最早的字典《说文解字》。许慎的著作和他的精神影响着一代又一代中华儿女，也因其巨大贡献而被后人尊为"字圣"。每年的高考时节，总会有些学生到许慎庙前拜一拜，但他们拜的可不是迷信，而是精神力量，想要从许圣人这里得到些精神支持。

—— 许慎像 ——

——《说文解字》书影 ——

　　《说文解字》是中国第一部系统地分析汉字字形和考究字源的字书。许慎著，原书十四篇，叙目一篇，正文以小篆为主，收9353字，又古文、籀文等异体同文1163字，解释十三万余字。此书在流传中叠经窜乱，今本与原书颇有出入。本书首创部首编排法，为后世字书所沿用，本书对古文字、古文献和古史的研究贡献极大。

—— 伏羲演八卦 ——

　　相传伏羲人首蛇身，与女娲兄妹相婚，生儿育女，他根据天地万物的变化，发明创造了占卜八卦，创造文字结束了"结绳记事"的历史。

—— 仓颉造字 ——

　　仓颉曾把流传于先民中的文字加以搜集、整理和使用，在汉字创造的过程中起了重要作用，为中华民族的繁衍和昌盛作出了不朽的贡献。

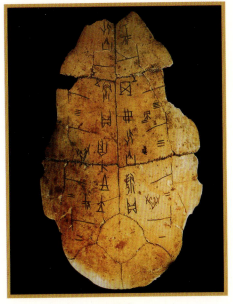

—— 甲骨文 ——

甲骨文是商朝时人们在占卜和祷告时，刻在龟甲和兽骨上的符号和标记，用以记录当时发生的事。是目前已知的中国最早的成熟的文字。

—— 泰山刻石（秦·李斯）——

泰山刻石两刻辞均为李斯所书。书法严谨浑厚，平稳端宁；字形公正匀称；线条圆健似铁；结构左右对称，疏密适宜。具有极高的艺术价值。

—— 道教的"神符" ——

道教的"神符"是一种特殊的书法艺术，符咒是重要道术。许慎《说文》："符，信也。汉制以竹，长六寸，分而相合。"

—— 曹全碑 ——

曹全碑立于东汉中平二年。明万历初年，该碑在陕西郃阳县旧城出土。在明代末年，相传碑石断裂，人们通常所见到的多是断裂后的拓本。

——中秋帖——

　　《中秋帖》是王献之所书，与王羲之的《快雪时晴帖》，王珣的《伯远帖》合称"三希"，现藏故宫博物院。其书法纵逸豪放，是王献之创造的新体。

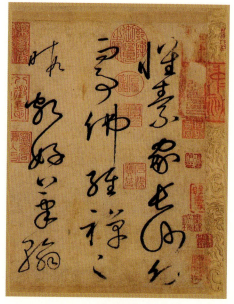

——自叙帖——

　　《自叙帖》是怀素中晚年草书的代表作。通篇为狂草，笔笔中锋，如锥划沙盘，纵横斜直无注不收，上下呼应如急风骤雨。

——多宝塔碑——

　　《多宝塔碑》是颜真卿四十四岁时书，是颜书碑刻中较小之字，为颜真卿早期作品。此碑字体整密匀稳、法度严谨，笔法方折丰劲，秀丽多姿。

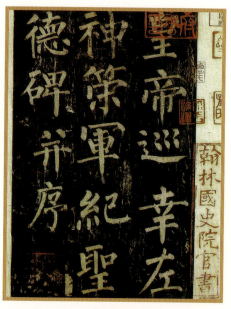

——神策军碑——

　　《神策军碑》乃柳公权晚年所书。字体沉着稳健，气势磅礴，可谓柳公权"生平第一妙迹"。原立于长安宫廷禁地，今藏国家图书馆。

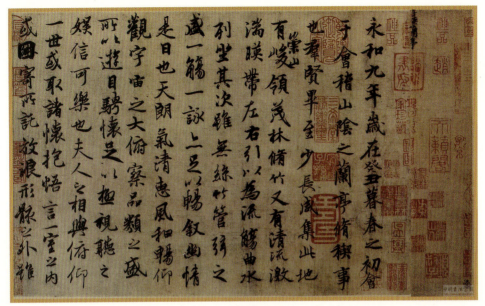

—— 兰亭序 ——

　　《兰亭序》是晋代豪门大族王羲之在第一大都市会稽（绍兴）撰写。其文书法具有极高的艺术价值，为天下第一行书。传说唐太宗派人用几近骗取的手段得到了真迹《兰亭序》，奉为至宝，命朝中善书者摹拓数本，广赐王公大臣，最后，深爱羲之书法的唐太宗将真迹带入了昭陵，留给后世无尽的遗憾。

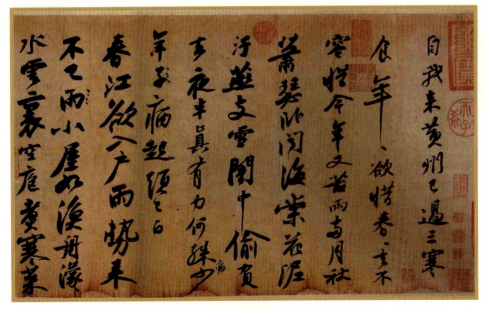

—— 黄州寒食帖 ——

　　《黄州寒食帖》是中国宋朝苏轼撰诗并书写的墨宝，是苏轼被贬黄州第三年（1082年）的寒食节，于东坡雪堂写成。此帖是墨迹素笺本，以行草写成，笔法自由，旁边还有黄庭坚作跋。帖横34.2厘米，纵18.9厘米，行书十七行，129字，现藏台湾故宫博物院。此法帖是中华十大传世名帖之一。

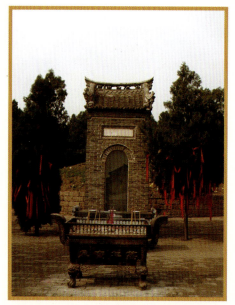

—— 许慎墓 ——

—— 许慎故里景观石 ——

—— 许慎公园核心建筑字圣殿 ——

许慎文化园以许慎墓为核心，占地10万平方米，建筑面积4200平方米，总投资5000万元，园区建筑按传统规制对称布局，三区一轴，十二个节点。由南向北分布在三级台地之上。广场服务区3.2万平方米，有六书石柱、文字大门、翰林阁、景区管理中心、许慎文化研究中心、游客服务中心、旅游纪念品商店等建筑；中心展示区3.3万平方米，有汉字大道、字圣殿、叔重堂、说文馆、文化长廊、魁星亭、字形牌坊等主要建筑；墓冢保护区4.3万平方米，主要为文物本体以及部首方阵、字形解义、字源石、蟾桂山等景观小品。

前　言

　　《说文解字》是中国第一部系统地分析字形和考究字源的字书,作者许慎,是东汉的经学家、文字学家、语言学家,有"五经无双许叔重"之赞。书名中的"文"指的是整体象形表意字,"字"指的是结体有表形表声的合体字,所以许慎以"说文解字"为书名,后代常常简称为《说文》。作为两汉文字训诂学之集大成者,《说文解字》既是中国古代第一部系统分析汉字字形和考究汉语字源的文献精品,同时也是千百年来流传最广和使用最多的中华典藏古文工具书。

　　《说文解字》是中国历史上第一本古代文字研究典籍,也是中国第一部按部首编排的字典,原书十四篇,叙目一篇。正文以小篆为主,收九千三百五十三字,又古文、籀文等异体重文一千一百六十三字,解说十三万三千四百四十一字。该书在流传中,屡经窜乱,今本为宋徐铉所校定,与原书颇多出入,徐氏以篇帙繁重,将每篇分为上下二卷,共三十卷,收九千四百三十一字,重文一千二百七十九字,解说十二万二千六百九十九字。

　　该书改变了周、秦至汉的字书的编纂方法,即将所收字编为四言、七言韵语的形式,首创了部首编排法,分为五百四十部;许氏又总结了以前的"六书"理论,开创了有系统地解释文字的方法,先解释字义,次剖析形体构造,再说明读音,剖析字形的方法,是以前字书所未有的。该书对古文字、古文献和古史的研究都有重大的贡献,但说解中也杂有主观臆断和迷信成分,需要参照甲骨、金石、竹木简的文字研讨审定。

　　《说文》这样一部巨著,是在经学斗争中产生的,今文经学与古文经学之争是汉代学术思想领域中最重要的一场论争。秦以前的典籍都是用六国时文字写的,汉代称六国文字为"古文",用古文书写的经书称为古文经,秦始皇出于愚民政策的需要,把这些用古文字写成的《诗》《书》等典籍付之一炬。西汉初年,一些老年儒生凭记忆把五经口授给弟子,弟子用隶书记下来。隶书是汉代通行的文字,称"今文",用今文书写的经书,称今文经,后来陆续发现用古文字写的经书,这样在汉代经学家中就分成了今文经学家和古文经学家。两派的区别不只是表现为所依据的经学版本和文字不同,更主要的表现为怎样使经学为封建统治服务上。今文经学家喜欢对经书作牵强附会的解释和宣扬迷信的谶纬之学;古文经学家则强调读懂经典,真正理解儒学精髓,为此侧重名物训诂,重视语言事实,比较简明质朴。许慎属于古文经学派,他编著《说文》是要以语言文字为武器,扩大古文经学在政治上和学术上的影响。

　　《说文解字》因其广博的收录而记载了大量的古代词汇,并保存了许多字词的古义和丰富的古代文化资料。因此,这部书既是研究上古时期的文字发展和典籍文献必不可少的工具书,也是注释古籍、探讨古代文化不可缺少的参考资料。也正是由于《说文解字》丰富的内容以及文字释解、分析和部首编排等方面的首创,对我们今天从字形、字义区别上研究和了解汉字的结构及其笔画构造有着直接的帮助,也为我们研究甲骨文、金文提供了有力的支持。总之,《说文解字》对我们今天研究中国汉字的起源、发展,特别是对会意字、形声字以及用字的假借等内容的认识和了解,都有着最为直接的作用。

目　　录

《说文解字》原文释义

国学经典文库

说文解字

目录

图文珍藏版

国学经典文库

说文解字

目录

图文珍藏版

3

国学经典文库

说文解字

目录

图文珍藏版

国学经典文库

说文解字

目录

图文珍藏版

国学经典文库

说文解字

目录

图文珍藏版

国学经典文库

说文解字

目录

图文珍藏版

9

国学经典文库

说文解字

目录

图文珍藏版

国学经典文库

说文解字

目录

图文珍藏版

国学经典文库

说文解字

目录

图文珍藏版

国学经典文库

说文解字

目录

图文珍藏版

15

国学经典文库

说文解字

目录

图文珍藏版

17

国学经典文库

说文解字

目录

图文珍藏版

国学经典文库

说文解字

目录

图文珍藏版

国学经典文库

说文解字

目录

图文珍藏版

国学经典文库

说文解字

目录

图文珍藏版

25

国学经典文库
说文解字
目录
图文珍藏版

附录　汉字汉语总汇

国学经典文库

说文解字

目录

图文珍藏版

《说文解字》原文释义

一部

一

| 甲骨文 | 金文 | 小篆 | 楷书 |

【原文】

一,惟初太始,道立于一,造分天地,化成万物。凡一之属皆从一。弌,古文一。

【译文】

最初,万物形成之始,道建立了一。尔后,才分解成天与地,演化成万事万物。凡是一的部属全部从一。弌,古文"一"字。

【按语】

"一"是指事字。甲骨文、金文、小篆和楷书全部都写成一横。

"一"可以作成最小的整数用。例如李白《蜀道难》:"一夫当关,万夫莫开。"延伸表示全、满。例如"一生"。

"一"用作序数的第一位。也可表示动作短暂或者是一次。例如"笑一笑""一学就会"。

"一"用作副词,意思是一经、一旦。崔颢《黄鹤楼》:"黄鹤一去不复返。"

"一"用作语气助词,没有实际意义。例如杜甫《石壕吏》:"吏呼一何怒!妇啼一何苦!"

三

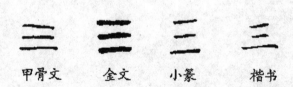

甲骨文　　金文　　小篆　　楷书

【原文】

三,天、地、人之道也。从三数。凡三之属皆从三。弎,古文三从弋。

【译文】

三,天、地、人的道数。由三画构成。凡是三的部属全部从三。弎,古文"三"字。从弋。

【按语】

"三"是指事字。甲骨文、金文、小篆和楷书全部都写成三横。

"三"的原义是数名,例如老子《道德经》中说:"道生一,一生二,二生三,三生万物。"

"三"由原义延伸出多的意思。例如《论语·公冶长》:"季文子三思而后行。"成语"三思而行"即出于此处,表示经过多次深思熟虑,然后再去做。

五

8　X　X　五

甲骨文　　金文　　小篆　　楷书

【原文】

五,五行也。从二。阴阳在天地间交午也。凡五之属皆从五。乂,古文五省。"

【译文】

五,表示水、火、木、金、土五种物质。二,表示天和地。乂表示阴、阳二气在天地之间交错。凡是五的部属全部从五。乂,古文"五"字,是五的省略。

【按语】

"五"是象形字。甲骨文、金文的形体似两物交叉之形。小篆的写法大概相同。隶变以后楷书便写成"五"。

"五"的原义为交错、交结。尔后被假借成数字使用,其"交错"之义就用"午"代替表示了。例如沈佺期《和中书侍郎杨再思春夜宿直》:"千庐宵驾合,五夜晓钟稀。"此处的"五夜"是指五更的时候,等同于现在的凌晨三点至五点。

甲骨文　金文　小篆　楷书

【原文】

七,阳之正也。从一,微阴从中斜出也。凡七之属皆从七。"

【译文】

七,阳的正数。从一表示阳,乚表示微弱的阴气从表示阳气的"一"中斜屈地冒出来。凡是七的部属全部从七。

【按语】

"七"是指事字,表示将要从此处切断一根棍棒。为了与"十"区分,小篆把竖画下边弯曲。隶变以后楷书写成"七"。

"七"的原义是切,现在已经消失了。尔后被假借表示数字七。例如曹植的《七步诗》、东方朔的《七谏》。古代乐理有"七音"或者"七声"之说,古琴有七根弦,也叫"七弦琴"。

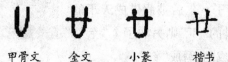

甲骨文　金文　小篆　楷书

【原文】

廿,二十并也。古文省。

【译文】

廿,两个十字合并而成。是孔壁中的古文的一种省略形式。

【按语】

"廿"是象形字。甲骨文似两个"丨"(带刻度的棍,表示十)连接在一起的样子,表示双"十"。金文另加了一横表示刻度。小篆继承金文,整齐化。隶变以后楷书写成"廿"。

"廿"的原义是两个"十"相并,即二十。例如清代史学家赵翼编撰的《二十二史札记》,也叫《廿二史札记》。

丁

| 甲骨文 | 金文 | 小篆 | 楷书 |

【原文】

丁,夏时万物皆丁实。象形。丁承丙,似人心。凡丁之属皆从丁。

【译文】

丁,夏天万物全部壮实。似草木茎上有果实的样子。丁承继丙,似人的心。凡是丁的部属全部从丁。

【按语】

"丁"是象形字。甲骨文形体似俯视所见的钉头之形。金文似钉子的侧视图。小篆线条化。隶变以后楷书写成"丁"。

"丁"的原义是钉子。尔后被假借成天干的第四位,而原作钉子讲的"丁"则另加了个"钅",表明钉子是用金属制成的,写成"钉"。

钉子由坚硬的金属做成,故可延伸指强健、健壮,所以成年男子也称"丁"。例

如白居易《新丰折臂翁》："无何天宝大征兵，户有三丁点一丁。"

干

甲骨文　金文　小篆　楷书

【原文】

干，犯也。从反人，从一。凡干之属皆从干。

【译文】

干，侵犯。由"人"字反过来、由一会意。凡是干的部属全部从干。

【按语】

"干"是象形字。甲骨文似叉子一类的猎具或者武器。金文上部又加了一个大疙瘩。小篆的形体整齐化。隶变以后楷书写成"干"。

"干"的原义是武器。例如《韩非子·五蠹》："执干戚舞，有苗乃服。"其中的"执干戚舞"即拿着武器跳舞，引喻以美德替代武力来感化并制服敌人。

武器大多是用于进攻的，故延伸指干犯、触犯。例如杜甫《兵车行》："牵衣顿足拦道哭，哭声直上干云霄。"

"干"由干犯延伸指关连、涉及。例如"不相干"。

万

甲骨文　金文　小篆　楷书（繁体）　楷书

【原文】

萬，虫也。从内，象形。

【译文】

萬，虫名。从内，似头部之形。

【按语】

"万"是象形字。甲骨文似一只蝎子之形。金文繁杂化,隶变以后楷书写成"萬"。汉字简化后写成"万"。

"万"的原义是蝎子。后被借指成数目字,十千为一万。延伸泛指极多。例如"气象万千""日理万机"。

"万"也有全体、所有的意思。例如成语"万事如意""万象更新"。

"万"作副词用时,表示绝对、不管如何。例如"万万没想到"。

下

甲骨文　　金文　　小篆　　楷书

【原文】

丅,底也。指事。丅,小篆下。

【译文】

丅(下),低下。指事字。下,小篆"下"字。

【按语】

"下"是指事字。甲骨文上面的长弧线表示地面,下面的短横表示地下。金文和小篆全部是由此演化而来的。隶变以后楷书写成"下"。

"下"的原义是指示方向。也用来表示底部、低处,因此也延伸指去往(从高处到低处)。例如常说的"南下"就是这种用法。

地有高低上下,人有上下尊卑,所以"下"也延伸指地位低下。例如"下人"。尔后人们又把在高位的人屈就地位较低的贤才称作"下"。例如成语"礼贤下士"就是这种用法。还延伸指离开、除下。例如"下去吧""下了枪"。

才

| 甲骨文 | 金文 | 小篆 | 楷书 |

【原文】

才,草木之初也。从丨上贯一,将生枝叶也。一,地也。凡才之属皆从才。

【译文】

才,草木初生的样子。由"丨(gǔn)"向上面贯穿"一",表示草木发芽抽苗将生枝叶;一,表示地面。凡是才的部属全部从才。

【按语】

"才"是象形字。甲骨文上面一横表示土地,下面似草木的茎(嫩芽)刚刚出土而枝叶尚未出土的样子。金文、小篆线条化。隶变以后楷书写成"才"。

"才"的原义是草木初生。延伸指木料或者木料的质性,人或者物的质性、资质,通"材"。例如贾谊《过秦论》:"才能不及中人,非有仲尼、墨翟之贤,陶朱、猗顿之富。"

"才"延伸指有才能,有本领。例如"雄才""英才"。

"才"虚化成副词,表示方始、刚刚。例如"现在才懂了"。

"才"又表示仅仅、只。例如白居易《钱塘湖春行》:"乱花渐欲迷人眼,浅草才能没马蹄。"

井

| 甲骨文 | 金文 | 小篆 | 楷书 |

【原文】

井,八家一井。象构韩(交木构成井口)形,罋之象也。古者伯益初作井。凡井之属皆从井。

【译文】

井,八家共汲一井,井似四周构架的木栏形,是汲瓶的样子。古时候,一个叫伯益的人最先造了井。凡是井的部属全部从井。

【按语】

"井"是象形字。甲骨文好似一个方口的水井。金文在井的中心加了一个圆点儿,表示从井里打水的水桶。小篆的形体线条化了。隶变以后楷书写成"井"。

"井"的原义是水井。例如《击壤歌》:"凿井而饮,耕田而食。"有水井的地方必有人家。故"井"延伸指乡里。例如离开家乡叫"离乡背井"。

古代的井是方方整整的形状,故延伸指整齐而有条理。例如成语"井井有条"。也延伸指形状似井的东西。例如"天井""矿井"。

不

不	不	不	不
甲骨文	金文	小篆	楷书

【原文】

不,鸟飞上翔不下来也。从一,一犹天也。象形。凡不之属皆从不。

【译文】

不,鸟向上飞翔却不落下来。从一;一,好似是天。不似鸟飞的形状。凡是不的部属全部从不。

【按语】

"不"是象形字。甲骨文、金文全部好似花萼的形状。小篆继承甲骨文、金文,整齐化、符号化。隶变以后楷书写成"不"。

"不"的原义是花萼。例如《诗经·小雅·常棣》:"常棣之华,鄂(萼)不韡韡(wěi,鲜明的样子)。"但现在这个原义已经消失了。

　　"不"后世多用其假借义，用作副词，表示否定。例如"锲而不舍"。也延伸指没有。例如《诗经·王风·君子于役》："君子于役，不日不月。"

牙

金文　　小篆　　楷书

【原文】

牙，牡齿也。象上下相错之形。凡牙之属皆从牙。

【译文】

牙，大齿。似上下齿相互交错的样子。凡是牙的部属全部从牙。

【按语】

　　"牙"是象形字。金文的形体似两枚上下交错对合的兽牙的形状。小篆的形体整齐化。隶变后楷书写成"牙"。

　　"牙"的原义是大牙，即臼齿、槽牙。古时候，人们称前面的门牙为"齿"，在辅车（牙床骨）上的磨牙为"牙"。现在则统称成"牙齿"。

世

金文　　小篆　　楷书

【原文】

世，三十年为一世。从卅而曳长之。亦取其声也。

【译文】

世，三十年叫一世。由"卅"字延长它的末笔而成"卅"字延长末笔成"乀"字。世也取乀表声。

【按语】

"世"是会意字。金文的形体是三个带圆点的竖,就是古代的三十(卅)。在小篆中,三个小圆点变成了一小横。隶变以后楷书写成"世"。

"世"的原义是三十年。例如《论语·子路》:"如有王者,必世而后仁。"意思是,如果有王者兴起,也一定要三十年才能实现仁政。

"世"延伸指一世一代相承的。例如"世袭""世交"。人的一生也可以称成"一世"。

至

甲骨文	金文	小篆	楷书

【原文】

至,鸟飞从高下至地也。从一,一犹地也。象形。不,上去;而至,下来也。凡至之属皆从至。

【译文】

至,鸟从高处飞下落到地面上。从一,"一"好似是地面。"至"似鸟向下飞的形状。"不"字是鸟飞上去,而"至"字是鸟飞下来。凡是至的部属全部从至。

【按语】

"至"是会意字。甲骨文下部一横表示地面,地面上插着一支羽箭,会箭从高处射落到地面之意。金文与甲骨文基本相同。小篆继承了金文并使其整齐化。隶变以后楷书写成"至"。

"至"的原义是到来、到达。延伸表示极、最。例如交谊最深的朋友为"至交"。

"至"用作连词,表示转折,相当于"至于"。例如《史记·淮阴侯列传》:"诸将易得耳,至如(韩)信者,国士无双。"

国学经典文库

说文解字

《说文解字》原文释义

图文珍藏版

未

甲骨文　金文　小篆　楷书

【原文】

未,味也。六月,滋味也。五行,木老于未。象木重枝叶也。凡未之属皆从未。

【译文】

未,滋味。未代表六月,这时万物长成有滋味。金、木、水、火、土五种物质中,木在未月老成。未似树木重叠枝叶的样子。凡是未的部属全部从未。

【按语】

"未"是象形字。甲骨文好似一棵枝干繁茂的树木的样子。金文大概相同,小篆整齐化。隶变后楷书写成"未"。

"未"的原义是繁茂。枝叶繁茂就会遮蔽光线而变得昏暗,因而用作否定词,表示没有。例如成语"未卜先知"。大都说来,"未"字否定过去,"不"字否定将来,但有时候"未"也当不讲。例如"未能免俗"。

"未"还可以放在句末,表示疑问。例如王维《杂诗》:"来日绮窗前,寒梅著花未?"

于

甲骨文　金文　小篆　楷书

【原文】

于,於也。象气之舒亏。从丂,从一。一者,其气平也。凡于之属皆从于。

【译文】

于,於。似口气的舒展平直。由丂、由一会意。一,表示那口气的平直。凡是于的部属全部从于。

【按语】

"于"是指事字。甲骨文左边似一种吹奏乐器,右边象征乐声,与兮、乎的造字方法相同,全部与吹奏乐器有关。隶变以后楷书写成"于"和"亏"。如今规范化,以"于"为正体。

"于"的原义是乐声婉转悠扬。用作动词时,由乐声悠扬飘去延伸指去、往。例如《诗经·周南·桃夭》:"之子于归,宜其室家。"

"于"也可延伸指起点、来源,意即"从""自"。例如"青出于蓝而胜于蓝"。

"于"用作介词,等同于"在""到""对""向"。

"于"还可介入比较对象,表比较。例如杜牧《山行》:"霜叶红于二月花。"也表被动。例如《庄子·秋水》:"吾长见笑于大方之家。"

屯

甲骨文　　金文　　小篆　　楷书

【原文】

屯,难也。象草木之初生。屯然而难。从屮贯一。一,地也。尾曲。《易》曰:'屯,刚柔始交而难生。'

【译文】

屯,艰难。似草木初生,曲折而又艰难的形状。它的字形由"屮"贯穿"一"构成。一,代表地面。"屯"字的尾部弯曲。《周易》说:"屯卦,是阴柔阳刚二气开始交合时艰难随之而产生的形象。"

【按语】

"屯"是象形字。甲骨文似古代缠线的工具,中间是缠绕的线团。"屯"是"纯"的早期文字。隶变以后楷书写成"屯"。

"屯"的原义是缠线、丝的工具。缠线由少而多,累积成团,所以延伸成聚集。人以群居的方式生活,众人聚集在一起形成了村落,所以"屯"也指村落。军队的驻防,就是把大量人员聚集一处,所以也称"屯"。所谓"屯于境上",指的就是军队在边境驻防。

无

无 無 无

小篆　楷书（繁体）　楷书

【原文】

无,亡也。从亡,无声。兂,奇字无,通于元者。王育说,天屈西北为无。

【译文】

无,没有。从亡,无声。兂,奇字“无”,是小篆“元”字丿画向上贯通的结果。王育说,天向西北方倾斜叫作无。

【按语】

“无”是象形字。小篆似人手持舞具舞蹈的样子。隶变以后楷书写成“無”,汉字简化之后写成“无”。

“无”的原义是没有。尔后也用来表示否定。例如《孟子·梁惠王上》:“鸡豚狗彘之畜,无失其时。”说的就是鸡、猪、狗一类的家畜,不可以错过它们的繁殖时期。

丙

囗 丙 丙 丙

甲骨文　　金文　　小篆　　楷书

【原文】

丙,位南方,万物成,炳然。阴气初起,阳气将亏。从一入冂。一者,阳也。丙承乙,象人肩。凡丙之属皆从丙。

【译文】

丙,定位在南方(南方是夏天的方位),这时万物全部在长成,全部光明强盛。阴气开始出现,阳气将要亏损。由一、人、冂会意。一,表示阳气。丙承继着乙,似人的肩。凡是丙的部属全部从丙。

【按语】

"丙"是象形字。甲骨文和金文字形十分相似。小篆整齐化、线条化。隶变以后楷书写成"丙"。

"丙"的原义早已消失,尔后被借成天干的第三位,在甲、乙之后,也表示次序的第三。汉代后期的宫室建筑,正室两边的房屋,就以甲、乙、丙、丁为序,第三等房屋称作"丙舍"。古人常说"丙夜",指的就是"三更"(即晚上十一点至第二天凌晨一点)。

百

甲骨文　　金文　　小篆　　楷书

【原文】

百,十十也。从一、白。数,十百为一贯。相章也。

【译文】

百,十个十。由一、由白会意。数目,十个百是一贯。这样就能彰明不乱。

【按语】

"百"是指事字。甲骨文形体是在"白"字之上加"一"为指事符号,与"白"有所区别。金文与甲骨文大概相同。小篆整齐化、符号化。隶变以后楷书写成"百"。

"百"的原义指十个十。例如林嗣环《口技》:"虽人有百手,手有百指,不能指其一端。"

"百"延伸指众多。例如《孙子兵法》:"知彼知己,百战不殆。"意思是说,既了解敌人也了解自己,多次作战也不会失败。

亚

甲骨文　金文　小篆　楷书（繁体）　楷书

【原文】

亚，丑也。象人局背之形。贾侍中说，以为次弟也。凡亚之属皆从亚。

【译文】

亚，丑恶，似人驼背的样子。贾侍中说，用它来表示次一等的意义。凡是亚的部属全部从亚。

【按语】

"亚"是象形字。甲骨文象个火坑。上古人们有祭祀火的风俗，就是在屋中央挖一个十字土坑，里边点上火，昼夜不灭，象征祖先所在。隶变以后楷书写成"亞"。汉字简化之后写成"亚"。

"亚"的原义是火塘、火坑。但后世其原义完全消失了，被假借表示次一等、第二。儒家尊称孔子为"至圣"，尊称孟子为"亚圣"，意思就是孟子仅次于孔子。现在人们把次于冠军的称为"亚军"，也就是这个意思。

吏

甲骨文　金文　小篆　楷书

【原文】

吏，治人者也。从一，从史，史亦声。

【译文】

吏，治理人的人。由一、由史会意，史也表声。

【按语】

"吏"是会意字。甲骨文左下方是一只手,右侧似一把捕捉猎物的长柄网,会打猎之意。金文、小篆大概相同。隶变以后楷书写成"吏"。

"吏"的原义是指管理狩猎或者记录猎获物的人。尔后人类社会建立了国家机器,所以延伸成官吏。汉朝以后,"吏"特指官府中的小官和差役。例如汉乐府《陌上桑》中,罗敷夸赞夫婿时说:"十五府小吏,二十朝大夫。"这个"小吏"指的就是府衙中的小官。

平

平 亏 平

金文　小篆　楷书

【原文】

平,语平舒也。从亏,从八。八,分也。爰礼说。

【译文】

平,语气平直舒展。由亏、由八会意。八,表示分匀。是爰礼的说法。

【按语】

"平"是会意字。金文从亏(于,指气受阻碍而能越过),从八(分),会气越过而能分散,语气自然平和舒顺之意。隶变以后楷书写成"平"。

"平"的原义是语气平和舒缓。延伸泛指平坦、不倾斜。例如"平原""平衡"等。也延伸成安好、宁静。远离家乡的人给家人"报平安",说的就是告诉家里人自己一切安好。

"平"还延伸成一般的、普通的。例如"平民""平价"。

"平"用作动词时指平定。例如"平息骚乱"。

右

甲骨文　　金文　　小篆　　楷书

【原文】

右,助也。从口,从又。

【译文】

右,帮助。由口、由又会意。

【按语】

"右"是会意字。甲骨文字形似一个人手捧祭品于祭台前,会求神保佑之意。金文、小篆全部直接由甲骨文演化而来。隶变以后楷书写成"右"。

"右"是"祐"的本字,原义指神保佑,延伸指帮助。

古代以右为上。"右姓"指世家大族;"右职"指非常重要的职位。古代,东方和西方也往往用左方和右方代之。例如"陇右"就是指"陇西"。

奉

金文　　小篆　　楷书

【原文】

奉,承也。从手,从収,丰声。

【译文】

奉,承受。由手、由収会意,丰声。

【按语】

"奉"是会意字。金文似用双手捧着禾麦奉献给神祖之形,会向神祖拜祭祷告、祈求丰收之意。小篆的字形线条化、繁杂化。隶变以后楷书写成"奉"。

"奉"的原义是捧禾祭献神祖。祭神时，要神情庄重，并用双手捧着祭品，所以延伸成恭敬地捧着、拿着，此义后来写成"捧"。

"奉"由祭祀神祖，也延伸指给予、供养。例如苏洵《六国论》："奉之弥繁，侵之愈急。"象供奉神祖一样敬畏某项法则，就是严格遵守，所以还延伸成遵守、遵循。例如"奉公守法"。

业

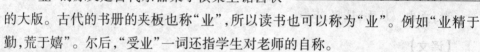

金文　　小篆　　楷书（繁体）　　楷书

【原文】

业，大版也。所以饰（枸）县钟鼓。捷业如锯齿。以白画之。象其鉏铻相承也。从丵，从巾，巾象版。

【译文】

业，乐器架子横木上的大版。是用来装饰横木、悬挂钟鼓的东西。参差排比似锯齿，用白颜料涂画它。似两层版参差不齐而又互相继承的样子。由丵、由巾会意。巾似版之形。

【按语】

"业"是象形字。金文似古代乐器架的横木上起装饰作用的大版。小篆线条化、整齐化。隶变后楷书写成"業"。汉字简化之后写成"业"。

"业"的原义是古代乐器架子横梁上锯齿状的大版。古代的书册的夹板也称"业"，所以读书也可以称为"业"。例如"业精于勤，荒于嬉"。尔后，"受业"一词还指学生对老师的自称。

"业"也延伸指从事的工作。例如"安居乐业""不务正业"等。

更

甲骨文　　金文　　小篆　　楷书

【原文】

更,改也。从攴,丙声。

【译文】

更,改变。从攴,丙声。

【按语】

"更"是形声字。甲骨文从攴,丙声。金文上面又增加了一个"丙"。小篆由甲骨文演化而来。隶变以后楷书写成"更"。

"更"的原义是改变、改换、调换,读作 gēng。例如"更迭""更衣"。书面语中,还延伸成经过、经历。例如成语"少不更事"。

古代用"更"来表示夜间的计时单位。一夜分五更,每更约等于两小时。

"更"用作副词,用于比较,表示程度增高,有愈加、另外或者再的意思,读作 gèng。例如"更快更好"。

束

甲骨文　　金文　　小篆　　楷书

【原文】

束,木芒也。象形。凡束之属皆从束。读若刺。

【译文】

束,树木的刺。象形。凡是束的部属全部从束。音读似"刺"字。

【按语】

"朿"是象形字。甲骨文似以尖木穿物之形,是"刺"的本字。金文与甲骨文非常相似。小篆进一步线条化。隶变以后楷书写成"朿"。

"朿"的原义指穿刺,尔后延伸指树木的棘刺。

因"朿"能扎人,其形体也不十分明显,所以在右边增加了"刀",写成"刺",于是"刺"行而"朿"废。

专

甲骨文　　小篆　　楷书(繁体)　　楷书

【原文】

専,六寸簿也。从寸,叀声。一曰:专,纺专。

【译文】

専,六寸簿。从寸,叀声。另一义说:专,纺砖。

【按语】

"专"是会意字。甲骨文左边似一只手,右边似纺线用的纺砖,会用手转动纺砖纺线之意。隶变以后楷书写成"専"。汉字简化之后写成"专"。

"专"的原义是纺砖。纺车转动,只围绕一个圆心,所以延伸成专一、单纯。例如"专注"。纺车大都只由一个人使用,因此也延伸成独用、独占。例如"专利""专美"。独占一件东西,容易使人在这件事物的使用上显得肆无忌惮,所以也延伸成专横、专擅。如今"专"的原义已经消亡,多用它的延伸义。

开

小篆　　楷书(繁体)　　楷书

【原文】

开,张也。从门,从开。

【译文】

开,开门。由门、由开会意。

【按语】

"开"是会意字。小篆外部是两扇大门,内部为门闩,会两手拉开门闩之意。隶变以后楷书写成"開"。汉字简化之后写成"开"。

"开"的原义是开门。也延伸成张开、打开、开启。花朵开放,卷在一起的东西舒展开,全部很似门打开的样子,所以还延伸成开放、舒展。花朵开放,是由花苞的一点慢慢向外伸展开来,所以还延伸指开拓、扩展。

与

斝 斝 與 与

金文　　小篆　　楷书（繁体）楷书

【原文】

与,赐予也。一勺为与。此与與同。

【译文】

与,赐给。由"一""勺"构成"与"字。这个字的用法与"與"字相同。

【按语】

"与"是会意字。金文从手,从与,从口(表示器物),会一双手把器物交给另一双手之意。小篆承接金文。隶变以后楷书写成"與"。汉字简化之后写成"与"。

"与"的原义是赐给、给予。读作 yǔ。授人以物,除了是对对方的肯定之外,甚至还可能想跟对方结交,所以延伸出赞许、嘉奖,交往、结交之意。

"与"还可以用作介词,表示跟、和。例如成语"与狐谋皮",就是跟狐狸要毛皮的意思。

　　"与"还指参加到某件事情之中,读作 yù,例如"参与"。

甘

甘　　甘　　甘

甲骨文　　小篆　　楷书

【原文】

甘,美也。从口含一;一,道也。凡甘之属皆从甘。

【译文】

甘,美味。由"口"含"一"会意;一,表示味道。凡是甘的部属全部从甘。

【按语】

　　"甘"是指事字。甲骨文从口,从一,指嘴里含着美味的食物之意。小篆继承甲骨文的形体并整齐化。隶变以后楷书写成"甘"。

　　"甘"的原义是味美。例如《诗经·邶风·谷风》:"谁谓荼苦,其甘如荠。"

　　甜美的东西招人喜欢,喜欢就会乐意、情愿,故尔后也延伸表示甘心情愿。例如"甘愿受罚"。

甫

甫　　甫　　甫　　甫

甲骨文　　金文　　小篆　　楷书

【原文】

甫,男子美称也。从用、父,父亦声。

【译文】

甫,男子的美称。由用、父会意,父也表声。

【按语】

"甫"是象形字。甲骨文似田中长有菜苗,是"圃"的本字。金文上边稍讹。小篆讹为从用,从父。隶变以后楷书写成"甫"。

"甫"的原义指苗圃,即种菜的地方。

在古代,"甫"还指对男子的美称。古人在写信或者见面时询问对方的表字,称"台甫"。

表

寰　表

小篆　　楷书

【原文】

表,上(加在外面的)衣也。从衣,从毛。古者衣裘,以毛为表。"

【译文】

表,外衣,由毛、衣会意。古时候穿的裘衣,用毛作为外衣的表面。此处所释为延伸义。

【按语】

"表"是会意字。小篆从衣,从毛,会皮袄之意。隶变以后楷书写成"表"。

"表"的原义是毛翻在外边的皮衣,尔后延伸成穿在外边的衣服。穿在外边的衣服代表着一个人的面貌,所以也延伸成外表、外貌。

"表"尔后也指作为标志和木柱。北京天安门前的"华表",就是从古人立木头做表记的传统发展而来的。也延伸指表率、榜样。还可以指表白。

"表"在古代还是一种文章的体式,是臣下给皇帝的奏章。

"表"常用的意义还有钟表、表格等。

正

正

甲骨文　　金文　　小篆　　楷书

【原文】

正,是也。从止,一以止。凡正之属皆从正。

【译文】

正,正直无偏斜。从止,("一"是古文"上"字,表示在上位的人)把"一"放在"止"上(会上位者止于正道之意)。凡是正的部属全部从正。

【按语】

"正"是指事字。在甲骨文字形中,上面的符号表示方向、目标,下面是"止"(足),会朝这个方位或者目标不偏不斜地走去之意。隶变以后楷书写成"正"。

"正"的原义是位置居中,不偏斜,读作 zhèng。例如"正襟危坐""正午"。

正中是合于法则的,故延伸指合于法则的。例如"正楷""拨乱反正"。两者相对,"正"指好的、强的或者主要的一方,与"反""副"相对。

"正"也表示动作在进行当中。例如"他正在开会。"还可当恰好讲。例如"正好""正中下怀"。

正月,是农历的第一个月。此处的"正"读作 zhēng。

东

东

甲骨文　　金文　　小篆　　楷书(繁体)　　楷书

【原文】

東,动也。从木。官溥说:从日在木中。凡東之属皆从東。

【译文】

東，动。从木。官溥说：由"日"在"木"中会意。凡是東的部属全部从東。

【按语】

"东"是象形字。甲骨文似一个两头扎起来、里面装了货物的大口袋。金文多了许多线条，小篆规范化了。隶变以后楷书写成"東"。汉字简化之后写成"东"。

"东"的东方之义是假借用法，即假借"东西"（物）的"东"表示"东方"的"东"。

古时主人之位在东，宾客之位在西，所以主人称为"东家"。如果宴请别人，作宴会者就称为"作东"。

束

| 甲骨文 | 金文 | 小篆 | 楷书 |

【原文】

束，缚也。从口、木。凡束之属皆从束。

【译文】

束，捆缚。由口、木会意。凡是束的部属全部从束。

【按语】

"束"是会意字。甲骨文从木，从口（表捆缚），会捆绑木柴之意。金文、小篆变得线条化了。隶变以后楷书写成"束"。

"束"的原义是捆绑。例如《易·贲》："束帛戋戋。"意思是很多捆起来的丝织物"帛"码放在那里。延伸成收拾或者整理好。例如"束囊"是收拾行装，"束担"是收拾行李。

"束"也延伸成搁置。例如苏轼《李氏山房藏书记》："束书不观，游谈无根。"

"束"尔后也延伸成管束的意思。例如"束身自爱"等。也延伸成束缚、约束的意思。例如李白《留别广陵诸公》："空名束壮士。"是说空徒虚名约束住了有壮志的人。

来

甲骨文　　金文　　小篆　　楷书（繁体）　　楷书

【原文】

来，周所受瑞麦来、麰。一来二缝，象芒朿之形。天所来也，故为行来之来。凡來之属皆从來。

【译文】

来，周地所接受的优良麦子——来和麰。一根麦杆两颗麦穗，似麦芒麦刺的形状。来是上天赐来的，所以用作"往来"的"来"字。凡是來的部属全部从來。

【按语】

"来"是象形字。甲骨文似一棵成熟了的麦子。金文、小篆变得线条化了。隶变以后楷书写成"來"。汉字简化之后写成"来"。

"来"的原义是小麦。尔后被假借为"来去"的"来"，而且这一借就不还了，只好另造字来表示小麦，就是"麥"字，简体为"麦"。

"来"字当未来、将来讲时是假借义，也是后世所用的"来"的主要含义。例如陶渊明《归去来兮辞》："悟已往之不谏，知来者之可追。"

"来"字进而延伸成到。例如《论语·学而》："有朋自远方来，不亦乐乎？"

从来、至之义也延伸出产生、开始、发生之义。例如"来路""来历"。

有

甲骨文　　金文　　小篆　　楷书

【原文】

有，不宜有也。例如《春秋传》曰：'日月有食之。'从月，又声。凡有之属皆从有。

【译文】

有，不应当有。《春秋左氏传》说："日月有日蚀、月蚀现象。"从月，又声。凡是有的部属全部从有。

【按语】

"有"是会意字。甲骨文、金文是以右手持肉的样子，会有了之意。小篆基本上同于金文。隶变以后楷书写成"有"。

"有"的原义是持有。尔后词义扩大了，不管有什么东西全部是"有"，与"无"相对。例如成语"有备无患"。

"有"也延伸指存在。例如《诗经·小雅·大东》："东有启明，西有长庚。"

"有"用在整数和零数之间，等同于"又"。例如"一十有二"，就是十二的意思。

本

甲骨文　　金文　　小篆　　楷书

【原文】

本，木下曰本。从木，一在其下。

【译文】

本，树木下部叫本。从木，记号"一"标志在树木的下部。

【按语】

"本"是指事字。甲骨文上部是"木"（树）的枝干，下部是根部，三个小圆圈是指事符号，表示此处是树木的根部所在。金文、小篆基本延续了甲骨文的写法。隶变以后楷书写成"本"。

"本"的原义是指草木的根或者靠近根部的茎干。例如《国语·晋语》："伐木不自其本，必复生。"延伸指事物的根本、基础。例如《论语·学而》："君子务本，本立而道生。"

"本"也延伸表示原来、本来。例如"本心"。

"本"也表示自己方面的。例如"本国""本人"。

互

互　互

小篆　楷书

【原文】

无。

【按语】

"互"是象形字。小篆似古代收丝或者绳的器具之形。为了防止丝、绳脱散，两根横棍并不平行，而是成十字向，故收起的丝或者绳成交错状。隶变以后楷书写成"互"。

"互"的原义是收绳器。延伸指交错。例如柳宗元《小石潭记》："其岸势犬牙差互，不可知其源。"大意是说，溪岸的形状似犬牙那样交错不齐，不知道它的源泉在哪里。

"互"用作副词，表示交替、相互。例如范仲淹《岳阳楼记》："渔歌互答，此乐何极。"也表示递相、相继，一个接一个。例如苏洵的《六国论》："六国互丧，率赂秦耶？"

丽

𣥠　𪋿　麗　麗　丽

甲骨文　金文　小篆　楷书（繁体）　楷书

【原文】

麗，旅行也。鹿之性，见食急则必旅行。从鹿，丽声。

【译文】

麗，结伴而行。鹿的特性是，发现食物虽情势紧急却也一定结伴而行。从鹿，丽声。

【按语】

"丽"是会意字。甲骨文、金文似两鹿并行的样子(省去了一头鹿的鹿身)。隶变以后楷书写作"麗"。汉字简化之后写成"丽"。

"丽"的原义是双鹿并行。延伸指成双的、成对的。例如《文心雕龙·丽辞》："丽辞之体,凡有四对。"意思是,词句对偶的文体,共有四种对偶的方法。

"丽"也延伸指美好、漂亮。例如白居易《长恨歌》："天生丽质难自弃,一朝选在君王侧。"

亟

| 甲骨文 | 金文 | 小篆 | 楷书 |

【原文】

亟,敏疾也。从人,从口,从又,从二。二,天地也。

【译文】

亟,敏捷。由人、由口、由又、由二会意。二,表示天地。

【按语】

"亟"是会意字。甲骨文似侧身站立的人,人的头上脚下各有一条横线,表示"上极于顶,下极于踵",会尽头、极点之意。金文、小篆繁杂化了。隶变以后楷书写成"亟"。

"亟"的原义是尽头、极点。尔后"亟"被假借为敏疾、急。例如《史记·陈涉世家》："趣赵兵亟入关。"是说催促赵军赶快入关。

例如《左传·隐公元年》："爱共叔段,欲立之。亟请于武公,公弗许。"其中的"亟",表示屡次、多次,读作 qì。这句话的意思是,武姜偏爱共叔段,想立共叔段为世子,多次向武公请求,武公全部不答应。

丝

丝 丝 絲 絲 丝

甲骨文　　金文　　小篆　　楷书（繁体）　　楷书

【原文】

絲，蚕所吐也。从二糸。凡丝之属皆从丝。

【译文】

絲，蚕吐的丝。由两个"糸"字会意。凡是丝的部属全部从丝。

【按语】

"丝"是象形字。甲骨文似两束蚕丝。金文、小篆直接由甲骨文演变而来。隶变以后楷书写成"絲"。汉字简化之后写成"丝"。

"丝"的原义是蚕吐的丝。例如李商隐《无题》："春蚕到死丝方尽，蜡炬成灰泪始干。"

"丝"由原义延伸指丝织品。丝很细小，故用来形容细微之极，极小。成语有"一丝不苟"，就是做事认真细致，一点儿不马虎。

"丝"古人常把用丝捻制成的弦做发音部件的乐器称为弦乐器。"丝竹"就是弦乐器与竹管乐器的总称。

"丝"还延伸泛指似丝一样的东西。例如"藕断丝连"。另外，人们所说的"气若游丝"，也是形容人快死时，气息微弱，就似是若断若连的细丝。

"丝"也延伸指细纹。例如"乌丝栏""硬丝柴"。

丞

丞 丞 丞 丞

甲骨文　　金文　　小篆　　楷书

【原文】

丞,翊也。从収,从卪,从山。山高,奉承之义。

【译文】

丞,辅佐。由収、由卪、由山会意。山高,有向上奉承的意思。

【按语】

"丞"是会意字。甲骨文会双手从坑中救人之意。金文简化。小篆继承金文并整齐化。隶变后楷书写成"丞"。

"丞"的原义是拯救。实际上是"拯"字的本字,念 zhěng。

"丞"延伸成辅助。例如《汉书·百官公卿表上》:"掌丞天子助理万机。"意思是(相国、丞相)辅助皇帝处理政事。进而延伸指辅佐帝王的最高官吏,也指各级长官的辅助官吏。例如"丞相""府丞""县丞"等。

事

甲骨文　　金文　　小篆　　楷书

【原文】

事,职也。从史,之省声。

【译文】

事,记事。从史,小篆的声符"中"是"屮"字的省略。

【按语】

"事"是会意字。甲骨文右上为捕捉禽兽的长柄网,其下是一只手,会手执捕猎工具去田猎之意。金文、小篆的形体与甲骨文相似。隶变以后楷书写成"事"。

"事"的原义是捕猎。尔后范围扩大,不管做什么事情全部可以称为"事"。例如《论语·

学而》："敏于事而慎于言。"意思是，君子在办事情上敏捷，在说话上谨慎。也可以延伸成从事。例如李白《邺中赠王大》："耻学琅琊人，龙蟠事躬耕。"

"事"也延伸指侍奉、服侍。例如《论语·学而》："事父母，能竭其力；事君，能致其身。"

丐

甲骨文　　金文　　小篆　　楷书

【原文】

无。

【按语】

"丐"是会意字。甲骨文从人，从亡（目无眼珠之形），会盲人求乞之意。金文大体相同。小篆字形变化较大，但意义不变。隶变以后楷书写成"丐"。

"丐"的原义是乞求。例如《晋书·王欢耽学》："不营产业，常丐食诵诗。"意思是，不经营自己家的产业，常常边乞讨食物边诵读诗经中的句子。

"丐"延伸指靠乞讨为生的人。例如"丐帮"。

丛

小篆　　楷书（繁体）　　楷书

【原文】

叢，聚也。从丵，取声。

【译文】

叢，（草木）聚集。从丵，取声。

【按语】

"丛"是会意字。小篆从丵(表示丛生的草),取声。隶变以后楷书写成"叢"。汉字简化之后写成"丛"。

"丛"的原义是聚集。例如曹操《观沧海》:"树木丛生,百草丰茂。"延伸指许多事物凑在一起,聚集。例如"丛生""树丛"。也延伸指聚集在一起的人或者物。例如"论丛"。

"丛"用作形容词,指繁杂,众多。例如"丛谈",指各种逸事杂说。

"丛"用作量词,等同于"簇""束"。例如白居易《买花》:"一丛深色花,十户中人赋。"

艳

豔　豔　艳

小篆　楷书(繁体)　楷书

【原文】

豔,美而长也。从豐,盍声。

【译文】

豔,容色美好而又颀长。从豐,盍声。

【按语】

"艳"是形声字。小篆从豐(丰),盍(盍)声。隶变以后楷书写成"豔"(豔),俗作"艷"。汉字简化之后写成"艳"。

"艳"的原义是丰满而美丽。例如《左传·桓公元年》:"目逆而送之,曰,美而艳。"延伸指华美、鲜明。例如张先《好事近》:"双歌声断宝杯空,妆光艳瑶席。"

"艳"还延伸特指有关爱情的事或者著作。例如"艳歌"指情歌、恋歌。

容貌美艳、文采风流、美人在怀,全部是让人羡慕的事情,所以"艳"还延伸成羡慕。例如"艳羡"。

丧

丧

甲骨文　金文　小篆　楷书（繁体）　楷书

【原文】

丧，亾也。从哭，从亾。会意。亾亦声。

【译文】

丧，丧失。由哭、亾会意，亾也表声。

【按语】

"丧"是会意字。甲骨文从三"口"，会哭丧之意，桑表声。金文从噩，从亡。小篆"噩"讹变为"哭"。隶变以后楷书写成"喪"。汉字简化之后写成"丧"。

"丧"的原义是丧失、丧亡。例如《韩非子·五蠹》："偃王行仁义而丧其国。"所谓"丧其国"，就是失掉了他的国家。

"丧"由丧失，延伸指死亡。例如任昉《奏弹刘整》："刘氏丧亡。"也延伸指丧仪、丧事，即人死后殓、奠、殡、葬等事宜。例如《左传·僖公三十三年》："秦不哀吾丧而伐吾同姓，秦则无礼。"

考

考

甲骨文　金文　小篆　楷书

【原文】

考，老也。从老省，丂声。

【译文】

考，老年人。从老省，丂声。

【按语】

"考"是象形字。甲骨文与"老"同形,全部似长发老人扶杖之形。金文、小篆的头上增加了毛发,手杖成了"丂"。隶变以后楷书写成"考"。

"考"的原义是年老、岁数大。例如"富贵寿考",旧指发财升官又享有高龄。也延伸指死。旧时称已经去世的父亲为"考",有的称"显考",有的称"先考"。

"考"也延伸指考察、查核、考试。例如"中考""高考"。

丨 部

上

| 甲骨文 | 金文 | 小篆 | 楷书 |

【原文】

丄,高也。此古文上。指事也。凡丄之属皆从丄。𠄞,小篆丄。

【译文】

丄,高。这是古文"上"字,是一个指事字。凡是丄的部属全部从丄。𠄞,小篆"丄"字。

【按语】

"上"是指事字。甲骨文下面一条弧线表示地面,弧线之上有一短横,表示在地面之上。金文中,两弧线变为直线。小篆变得愈加美观。隶变以后楷书写成"上"。

"上"的原义是表示方位,即指上边、高处。延伸指高位、君主、尊长。例如《史记·高祖本纪》:"人告楚王信谋反,上问左右,左右争欲击之。"

作动词用时,指向上走、前往。例如王之涣《登鹳雀楼》:"欲穷千里目,更上一层楼。"也延伸指添加、安装。例如"上油""上螺丝"等。

北

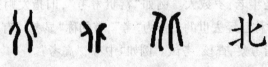

甲骨文　　金文　　小篆　　楷书

【原文】

北,乖也。从二人相背。凡北之属皆从北。

【译文】

北,违背。由两个"人"字背靠背表示。凡是北的部属全部从北。

【按语】

"北"是会意字。甲骨文似两个人背靠背的样子。金文和小篆的形体与甲骨文一致。隶变以后楷书写成"北"。

"北"的原义是指背或者相背,是"背"的本字。例如《战国策·齐策六》:"食人炊骨,士无反北之心。"

打了败仗逃跑时总是以背对敌,"北"由此延伸指败、败逃。例如"败北"就是战败之意。

古代君主面朝南坐,臣子朝见君主则面朝北,所以对人称臣为"北面"。"北面于燕",就是对燕国称臣的意思。

中

甲骨文　　金文　　小篆　　楷书

【原文】

中,内也。从口;丨,上下通。

【译文】

中,纳入。从口;丨,表示上下通彻。

【按语】

"中"是象形字。甲骨文似一面直立的旗帜,居中的"口"表示"中间"之意。金文、小篆变得愈加美观。隶变以后楷书写成"中"。

"中"的原义是内、里,读作 zhōng。例如柳宗元《笼鹰词》:"草中狸鼠足为患,一夕十顾惊且伤。"意思是,草里的狸鼠之类足以成为祸害,一夜之中多次张望回顾,不断受惊受伤。

"中"由内、里延伸成中间,一定范围内部适中的位置。例如"居中"。

"中"由内、里也可延伸指内心。例如曹操《短歌行》:"忧从中来,不可断绝。"

"中"还可以作为动词,读作 zhòng。例如成语"百发百中",其中的"中"就是动词,射中。

丰

甲骨文	金文	小篆	楷书(繁体)	楷书

【原文】

丰,草盛丰也。从生,上下达也。

【译文】

丰,草木丰盛。从生,("生"的中竖向下延伸)表示上下通达。

【按语】

"丰"是会意字。甲骨文似一器物中盛着的样子,下面是豆(古代盛器),会盛有贵重物品的礼器之意。小篆整齐化。隶变以后楷书写成"豐"。汉字简化之后写成"丰"。

"丰"的原义是丰盛、茂盛。例如曹操《观沧海》:"树木丛生,百草丰茂。"延伸指农作物收成好。例如辛弃疾《西江月》:"稻花香里说丰年。"进而延伸指丰厚、富裕、富饶。

"丰"也用以形容丰满、美好的样子。例如《旧唐书》中描述杨贵妃时说:"太真姿质丰艳,善歌舞。"说的就是她身材丰满。

也延伸指大、高大。例如"丰碑"。

电

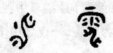

| 甲骨文 | 金文 | 小篆 | 楷书(繁体) | 楷书 |

【原文】

電,阴阳激燿也。从雨,从申。

【译文】

電,阴气和阳气彼此冲击而发溅出来的光耀。由雨、由申会意。

【按语】

"电"原本是象形字。甲骨文似闪电发光的样子,中间的三个小点表示雨点。金文从雨,从申,成了会意字。小篆整齐化。隶变以后楷书写成"電"。汉字简化之后写成"电"。

"电"的原义是闪电。例如成语"电闪雷鸣""雷电交加"。

闪电的速度是很快的,故延伸引喻迅速。例如"风驰电掣",意思是似风奔驰,似电闪过,形容非常迅速。

"电"也指一种重要的能源。例如"发电""电流"。也特指电报。例如"致电"。

串

| 甲骨文 | 金文 | 小篆 | 楷书 |

【原文】

无。

【按语】

　　"串"是象形兼指事字。与""同源,全部是由上图的甲骨文演变而来,似以绳或者棍穿过物体之形。隶变以后楷书写成"毌"。尔后分化出"串"字。

　　"串"的原义是把物品连贯在一起,亦指连贯而成的物品。例如"串珠子""串联"。延伸指交错连接。例如"电话串线""串味"。

　　"串"也延伸指走,到别人家走动。例如"走家串户""串门"。也指担任戏曲角色。例如"客串""串座"。由串在一起延伸指勾结。例如"串通一气""串供"。

　　"串"用作量词,指穿在绳上的一组东西,尤指穿满的一串。例如"一串葡萄""羊肉串"等。

史

甲骨文　　金文　　小篆　　楷书

【原文】

　　史,记事者也。从又持中;中,正也。凡史之属皆从史。

【译文】

　　史,记事的人。由"又"持握着"中"会意。中,是正的意思。凡是史的部属全部从史。

【按语】

　　"史"是会意字。甲骨文上部似捕捉禽兽的长柄网,下部是一只右手。金文与甲骨文的形体大概相同。小篆的形体继承金文而来。隶变以后楷书写成"史"。

　　"史"的原义是指管理狩猎或者记录猎获物的人。延伸指古代掌管记载史事的官。例如《左传·宣公二年》:"董狐,古之良史也。"

　　"史"也延伸成记载历史的书称为"史"。例如"历史书""史鉴"。

由

甲骨文　　　金文　　　小篆　　　楷书

【原文】

无。

【按语】

"由"是象形字。甲骨文、金文、小篆全部似竹木编成的盛器。隶变以后楷书写成"由"。

"由"的原义是竹木编的盛器。此义尔后写成"畚"。

"由"用作名词，延伸指原因、机缘、途径。例如王安石《答司马谏议书》："无由会晤，不任区区向往之至。"

"由"也延伸指听凭、顺从。例如"信马由缰""听天由命"。

"由"用作介词，引进凭借、依据。例如"由此可知"。进而延伸指自、从。例如"由衷""由表及里"。

甲

甲骨文　　　金文　　　小篆　　　楷书

【原文】

甲，东方之孟，阳气萌动，从木戴孚甲之似。一曰：人头宜为甲，甲似人头。凡甲之属皆从甲。

【译文】

甲，定位在东方，东方是五方之始（属木，木代表春天），春天，阳气萌生而运动，似草木顶戴着种子的甲壳的样子。另一义说：人头的腔颅叫甲，甲似人头。凡是甲的部属全部从甲。

【按语】

"甲"是象形字。甲骨文似古代武士身上穿的铁甲片之间的"十"字缝。金文的形体同于甲骨文。小篆的形体变得艺术化了。隶变以后楷书写成"甲"。

"甲"的原义就是古代战士穿的护身衣、铠甲。例如黄巢《不第后赋菊》："冲天香阵透长安，满城尽带黄金甲。"也可延伸成动物身上起保护作用的硬壳。例如"龟甲""鳞甲"。也指人或者动物的指或者趾上的角质硬壳。例如"指甲""趾甲"。

"甲"还是旧时户口编制的一个单位。例如"保甲"。

"甲"也用来表示天干的第一位，用以纪年、月、日。也延伸成第一、冠军。例如王正功《鹿鸣宴劝驾诗》："桂林山水甲天下。"

凸

小篆　　楷书

【原文】

无。

【按语】

"凸"是后起字，为指事字。楷书写成"凸"，是用一个抽象的符号来表示中间高于四周的形状。

"凸"的原义是高出、高于周围的。例如陆龟蒙《奉酬袭美先辈吴中苦雨一百韵》："先夸屋舍好，又恃头角凸。"

"凸"用作动词，指显现出来，使突出于周围、表面或者范围之外。例如《红楼梦》第七十六回："可知当日盖这园子时就有学问。这山之高处，就叫凸碧；山之低洼近水处，就叫作凹晶。"

凹

小篆　　楷书

【原文】

无。

【按语】

"凹"是后起字，为指事字。楷书写成"凹"，是用一个抽象的符号来表示中间低于四周的形状。

"凹"原义指周围高、中间低。例如陆游《书室明暖》："重帘不卷留香久，古砚微凹聚墨多。"

"凹"用作动词，指向内或者向下陷进去。例如曹禺《北京人》第三9幕第二景："她的面色也因为一夜的疲倦而显得苍白，眼睛也有些凹陷。"

书

甲骨文　　金文　　小篆　　楷书（繁体）　楷书

【原文】

书，箸也。从聿，者声。

【译文】

书，写在竹帛上。从聿，者声。

【按语】

"书"原本是会意字。甲骨文会手执笔书写之意。金文变成了从聿、者声的形声字。小篆与金文基本相似。隶变以后楷书写成"書"。汉字简化之后写成"书"。

"书"的原义是著写、记载。例如成语"罄竹难书"，字面意思就是（事情多到）

把所有的竹子用尽也写不完。比喻事实（多指罪恶）很多，难以说尽。

"书"延伸成书写成的东西。例如"篆书""隶书"。也延伸指文件。例如《乐府诗集·木兰诗》："军书十二卷，卷卷有爷名。"此处的"书"指军队的文件。

"书"也延伸指书籍、书信。例如"家书"，就是指家信。

临

昭　鹍　臨　临

金文　小篆　楷书（繁体）　楷书

【原文】

臨，监临也。从卧，品声。

【译文】

臨，临下监视。从卧，品声。

【按语】

"临"原本是会意字。金文似一个人俯着身子看很多器物，会人俯视下物之意。小篆变为从卧、品声的形声字。隶变以后楷书写成"臨"。汉字简化之后写成"临"。

"临"的原义是低头视物，从上向下看。例如《史记·汉书·董仲舒传》："临渊羡鱼，不如退而结网。"延伸指面对、遭遇。例如《论语·述而》："临事而惧。"

"临"也延伸泛指到来、来到，常用作敬辞。例如"莅临""光临"。也延伸指靠近、接近。例如成语"临阵磨枪"，意思是到了快要上阵打仗的时候才磨刀擦枪。引喻事到临头才匆忙准备。

"临"也延伸指照样子摹仿字画。例如"临摹""临帖""临写"。

非

甲骨文　　金文　　小篆　　楷书

【原文】

非，违也。从飛下翄，取其相背。凡非之属皆从非。

【译文】

非，违背。由"飛"字下面表示翅膀的部分构成，取两翅相背之意。凡是非的部属全部从非。

【按语】

"非"是象形字。甲骨文似截取了飞鸟一对分张的翅膀，会分张相背之意。金文大体相同。小篆整齐化。隶变以后楷书写成"非"。

"非"的原义是违背。例如《论语·颜渊》："非礼勿视，非礼勿听，非礼勿言，非礼勿动。"延伸指不对、过失、邪恶。例如"痛改前非""为非作歹"。

"非"也延伸指否定判断，等同于"不是"。例如成语"人非圣贤，孰能无过"。

"非"用作动词，指责怪、反对。例如司马光《训俭示康》："人争非之，以为鄙吝。"

且

甲骨文　　金文　　小篆　　楷书

【原文】

且，荐也。从几，足有二横，一其下地也。凡且之属皆从且。

【译文】

且，垫放物体的器具。从几；几足间有两横，（表示连足的桄；）一，表示器具下的地。凡且的部属全部从且。

【按语】

"且"是象形字。甲骨文似雄性生殖器,是初民生殖崇拜的体现。金文和小篆变化不大。隶变后楷书写成"且"。

"且"的原义是雄性生殖器。延伸成古代祭祖时放祭品的礼器,此义后作"俎"。也可表示祖先,此义后作"祖"。

尔后"且"被借为虚词,主要作连词,表示递进,等同于"况且";表示继承,等同于"并且";表示并列,等同于"又"。

"且"还用作副词,表示暂时、尚且、将要。

申

甲骨文　　金文　　小篆　　楷书

【原文】

申,神也。七月,阴气成,体自申束。从臼,自持也。吏臣铺时听事,申旦政也。凡申之属皆从申。

【译文】

申,神明。(申)代表七月,这时阴气形成,它的体态,或者自伸展,或者自卷束。从臼,表示自我持控的意思。官吏在申时吃晚饭的时候听理公事,是为了申明早晨所布置的政务的完成情况。凡是申的部属全部从申。

【按语】

"申"是象形字。甲骨文似雷雨天闪电舒张的形状。金文与甲骨文很相似。小篆把闪电拉直,线条化了。隶变以后楷书写成"申"。

"申"的原义是闪电。闪电在天空中是肆意伸展的,所以也泛指伸展、延长。不仅事物可以伸展开,事情和言谈也可以由一个点展开,故而还延伸成把话语展开、陈述、表明。例如成语"三令五申",意思就是再三命令和说明。尔后也特指下级向上级禀报、呈文。

"申"也借作地支的第九位,与天干相配,用以纪年、月、日、时。

匕部

匕

甲骨文　金文　小篆　楷书

【原文】

匕，相与比敘也。从反人。匕，亦所以用比取饭，一名栖。凡匕之属皆从匕。

【译文】

匕，一起比较而排列次序。由反向的"人"字表示。匕，也是用来舀取饭食的勺匙，也叫栖。凡是匕的部属全部从匕。

【按语】

"匕"是象形字。指古代用来在煮肉的鼎内取肉的长柄汤匙。金文、小篆的写法与甲骨文大致相同。隶变以后楷书写成"匕"。

"匕"是"妣"的初文。但后世原义消亡，而借指汤匙。例如《三国志·蜀书·先主传》："先主方食，失匕箸。"

"匕"还可以表示箭簇。例如《左传·昭公二十六年》："匕入者三寸。"这是指箭头射入三寸的意思。也由箭簇延伸指匕首。例如马中锡《中山狼传》："引匕刺狼。"

九

甲骨文　金文　小篆　楷书

【原文】

九,阳之变也。象其屈曲究尽之形。凡九之属皆从九。

【译文】

九,阳的变数。似弯弯曲曲直到终尽的样子。凡是九的部属全部从九。

【按语】

"九"为象形字。甲骨文似弯曲的长虫子。金文大体相同。小篆线条化,已经看不出虫的形状了。隶变以后楷书写成"九"。

"九"的原义与虫有关,但后世其原义消亡,而被借用为数字。古人造字纪数,起于一,极于九,九是最大的个位数。凡形容极高、极大、极广、极远的事物,几乎全部用"九"来形容。

在中国古代的世界观中,天地全部是按"九"划分的。例如《吕氏春秋·有始》:"天有九野,地有九州,上有九山,山有九塞,泽有九薮。"

由于"九"是最大的个位数,也常用来泛指多数。所谓的"九死"是指多次的死亡。

甲骨文　　金文　　小篆　　楷书

【原文】

乍,止也。一曰:亡也。从亡,从一。

【译文】

乍,制止。另一义说:乍是逃亡。由亡、由一会意。

【按语】

"乍"是会意字。甲骨文和金文皆从刀,从卜。小篆整齐化。隶变楷书后写成"乍"。

"乍"的原义是制作卜龟,读作 zuò。制作卜龟,是占卜的开始,故延伸指制作、创造。

"乍"由开始灼烧延伸指伸开、张开,读作 zhà。例如"乍翅""乍毛"。进而延伸指因害怕而颤动。例如"一惊一乍"。

"乍"用作副词,指初始、刚才。例如"初来乍到"。

"乍"表示疑问语气,等同于"怎""哪"。例如《西游记》第三十三回:"乍想到了此处,遭逢魔障,又被他遣山压了。"

千

甲骨文　金文　小篆　楷书

【原文】

千,十百也。从十,从人。

【译文】

千,十个百。由十、由人会意。

【按语】

"千"是会意字。甲骨文从十,从人。金文稍讹。小篆进一步线条化,就很难看出本来的意义了。隶变以后楷书写成"千"。

"千"的原义是数词。例如"十百为千""盈千累万"。

"千"泛指极多。例如"千言万语""千方百计"。

么

甲骨文　金文　小篆　楷书

【原文】

无。

【按语】

"么"是象形字。甲骨文似一把细丝。金文、小篆变化不大。隶变以后楷书写成"麼"。汉字简化之后,除用在"幺麽"一词中,其他全部写成"么"。

"么"读作 yāo,原义是细小,此义如今用"幺"替代。

作"麼"的简化字时,同语气词"吗",读作 ma,用在句末表示疑问,例如:"去吗?"也可用在句中表示停顿,提醒注意。例如:"好处么,多得很。"

"么"读作 me,用作某些词的后缀。例如"什么""怎么""多么"等。

"么"还可用作歌词中的衬字。例如"五月的花儿,红呀么红似火"。

乏

乏

金文　小篆　楷书

【原文】

乏,《春秋传》曰:'反正为乏。'

【译文】

乏,《春秋左氏传》说:"把'正'字反过来就成了'乏'字。"

【按语】

"乏"是会意字。金文形体与"正"(远征)相似,但是有所歪斜,会远征疲劳而罢征之意。小篆的形体变为反过来的"正"字。隶变以后楷书写成"乏"。

"乏"的原义是因疲乏而停止远征。延伸泛指疲倦、困乏。例如《新五代史·唐臣传·周德威》:"因其劳乏而乘之,可以胜也。"

"乏"也延伸指荒废、耽误。例如《战国策·燕策》:"虽然,光不敢以乏国事也。"

"乏"也延伸指缺少、短缺、贫困。例如"回天乏术""乏味"。

丢

丢

小篆　楷书

【原文】

无。

【按语】

"丢"是会意字。小篆从一,从去,会一去不返之意。楷书写成"丢"。

"丢"为宋元时出现的俗字,原义是扔弃。例如"乱丢东西""丢盔弃甲"。

"丢"延伸成遗失。例如"丢面子""丢魂失魄"。

"丢"也延伸成搁置、放。例如"丢下工作"。

甲骨文　　小篆　　楷书

【原文】

乂,芟草也。从丿,从乀,相交。

【译文】

乂,割草,由丿、由乀互相交叉会意。

【按语】

"乂"是象形字。甲骨文似剪除杂草的剪刀的原始形状。小篆的字形整齐化了。隶变以后楷书写成"乂"。

"乂"的原义是割草或者收割谷类植物。延伸指治理、安定。例如《汉书·武五子传》:"保国乂民。"

能治国安民是有本领的表现,故也延伸指才能出众的人、杰出的人。例如《尚书·皋陶谟》:"俊乂在官。"其中的"俊乂"就是指才德出众的人。

乒

小篆　　楷书

【原文】

无。

【按语】

"乒"是后起字,为指事字。楷书写成"乒",是用一个抽象的符号来描述声音。

"乒"的原义是象声词,描摹枪弹击中金属障碍物时的尖锐声响。例如"乒一声枪响"。

一般"乒乓"连用,表示连续不断的声音。例如"雹子打在窗户上,乒乒乓乓的"。

另外,"乒"还可以表示乒乓球。例如"乒坛""世乒赛"。

乓

小篆　　楷书

【原文】

无。

【按语】

"乓"是后起字,为指事字。楷书写成"乓",是用一个抽象的符号来描述声音。

"乓"的原义是象声词,描摹突然而强烈的响声。例如"门乓地一声关上了"。

说文解字

生

甲骨文　　金文　　小篆　　楷书

【原文】

生，进也。象草木生出土上。凡生之属皆从生。

【译文】

生，长进。似草木从土上生出。凡是生的部属全部从生。

【按语】

"生"是象形字。甲骨文、金文全部似一棵植物在地上生长出来的样子。小篆整齐化。隶变以后楷书写成"生"。

"生"的原义是草木生长出土。延伸指生育、发生、产生。例如"无事生非""无中生有"。

"生"由生长延伸指生存、存活。例如《史记·廉颇蔺相如传》："今两虎共斗，其势不俱生。"进而延伸成生存的期限。例如"一生""毕生"。

"生"也延伸指生计、生活。例如"谋生""营生"。

"生"还有与"熟"相对的意义。延伸指陌生、生疏。例如"生人""生字"。

"生"也指门徒、弟子。也作为对男青年的称呼。例如"晚生"。还指戏曲中扮演男子的角色名称。例如"小生""武生""老生"。

川

甲骨文　　金文　　小篆　　楷书

【原文】

川，贯穿通流水也。例如《虞书》曰：'濬く巜，距川。'言深く巜之水会为川也。

凡川之属皆从川。

川,使水贯穿通流。《虞书》说:"濬(jùn)〈(quǎn)〈〈(kuài)距川。"是说深深地疏通畎浍之类的田间水沟,使它们会合成为大川。凡是川的部属全部从川。

【按语】

"川"是象形字。甲骨文似一条河流,中间的五个点表示河流中的漩涡。金文有所简化,但大体相同。小篆的形体和金文相似。隶变以后楷书写成"川"。

"川"的原义是河流。例如《诗经·小雅·天保》:"如川之方至。"意思是似河流奔涌而来。

河流流经之地,往往容易形成广阔平坦之地,故延伸成平野、平地。例如成语"一马平川",指的是能够纵马疾驰的一片广阔平地,即广阔的平原。

"川"是个部首字。凡由"川"组成的字大全部与水有关。例如"州""邕""巟"等字。

乔

高　喬　喬　乔

金文　小篆　楷书(繁体)　楷书

【原文】

喬,高而曲也。从夭,从高省。"

【译文】

喬,高而上部弯曲。由夭、由高省会意。

【按语】

"乔"为会意字。金文从止(脚),从高,会踩高跷之意。小篆从夭(低昂起舞之人),从高,会踩高跷跳舞之意。隶变以后楷书写成"喬"。汉字简化之后写成

说文解字

国学经典文库

《说文解字》原文释义

图文珍藏版

"乔"。

"乔"的原义是高。例如《诗经·小雅·伐木》："出自幽谷,迁于乔木。"意思是,(鸟儿)从深山幽谷飞出来,迁居于高大的树林中。"乔迁"一词即出于此,大都用于贺人迁入新居或者官职升迁。例如张籍《赠殷山人》："满堂虚左待,众目望乔迁。"

"乔"也延伸指假扮、做作。例如"乔装打扮"就是指改变服饰装扮,以隐藏原来的身份。

年

甲骨文　　金文　　小篆　　楷书

【原文】

年,谷孰也。从禾,千声。《春秋传》曰:'大有季。'

【译文】

年,五谷成熟。从禾,千声。《春秋左氏传》说:"五谷大熟。"

【按语】

"年"原本是会意字。甲骨文从禾,从人,会禾谷成熟,人在负禾之意。金文继承甲骨文而来。小篆变为从禾、千声的形声字。隶变以后楷书写成"年"。

"年"的原义是谷熟,即年成。例如《谷梁传·桓公三年》："五谷皆熟为有年。"

庄稼一年一熟,所以"年"延伸成时间单位。例如刘希夷《代悲白头翁》："年年岁岁花相似,岁岁年年人不同。"

"年"也延伸指年龄。例如"童年""壮年"。进而延伸指寿命。例如曹操《龟虽寿》："养怡之福,可得永年。"其中"永年"就是长寿的意思。

失

金文　小篆　楷书

【原文】

失,纵也。从手,乙声。

【译文】

失,放(手而掉落)。从手,乙声。

【按语】

"失"是会意字。金文从手,似有物从手中滑落之状,会遗失之意。小篆整齐化。隶变以后楷书写成"失"。

"失"的原义是丢失。例如"塞翁失马,焉知非福",引喻虽然暂时遭受损失,却也许因此而得到好处。也指坏事可能会转变为好事。

"失"延伸成没控制住,没把握住。例如"失手"。也延伸成改变。例如"大惊失色"。也延伸成错过、耽误。例如"时不可失,失不再来"。

"失"用作名词时,指过失。例如"智者千虑,必有一失"。

向

甲骨文　　金文　　小篆　　楷书

【原文】

向,北出牖也。从宀,从口。例如《诗》曰:'塞向墐户。'

【译文】

向,朝北开出的窗子。由宀、由口会意。《诗经》说:"塞住朝北的窗子,用泥巴涂住门缝。"

【按语】

"向"是象形字。甲骨文似屋墙上有窗户之形。金文和小篆继承甲骨文,变化不大。隶变以后楷书写成"向"。

"向"的原义是北开的窗户。所以延伸泛指窗户。例如"闭户塞向",指把门和窗户关上。

"向"延伸成方位。例如"风向""去向"。进而延伸指朝向。例如《木兰诗》:"磨刀霍霍向猪羊。"

"向"也延伸出偏袒的意思。例如:"你不公平,老向着他。"

丘

| 甲骨文 | 金文 | 小篆 | 楷书 |

【原文】

丘,土之高也,非人所为也。从北,从一。一,地也,人居在丘南,故从北。中邦之居,在昆仑东南。一曰:四方高,中央下为丘。象形。凡丘之属皆从丘。

【译文】

丘,高高的土堆,不是人力堆造的。由北、由一会意。一,表示地。人们住在丘的南面,所以由"北"字会意。中国的集居之处,在昆仑山的东南。另一义说:四方高而中央低叫丘。象形。凡是丘的部属全部从丘。

【按语】

"丘"是象形字。甲骨文似有两个山峰的山丘。金文似两山之间有一条大沟的形状。小篆承接金文,并整齐化、线条化。隶变以后楷书写成"丘"。

"丘"的原义是小山、土山。例如"土丘""丘壑"。延伸指土丘状的坟墓或者丘墟。例如《古诗十九首》之《去者日已疏》:"出郭门直视,但见丘与坟。"

囟

甲骨文　　小篆　　楷书

【原文】

囟,头会,匘盖也。象形。凡囟之属皆从囟。

【译文】

囟,头骨会合的地方,大脑的盖。象形。凡是囟的部属全部从囟。

【按语】

"囟"是象形字。甲骨文似人头的形状,中间的"X"表示小儿头上的"囟门"。小篆的形体大概相同。隶变以后楷书写成"囟"。

"囟"的原义是囟门,即婴儿头顶骨未合缝处。例如《礼记·内则》:"囟是首脑之上缝。"

丹

甲骨文　　金文　　小篆　　楷书

【原文】

丹,巴越之赤石也。象采丹井,一象丹形。凡丹之属皆从丹。

【译文】

丹,巴郡、南越出产的朱砂。似采掘朱砂的井,一,似朱砂之形。凡是丹的部属全部从丹。

【按语】

"丹"是指事字。甲骨文似一口矿井,井中的一小横似矿井中的矿石丹砂。金文中,一小横变为一点。小篆线条化。隶变以后楷书写成"丹"。

"丹"的原义是丹砂、朱砂,是一种含汞的红色矿物。例如《史记·陈涉世家》:"乃丹书帛曰'陈胜王',置人所罾鱼腹中。"

　　"丹"延伸指似丹砂的颜色,即红色。例如红色的抱柱叫"丹柱",宫殿前丹漆之阶叫"丹墀"。

　　"丹"还有赤诚之义。例如文天祥《过零丁洋》:"人生自古谁无死,留取丹心照汗青。"

及

甲骨文　　金文　　小篆　　楷书

【原文】

及,逮也。从又,从人。

【译文】

及,追上。由又、由人会意。

【按语】

　　"及"是会意字。甲骨文似一手从后面抓住一个人的样子。金文似一个弯腰的人被背后伸过来的一只右手捉住了腿。小篆继承金文而来。隶变以后楷书写成"及"。

　　"及"的原义就是追上或者赶上。例如"赶不及""企及"。

　　"及"由追上延伸成到或者至。例如"及第"指古代科举考试中选,特指考取进士。也延伸成比得上。例如李白《赠汪伦》:"桃花潭水深千尺,不及汪伦送我情。"

　　"及"作连词,等同于"和""跟""以及"。例如"孔子及门人"。作介词,还可以表示趁着。例如"及早""及锋而试"。

国学经典文库

说文解字

《说文解字》原文释义

图文珍藏版

禹

金文　　小篆　　楷书

【原文】

禹,虫也。从内,象形。

【译文】

禹,虫名。从内,ㄣ)似头部之形。

【按语】

"禹"是象形字。金文似叉子叉住一条头、身、尾俱全的长虫之形,突出了头部。小篆整齐化、线条化。隶变以后楷书写成"禹"。

"禹"的原义是虫。古代的夏部落以虫为族徽,故借之指传说中夏朝的开国之君、鲧的儿子。例如《尚书序》:"禹别九州,随山浚川。"

朱

甲骨文　　金文　　小篆　　楷书

【原文】

朱,赤心木,松柏属。从木,一在其中。

【译文】

朱,赤心树木。松柏一类。从木,一,标志着树木的中心。

【按语】

"朱"是指事字。甲骨文的字形似一棵大树,中间的一小横是指事符号,指明这棵树木的树心是红色的。金文与甲骨文大概相同。隶变以后楷书写成"朱"。

"朱"的原义是指松柏一类的红心树木。延伸指红色。后世全部用"朱"的延伸义。

古代的"朱门"本指红漆大门。而这种红漆大门是古代公侯贵族住宅的大门，是尊贵和特权的象征，所以人们就以"朱门"代表豪门。例如杜甫《自京赴奉先县咏怀五百字》："朱门酒肉臭，路有冻死骨。"

乌

| 金文 | 小篆 | 楷书（繁体） | 楷书 |

【原文】

烏，孝鸟也。象形。孔子曰：'乌，吁呼也。'取其助气，故以为乌呼。凡乌之属皆从乌。

【译文】

烏，孝顺的乌。似乌鸟之形。孔子说："乌，舒气自呼的意思。"取乌的声音用来帮助语气，所以借它来作"乌呼"的"乌"字。凡是乌的部属全部从乌。

【按语】

"乌"是象形字。金文似乌鸦张口伸颈扇翅鸣叫之形。小篆线条化，而且因为乌鸦全黑，眼睛与毛色一样，所以没有突出眼睛，以此来表示这是乌鸦。隶变以后楷书写成"烏"。汉字简化后写成"乌"。

"乌"的原义是乌鸦。例如屈原《涉江》："燕雀乌鹊。"

在古代神话传说中，太阳中有三足乌，所以"乌"也被用作太阳的代称。例如"乌飞兔走"指日月流逝，形容光阴过得很快。

因为乌鸦是黑色的，所以黑色的东西也泛称"乌"。例如"乌鸡""乌云"。

册

| 甲骨文 | 金文 | 小篆 | 楷书 |

【原文】

册，符命也。诸侯进受于王也。象其札一长一短；中有二编之形。凡册之属皆从册。

【译文】

册，符信教命。诸侯进朝从王者处接受的简策。似那简札一长一短的样子，中间的◡表示有两道连竹简的绳子。凡是册的部属全部从册。

【按语】

"册"是象形字。甲骨文似编简成册之形。金文、小篆字形变化不大，只是整齐化了。隶变后楷书写成"册"。

"册"的原义是古代编串在一起用来书写的竹简。例如"简册"。延伸指装订好的本子。例如"装订成册""画册"。

到了尔后，"册"也延伸特指皇帝的诏书，进而延伸指册封、册立。例如《新唐书·百官至》："凡册太子，则授玺、绶。"意思是说册封太子，则授予其印绶。

系

丮 龘 𦄂 系

甲骨文　　金文　　小篆　　楷书

【原文】

系，繫也。从糸，丿声。凡系之属皆从系。

【译文】

系，相联系。从糸，丿声。凡是系的部属全部从系。

【按语】

"系"是象形字。甲骨文似一只手抓着两束丝，会用手把丝线拴绑、系结之意。金文繁杂化，但其意未变。小篆继承金文并有所简化。隶变以后楷书写成"系"。

"系"的原义是系结、拴绑。延伸成连接。例如《晋书·郗洗传》："圣明系踵。"

意思是圣明的人才，接踵而来。尔后也延伸成系统、世系。

"系"也延伸指牵涉、关连。例如白居易《谕友》："穷通各问命，不系才不才。"

"系"用作动词，表示打结，读作 jì。例如"把鞋带系上"。

卑

金文　小篆　楷书

【原文】

卑，贱也。执事也。从𠂇甲。

【译文】

卑，卑贱。办事。由𠂇、甲会意。

【按语】

"卑"是会意字。金文似左手持一粗糙的酒器之形，会执事供役使之意。小篆上边的酒器讹为"甲"。隶变以后楷书写成"卑"。

"卑"的原义是手执酒器。因为执酒器为尊者酌酒的人是低下之人，故延伸成地位低微。例如陆游《病起书怀》："位卑未敢忘忧国。"

"卑"也延伸成低劣、低下。例如宋濂《送东阳马生序》："非天质之卑，则必不若余之专耳。"也延伸成谦恭。例如常用的"谦卑"就是取的此义。

重

金文　小篆　楷书

【原文】

重，厚也。从壬，东声。凡重之属皆从重。

【译文】

重，厚重。从壬，东声。凡是重的部属全部从重。

【按语】

"重"是会意字。金文似一个人背负了一个沉重的囊袋站着。小篆的写法变得繁杂了。隶变后楷书写成"重"。

"重"的原义表示东西重，与"轻"相对，读作 zhòng。延伸指重要、紧要。例如"重任"。还延伸指庄重、沉稳。例如"稳重"。

"重"还读作 chóng，表示重复。例如陆游《游山西村》："山重水复疑无路，柳暗花明又一村。"也延伸指层层、重叠。

"重"用作副词，表示再一次、重新。例如范仲淹《岳阳楼记》："乃重修岳阳楼。"

"重"用作量词。例如王安石《泊船瓜洲》："京口瓜洲一水间，钟山只隔数重山。"

长

甲骨文　金文　小篆　楷书（繁体）　楷书

【原文】

長，久远也。从兀，从七。兀者，高远意也。久则变化。丄声。尸者，倒亾也。凡长之属皆从长。

【译文】

長，长久；长远。由兀、由七会意。兀是高而又远的意思。七表示长久就变化。丄表声。長字上部的"尸"，是倒写的"亡"字。凡是长的部属全部从长。

【按语】

"长"是象形字。甲骨文似一位老人拄杖而立之形。隶变以后楷书写成"長"。汉字简化之后写作"长"。

"长"的原义是老年人，读作 zhǎng。进而延伸指岁数大、年岁高。年岁高的老人，就是长者，故也延伸指辈分高。还特指兄长或者兄弟姊妹中年龄最大的。

"长"进而延伸指排行第一。泛指各方面的主管。

"长"也读作cháng，原义是年长发长。古人是不能随便剪头发的，所以一般长者的头发很长，于是有了"长短"之"长"。泛指空间上距离遥远，时间上相隔久远。延伸指大、高。例如《古诗为焦仲卿妻作》："今日被驱遣，小姑如我长。"也表示长度、长处。

升

甲骨文　金文　小篆　楷书

【原文】

升，十龠也。从斗，亦象形。

【译文】

升，二十合。从斗，也是象形字。

【按语】

"升"是象形字。甲骨文从斗，小点象征用斗挹起酒浆，表示举觞进献之意。金文大体相同，但省去了两点。小篆发生讹变，已经看不出原意了。隶变以后楷书写成"升"。

"升"的原义是一种量粮食的容器，容积是斗的十分之一。尔后作容量单位，表示一斗的十分之一。

"升"用作动词也指进奉、进献。进献宝物时要双手上举，以表虔诚尊敬之意，故而也延伸指升起。也指官员升职。

后

甲骨文　金文　小篆　楷书（繁体）　楷书

【原文】

后,继体君也。象人之形。施令以告四方,故厂之。从一口。发号者,君后也。凡后之属皆从后。

【译文】

后,承继王位的君主。"尸"似人的形状。君王发布命令来昭告四方,所以用厂来表示发施命令牵引四方的意思。由一、口会意,表示发布号令的人,只有君后。凡是后的部属全部从后。

【按语】

"后"是会意字。甲骨文从女,从倒向的"子"。金文继承甲骨文。小篆整齐化。隶变以后楷书写成"后"。

"后"的原义是君主、帝王。也延伸指帝王的妻子。例如"王后"。

"后"作"後"的简化字时,原义是走在后面,落后。由此延伸成时间上的迟、晚。也特指年轻人、后辈。例如"后生可畏"。

乐

甲骨文	金文	小篆	楷书(繁体)	楷书

【原文】

樂,五声八音总名。

【译文】

樂,五声、八音的总称。

【按语】

"乐"是象形字。甲骨文的字形表示在木的上面有两股丝质的琴弦,似古代的琴。金文字形在中间加"白",似调弦之器。隶变以后楷书写成"樂"。汉字简化之后写成"乐"。

"乐"的原义是乐器,读作 yuè。

音乐使人愉快,所以也延伸成快乐,此时读作 lè。不仅音乐能愉悦人的心境,做自己喜欢做的事也能使人快乐,所以也延伸出对某事甘心情愿之意。例如"乐此不疲""乐善好施"。

"乐"作动词时,读 yào,意为喜好。例如《论语·雍也》:"知(智)者乐水,仁者乐山。"

用

甲骨文　　金文　　小篆　　楷书

【原文】

用,可施行也。从卜,从中。衞宏说。凡用之属皆从用。

【译文】

用,可以施行。由卜、由中会意。是卫宏的说法。凡是用的部属全部从用。

【按语】

"用"是象形字。甲骨文似一只木桶,可见"用"是"桶"的初文。金文与甲骨文一脉相承。小篆的写法进一步线条化。隶变以后楷书写成"用"。

"用"的原义是桶。桶是常用之物,所以延伸成使用、采用。

器物可以使用,资源财货也可以使用,所以"用"尔后也延伸指可用的资源、财货。

午

甲骨文　　金文　　小篆　　楷书

【原文】

午,啎也。五月,阴气午逆阳。冒地而出。此予矢同意。凡午之属皆从午。

【译文】

午,逆反。(午)代表五月,这时阴气逆犯阳气,顶触地面而冒出。这个字与"矢"字的构字原则相同(全部表示贯穿)。凡是午的部属全部从午。

【按语】

"午"是象形字。是"杵"的本字。甲骨文似两头粗圆、中间有一细腰,用来舂米的杵。隶变后楷书写成"午"。

"午"的原义是杵。以"杵"捣"臼"才能舂出白米,所以"午"有抵触或者违反之义。

尔后"午"被借用为地支的第七位,指中午。所谓"半夜子时,正晌午时",后者即中午十一时到下午一时。其原义则被形声字"杵"所替代,从此,"午"和"杵"有了明确的分工。

"午"是个部首字。凡由"午"组成的字,大全部与违反或者抵触义有关。例如"啎"。

夭

甲骨文　金文　小篆　楷书

【原文】

夭,屈也。从大,象形。凡夭之属皆从夭。

【译文】

夭,弯曲。从大,似头弯曲的样子。凡是夭的部属全部从夭。

【按语】

"夭"是象形字。甲骨文字形似一个人弯曲两臂摆动的样子。金文和小篆全部直接由甲骨文演化而来。隶变以后楷书写成"夭"。

"夭"的原义是屈。但是屈得过头了,就会折断。所以由屈延伸成折、短命,可称为"夭折"。人们也把未做完的事称为"夭折",有半途而废之义。

"夭"的字形,是人弯曲两臂摆动,好似在跳舞的样子,所以也用来形容女子美丽姣好。例如"夭秀"。自古总是美人名花相互映衬,所以还用来表示花开茂盛。

乘

甲骨文　　金文　　小篆　　楷书

【原文】

无。

【按语】

"乘"是会意字。甲骨文字形似一个人站在一棵树上,会登上之意。金文形体大概相同。小篆中的"人"形已经不太似了。隶变以后楷书写成"乘"。

"乘"的原义是登上,读作 chéng。古人多以马匹代步,由于马匹高大,上面全部配有马镫,这样一来,上马与登山就有了相似之处,所以"乘"延伸指骑、坐。骑马可以提高速度、节省脚力,是凭借外力来实现目的,所以延伸成利用、倚仗、凭借。但若登在人身上,那就是欺负人了,故而也延伸成欺凌。

"乘"也读作 shèng,作量词时,意为辆。作数词时,意为四。在古籍中,所谓"乘矢",就是四支箭;"乘壶",就是四把壶。

舞

甲骨文　　金文　　小篆　　楷书

【原文】

舞,乐也。用足相背,从舛,无声。

【译文】

舞,乐的一种形式。用两足相背,表示起舞踩踏,所以从舛,无声。

【按语】

"舞"是象形字。甲骨文字形似一个人手持牛尾翩翩起舞之形。金文、小篆繁杂化,另加义符"舛"(表示两只方向相反的脚),强调手舞足蹈。隶变以后楷书写成"舞"。

"舞"的原义就是舞蹈。例如《史记·项羽本纪》:"军中无以为乐,请以剑舞。"成语"项庄舞剑,意在沛公"即出于此。

"舞"由跳舞延伸出舞弄、玩弄之意。例如"舞文弄墨""徇私舞弊"。

、部

之

甲骨文　金文　小篆　楷书

【原文】

之,出也。象草过屮,枝茎益大,有所之。一者,地也。凡之之属皆从之。

【译文】

之,长出。似草经过了屮的阶段,枝和茎渐渐长大,有滋长而出的样子。一,表示地。凡是之的部属全部从之。

【按语】

"之"是指事字。甲骨文下部一条横线表示这个地方,横线上部是一只脚趾朝上的脚,表示从此处出发的意思。金文、小篆大概相同。隶变以后楷书写成"之"。

"之"的原义是往或者到。例如《汉书·高帝纪》:"十一月,沛公引兵之薛。"

"之"可以作为代词,当这、此讲,也当它(她、他)讲。例如"求之不得""取而代之"。

"之"用作结构助词,等同于"的"。例如"以子之矛,攻子之盾"。

州

州 州 州 州

甲骨文　金文　小篆　楷书

【原文】

州,水中可居曰州,周绕其旁,从重川。昔尧遭洪水,民居水中高土,或者曰九州。

【译文】

州,水中可以居住的地方叫州,四周的水围绕在它的旁边,由两个"川"字叠起来会意。过去尧那个时代遇上洪水,百姓居住在水中高土上,有人叫这些高土作九州。

【按语】

"州"是象形字。甲骨文自上而下的三条曲线表示河流,中间的小圆圈表示水中的一块陆地。金文、小篆与甲骨文大概相同。隶变以后楷书写成"州"。

"州"的原义是水中陆地。例如《诗经·周南·关雎》:"关关雎鸠,在河之州。"

相传尧时爆发了大洪水,人民居住在水中的高土上。大禹治水后,把其领域分为九州。尔后就以"九州"泛指天下、全中国。例如陆游《示儿》:"死去元知万事空,但悲不见九州同。"

主

主 主 主 主

甲骨文　金文　小篆　楷书

【原文】

主,灯中火主也。从呈,象形。从丶,丶亦声。

【译文】

主,灯中的火炷。从呈,似灯盏、灯架之形;从丶,丶也表声。

【按语】

"主"是象形字。是"炷"的本字。甲骨文下部似灯碗、灯座,上部似点燃的火苗之形。小篆与甲骨文大概相同。隶变以后楷书写成"主"。

"主"的原义是指灯头火焰。此义尔后写成"炷"。灯头火焰是灯的中心主体,故延伸指最主要的、最基本的。进而延伸指主人、君主、首领,也可以作为天子或者王侯的女儿的简称。

"主"也由主体延伸成对事物所持的见解、意见。例如"主意""主张"。

举

| 甲骨文 | 金文 | 小篆 | 楷书(繁体) | 楷书 |

【原文】

舉,对舉也。从手,与声。

【译文】

舉,两手相对而舉。从手,与声。

【按语】

"举"是会意兼形声字。甲骨文上边是子,下边是一个人双手举起,会大人举起孩子之意。金文变成了四只手。小篆愈加繁杂,从手从與(四手共举)会意,與兼表声。隶变以后楷书写作"舉"。汉字简化之后写成"举"。

"举"的原义是双手向上托举。把事物举起来,那么事物就是在高处的,因此延伸泛指抬起、昂起。也延伸成张开。事物被举起来,是人的行为和动作。所以"举"也表示动作、行为。例如"一举一动"。还延伸指发动、攻下。

"举"用作虚词,即范围副词,表示全。

头

頵　頭　头

小篆　　楷书（繁体）　楷书

【原文】

頭，首也。从頁，豆声。

【译文】

頭，头脑的总称。从頁，豆声。

【按语】

"头"是形声兼会意字。小篆从頁（头），豆声，豆兼表似豆器一样之意。隶变以后楷书写成"頭"。汉字简化之后写成"头"。

"头"的原义是人体最上部或者动物最前部，长着口、耳、鼻、眼等器官的部分。头是人和动物的顶端，因此"头"也延伸指物体的顶端、末梢或者两端。残余部分大都在末梢部位，因此"头儿"也指事物的残余部分。例如"烟头儿""铅笔头儿"。

一个群体的为首者好似个体的头部，故也延伸指首领、首脑。进而也延伸指次序在先的、第一的。例如"头一个"。

"头"还用作量词，来计量牲畜或者野兽。例如"一头猪"。

为

　　　　　爲　為　为

甲骨文　金文　　小篆　楷书（繁体）楷书（繁体）　楷书

【原文】

爲，母猴也。其为禽好爪。爪，母猴象也。下腹为母猴形。王育曰：'爪，象形也。'

【译文】

爲,猕猴。猕猴作为走兽,喜欢用爪子。爪子,是猕猴的象征。字的下腹部是猕猴的形体。王育说:"瓜,是象形字"。

【按语】

"为"是会意字。甲骨文上部为手,其下是仰着头、尾朝下的一头大象,会手牵着大象去劳动之意。隶变以后楷书写成"為"和"爲"。汉字简化之后写成"为"。

"为"的原义是作为,做、干。读作wéi。由做延伸成造、制,成为、变成。也延伸成治理。

"为"读 wèi 时,多数情况下作介词用。一是表示行为的对象,有给、替的意思;二是与"而"相呼应,表目的。有时还可以作连词,表因果,等同于"因为"。某些时候也能表示被动。

乙 部

乙

甲骨文	金文	小篆	楷书

【原文】

乙,象春草木冤曲而出,阴气尚彊,其出乙乙也。与丨同意。乙承甲,象人颈。凡乙之属皆从乙。

【译文】

乙,似春天草木弯弯曲曲地长出地面,这时阴气还强大,草木长出十分困难。用"乙"表示草木的长出,与牵引向上而行的"丨"用意相同。乙承继了甲,似人的颈脖。凡是乙的部属全部从乙。

【按语】

"乙"是象形字。甲骨文似一根弯曲的曲线,有如鱼肠。金文、小篆大概相同。隶变以后楷书写成"乙"。

"乙"的原义是鱼肠,但后世已经不用了。

"乙"还作标志、符号讲。例如《史记·滑稽列传》:"人主从上方读之,止,辄乙其处,读之二月乃尽。"此处是指画"乙"字形状的符号,是旧时读书时用来标志暂停的地方。如今编辑在文章中勾进增补的字称为"涂乙"。

尔后也假借为天干第二位。

也

也	也	也
金文	小篆	楷书

【原文】

也,女阴也。象形。

【译文】

也,女人的阴部。象形。

【按语】

"也"是象形字。金文很似古代的一种盥器"匜(yí)"。小篆的写法与金文相似。隶变后楷书写成"也"。

"也"的原义是一种盥洗器具,是"匜"的初文。

"也"用作语气词用,放在句尾,表示判断或者肯定。例如《韩非子·五蠹》:"皆守株之类也。"

"也"用在句末,也可以表示疑问,等同于"呢""吗"。例如《史记·陈涉世家》:"若为佣耕,何富贵也?"意思是,你是受雇佣帮人耕作的,怎么会富贵呢?

有时"也"字也放在句中,多表示语气的停顿,以提起下文。如袁枚《黄生借书说》:"知幸与不幸,则其读书也必专,而其归书也必速。"

予

回 予

小篆　　楷书

【原文】

予,推予也。象相予之形。凡予之属皆从予。

【译文】

予,举物给别人。似用手举物交付给别人的样子。凡是予的部属全部从予。

【按语】

"予"是会意字。小篆似上下两个织布梭子尖端交错之状,其中一只还有线引出,用以会梭子推来推去之意。隶变以后楷书写成"予"。

"予"的原义是授予、给予。例如《老子》第三十六章:"将欲夺之,必固予之。"延伸指赞许、称誉。例如《荀子·大略》:"言味者予易牙,言音者予师旷。"

"予"也假借为"余",代词,我。如周敦颐《爱莲说》:"予独爱莲之出淤泥而不染。"

飞

飛 飛 飞

小篆　　楷书(繁体)　　楷书

【原文】

飛,鸟翥也。象形。凡飛之属皆从飛。

【译文】

飛,鸟向上飞,似鸟飞之形。凡是飛的部属全部从飛。

【按语】

"飞"是象形字。小篆字形下面似展开的双翼,上面似鸟头。隶变以后楷书写成"飛"。汉字简化之后写成"飞"。

"飞"的原义是鸟飞翔。如陶渊明《归去来兮辞》:"鸟倦飞而知还。"延伸指其他动物飞翔。例如《周易》:"飞龙在天,利见大人。"

"飞"也延伸指物体随风在空中飘游浮荡。如苏轼《念奴娇·赤壁怀古》:"谈笑间,樯橹灰飞烟灭。"

"飞"也延伸指意外的、突然的。例如"飞来横祸"。

"飞"用作动词,表示迅速前进。例如《乐府诗集·木兰诗》:"万里赴戎机,关山度若飞。"

乡

| 甲骨文 | 金文 | 小篆 | 楷书 |

【原文】

无。

【按语】

"乡"是会意字。甲骨文似两个人对着盛有食物的器皿,会两人相对而食之意。金文、小篆整齐化。隶变以后楷书写成"乡"。

"乡"的原义是两人相对而食。延伸泛指用酒食款待别人。此义尔后另加义符"食",写成"飨"来表示。

"乡"后也延伸成基层行政区域名。例如"乡长""乡镇"。也延伸指出生的地方、家乡。例如"离乡背井""衣锦还乡"。

"乡"也延伸泛指处所、地区。如王维《九月九日忆山东兄弟》:"独在异乡为异客,每逢佳节倍思亲。"

乳

甲骨文　　小篆　　楷书

【原文】

乳,人及鸟生子曰乳,兽曰产。从孚,从乙。乙者,玄鸟也。

【译文】

乳,人生育子女以及鸟孵化雏鸟叫作乳,兽生幼兽叫作产。由孚、由乙会意。乙,表示黑色的燕子。

【按语】

"乳"是象形字。甲骨文似妇女双手抱子在胸前喂奶之形。小篆的形体发生了讹变。隶变以后楷书写成"乳"。

"乳"的原义是喂奶、吃奶。如林嗣环《口技》:"妇抚儿乳。"

"乳"用作名词,指乳房。如魏学洢《核舟记》:"佛印绝类弥勒,袒胸露乳。"延伸指乳汁。如《魏书·王琚传》:"常饮牛乳,色如处子。"

"乳"也延伸指初生的、幼小的。如鲍照《咏采桑》:"乳燕逐草虫,巢蜂拾花萼。"

习

甲骨文　　小篆　　楷书(繁体)　　楷书

【原文】

习,数飞也。从羽,从白。凡习之属皆从习。

【译文】

習，鸟儿频频试飞。由羽、由白会意。凡是習的部属全部从習。

【按语】

"習"是会意字。甲骨文从羽，从日，会鸟儿在日光下练习飞翔之意。小篆中，"日"字误变为"白"字。隶变以后楷书写成"習"。汉字简化之后写成"习"。

"习"的原义是小鸟反复练飞。延伸成反复练习、钻研。例如《论语·学而》："学而时习之，不亦说乎？"

"习"也延伸成学习。例如"修文习武""习艺"。

经过反复的接触和练习，人们必然会对事物熟悉，因此"习"也延伸成对某事熟悉。例如"习以为常""习见"。

承

甲骨文	金文	小篆	楷书

【原文】

承，奉也，受也。从手，从卩，从収。

【译文】

承，捧授；收受。由手、由卩、由収会意。

【按语】

"承"是会意字。甲骨文似一个屈膝的人作授物之形，下有一双手做出接受的样子。金文大体相同。小篆下边也加了一只手。隶变以后楷书写成"承"。

"承"的原义是捧。也延伸成承继、接续。例如《后汉书·班彪列传》："汉承秦制。"是说汉代承继了秦朝的典章制度。

"承"还可以表示顺从、侍奉。例如"承

欢膝下""承颜"。

"承"用作敬词，表示客气。例如"承蒙夸奖"。

乱

金文　　小篆　　楷书（繁体）　楷书

【原文】

亂，治也。从乙，乙，治之也；从𤔔。

【译文】

亂，治理。从乙，乙，表示把曲乱的治理为通达的；从𤔔。

【按语】

"乱"是会意字。金文从爪（手），从又（手），从丝，会两手整理架子上散乱的丝线之意。隶变以后楷书写成"亂"，汉字简化之后写成"乱"。

"乱"的原义是整理乱丝。由此延伸成治理。我们现在常说的"乱臣贼子"指的是朝廷里作乱的人。但"乱臣"原本指善于治理政务的大臣。

丝线是混乱不顺的，所以"乱"延伸成混乱、无秩序。国家秩序混乱，常常导致征伐不断、生灵涂炭，所以"乱"也延伸成不太平。

乞

甲骨文　　金文　　小篆　　楷书

【原文】

无。

【按语】

"乞"是象形字。甲骨文似飘浮的云气之形。金文中，"乞"和"气"是同一个形体,也似云气的形状。隶变以后楷书写成"乞"。

"乞"的原义是向人求讨。求讨,就是请求别人给予某物,所以延伸指请求、希望。一般人全部是遇到难处才会向别人求讨,但还有一批人是专靠要饭要钱过活的,所以"乞"也用作名词,专指乞丐。

民

民 民 民
金文　小篆　楷书

【原文】

民,众萌也。凡民之属皆从民。

【译文】

民,众人懵懵无知的样子。凡是民的部属全部从民。

【按语】

"民"是象形字。金文似以锐物刺左目之形。小篆整齐化、线条化。隶变以后楷书写成"民"。

古时候,俘获敌人则刺瞎其左眼用为奴。所以"民"的原义是奴隶。奴与主相对,百姓与君王、官员相对,因此"民"延伸指百姓。例如"人民"。

百姓不生活在宫廷中,身份低微、财富微薄,故而"民"用作形容词,指民间的。

丑

丑 丑 丑 醜 丑
甲骨文　金文　小篆　楷书(繁体)　楷书

【原文】

丑,纽也。十二月,万物动,用事。象手之形。时加丑,亦举手时也。凡丑之属皆从丑。

【译文】

丑，阴气坚固的纽结已经渐渐缓解。丑代表十二月，（这时阴气上通），万物发动，将用农事。丑似手的形状。一天临上丑时，也是人们举手有为之时。凡是丑的部属全部从丑。

【按语】

"丑"是象形字。甲骨文从又（手），似手指钩曲用力揪物形，表示揪扭之义。金文把钩指连在一块。小篆整齐化。隶变以后楷书写成"丑"。

"丑"的原义是揪扭。尔后被借用为地支名，即地支的第二位，与天干相配，用来纪时、纪年，并且跟十二生肖中的牛相配，称为"丑牛"。

"丑"作"醜"的简化字时，原义是可恶、厌恶。也延伸成相貌难看。人们也会对不合常理、有悖伦理的行事作风心生厌恶，故而"丑"还延伸成污秽、怪异的事。

传统戏曲里的扮演滑稽人物，鼻梁上抹白粉，有文丑、武丑之分。

买

甲骨文	金文	小篆	楷书（繁体）	楷书

【原文】

買，市也。从网、貝。例如《孟子》曰：'登垄断而网市利。'

【译文】

買，购进。由网、贝会意。《孟子》说："登上独立的高地（窥视），（企图）网罗买卖的好处。"

【按语】

"买"是会意字。甲骨文上部是一架网，下部似个贝壳，会以网捞取贝之意。隶变以后楷书写作"買"。汉字简化之后写成"买"。

"买"的原义是用网捞取贝。古时候，人们曾把贝壳作为货币，来交换买卖财货，因此"买"延伸成购买。

由于"买"的甲骨文字形是用网捞取贝，所以自己就是获取的一方，故而人们又造出"卖"作为抛出的一方，于是就形成了"买"与"卖"的相互对应。

甲骨文　　金文　　小篆　　楷书

【原文】

尹，治也。从又、丿，握事者也。

【译文】

尹，治理。由又、丿会意，表示用手掌握事物的意思。

【按语】

"尹"是会意字。甲骨文从又（手），从丿（针），会手执针治病之意，丿（针）兼表声。金文和小篆大概相同。隶变以后楷书写成"尹"。

"尹"的原义是手拿针治病。治病，就是把身体调理好，由此延伸泛指治理、主管。负责管理一方百姓的人是长官，故而"尹"由治理延伸成长官。

尔后"尹"也被用来特指治事的官名。例如"令尹""府尹""京兆尹"等，其中的"尹"全部是指官名。

甬

金文　　小篆　　楷书

【原文】

甬，草木华甬甬然也。从㣇，用声。

【译文】

甬,草木之花含苞欲放的样子。从㕚,用声。

【按语】

"甬"是象形字。金文字形就似一个钟,下部为钟体,中画似钟带。隶变以后楷书写成"甬"。

"甬"的原义是钟,是古代的青铜器。

例如《淮南子·本经训》中说:"甬道相连。"此处的"甬"其实是"通"的通假字,所谓"甬道"就是"通道",多指两座高楼间有棚顶的通道。也指两旁有墙垣遮蔽的驰道或者通道。至于《红楼梦》第七十六回中所说的:"那媳妇……刚走到甬道。"此处的"甬道"是指庭院里居中的道路,至今山东省胶东等地区还称"甬路"。现在多指通路。

疋

甲骨文　金文　小篆　楷书

【原文】

疋,足也。上象腓肠,下从止。例如《弟子职》曰:'问疋何止。'凡疋之属皆从疋。

【译文】

疋,足。上部似小腿肚,下面从止。《弟子职》说:"问足放在何处。"凡是疋的部属全部从疋。

【按语】

"疋"是象形字。"疋"与"足"原本是同一个字。甲骨文似小腿之形,表示脚。隶变以后楷书写成"疋"。

"疋"的原义是足。尔后该字的原义渐渐消失,由"足"字取代。而"疋"主要用作量词,通"匹"。

"疋"是个部首字。用作部首时,有两种写法:"乛"和"疋"。凡由"疋"组成的字,与脚以及脚的行动有关。例如"疏""疎""疑"等。

二 部

云

甲骨文　　金文　　小篆　　楷书（繁体）　　楷书

【原文】

雲，山川气也。从雨，云象云回转形。凡雲之属皆从雲。

【译文】

雲，山河升腾之气。从雨，云似云彩回旋转动的形状。凡是雲的部属全部从雲。

【按语】

"云"是象形字。甲骨文似天空中舒卷的云层。金文同于甲骨文。小篆的形体繁杂化了。隶变后楷书写成"雲"。汉字简化之后写成"云"。

"云"的原义是云气、云雾。例如《孟子·梁惠王上》："天油然作云，沛然下雨。"延伸指轻柔舒卷、形状似云的事物。如古人常说的"云鬟"就是形容女子鬓发盛美如云。

云大都全部是在天上，故也延伸引喻高。如苏轼《书王晋卿画·西塞风雨》："仰看云天真箬笠，旋收江海入蓑衣。"其中的"云天"即指高空。

尔后"云"假借为动词"曰"，表示说。例如"子曰诗云""人云亦云""不知所云"。

亏

小篆　　楷书（繁体）　　楷书

【原文】

亏,于也。象气之舒亏。从丂,从一。一者,其气平之也。凡亏之属皆从亏。

【译文】

亏,于。似口气的舒展平直。由丂、由一会意。一,表示那口气的平直。凡是亏的部属全部从亏。

【按语】

"亏"是形声字。小篆从亏(同"于",声气上出),虧声。隶变以后楷书写成"虧"。汉字简化之后写成"亏"。

"亏"的原义是气损。延伸指欠缺、短少。例如《尚书·旅獒》:"为山九仞,功亏一篑。"

"亏"也延伸指损耗、损害。例如"亏损"。也延伸指违背。如俗语"不做亏心事,不怕鬼敲门"。

"亏"用作名词,指损失、损伤。如曹植《赠白马王彪》:"恩爱苟不亏,在远分日亲。"

"亏"用作副词,表示难为、幸而,是侥幸之词。例如"多亏""幸亏"。

"亏"还可以作为反语用,表示斥责或者讥讽。例如"这种事,亏你做得出来"。

十 部

甲骨文　金文　小篆　楷书

【原文】

十,数之具也。一为东西,丨为南北,则四方中央备矣。凡十之属皆从十。

【译文】

十,十进位数字完备的标志。一,表示东西;丨,表示南北,一丨相交为十,那么，东西南北和中央全部完备了。凡是十的部属全部从十。

【按语】

"十"是指事字。甲骨文字形为"｜"，用一根树枝代表十。金文似结绳记数，用一个结表示十。小篆符号化，一点变成了一横。隶变以后楷书写成"十"。

"十"的原义是数字十。汉字中的数字，以一到十为基础，其他的数字全部是由此演化而来，无穷无尽，所以有了这十个数，就等同于拥有了全部，所以，"十"在中国是圆满的象征，因此"十"也延伸成完备、完满。我们常说的"十全十美"就是非常典型的运用。古人还常用"十"来表示虚指、约数。

孛

甲骨文　　金文　　小篆　　楷书

【原文】

孛，𡕰也，从㞢；人色也，从子。例如《论语》曰：'色孛如也。'

【译文】

孛，草木盛美，故从㞢；人容色（勃然壮盛），故从子。例如《论语》说："面色勃然庄重。"

【按语】

"孛"是会意字。甲骨文下部是个孩子，上部是长头发，会小孩生长迅速、容色盛旺之意。隶变以后楷书写成"孛"。

"孛"的原义是孩子容色盛壮，读作 bó。泛指变得气盛的脸色。此义后世多写成"勃"。

"孛"还延伸成星芒四出的现象，所以彗星的别名也叫"孛星"，此处的"孛"读作 bèi。古代认为彗星出现象征将产生灾厄。

"孛"还可延伸成草木茂盛，由树叶披散也延伸出混乱冲突之意，此义后世多用"悖"来替代。

卒

甲骨文　　金文　　小篆　　楷书

【原文】

卒，隶人给事者衣为卒。卒，衣有题识者。

【译文】

卒，隶役供给差事的人的衣服叫卒。卒，指衣上有标记的符号。

【按语】

"卒"是会意字。甲骨文从衣，会带有标记的衣服之意。这是古代隶役人穿的一种衣服，用标记以示区别。金文把标记简化为一斜道。隶变以后楷书写成"卒"。

"卒"的原义是带有标记的衣服，也指穿这种衣服供役使的隶役。也特指士兵。如成语"身先士卒"，意思就是作战时，将领亲自带头冲在士兵前面。由士兵延伸成古代军队编制。古代以一百人为"卒"；"伍"也是古代的一种军队编制，五人为"伍"。

"卒"还可以表示死。古时候，天子死叫作"崩"，诸侯死叫作"薨"，大夫死叫作"卒"。尔后一般人的死也可以称"卒"。例如"病卒"就是病死，"生卒年月"就是出生和死亡的年月。

卖

金文　　小篆　　楷书（繁体）　　楷书

【原文】

賣，出物货也。从出，从買。

国学经典文库

说文解字

《说文解字》原文释义

图文珍藏版

【译文】

賣,出卖物货。由出、由買会意。

【按语】

"卖"是会意字。它有两个来源:一个是金文,从贝,从省(视察);一个是小篆,从出,从买。隶变以后楷书全部写成"賣"。汉字简化之后写成"卖"。

"卖"的原义是以货物换钱,与"买"相对。如明代刘基作有《卖柑者言》。

"卖"延伸指背地里害人以利己,背叛。例如《后汉书·李固传》:"谄贵卖友。"也延伸指炫耀。例如"卖弄""倚老卖老"。

"卖"也延伸指尽量使出来。例如"卖力""卖命"。

南

甲骨文　金文　小篆　楷书

【原文】

南,艸木至南方,有枝任也。从宋,羊声。

【译文】

南,草木到南方(其叶畅茂),有枝芽可胜任。从宋,羊声。

【按语】

"南"是象形字。甲骨文的字形似悬挂着的敲击乐器:上边是悬挂的结,下边是器体。金文和小篆全部是由甲骨文直接演化而来。隶变以后楷书写成"南"。

"南"的原义是一种敲击乐器。敲击乐器奏乐是为了助兴,古人助兴也多欣赏配乐的舞蹈,尔后"南"就延伸成了乐舞名。现在常用作方向的"南",是假借义。成语"南辕北辙"中的"南"指的就是方向。

真

甲骨文　　金文　　小篆　　楷书

【原文】

真，仙人变形而登天也。从匕，从目，从乚。八，所乘载也。

【译文】

真，长生不死的人变化形体而升天。由匕、目、乚会意。八，是仙人升天时乘坐的风云之类的工具。

【按语】

"真"是会意字。甲骨文从鼎，从人，会人就鼎取食美味之意。金文和小篆略有变化。隶变后楷书写成"真"。

"真"的原义指美食。由美食的原质原味延伸指本质、本性。人生活在充满诱惑的世间，本性也在诱惑中迷失了，一个按本性生活的人才是真正的人，所以"真"也延伸指真实，与"假"相对。

"真"也延伸指人或者事物的原样、肖似。看到了事物的原样，人就会豁然开朗，能把事物看得清清楚楚，故而，"真"还延伸成清楚、明确。

嗇

甲骨文　　金文　　小篆　　楷书（繁体）　　楷书

【原文】

嗇，爱瀒(不滑)也。从来，从向。来者，向而藏之。故田夫谓之嗇夫。凡嗇之属皆从嗇。

【译文】

嗇,爱惜。由来、由亩会意。麦子之类的谷类,用仓库把它收藏起来。所以农夫叫作嗇夫。凡是嗇的部属全部从嗇。

【按语】

"嗇"是会意字。甲骨文似是田里生长的谷物,由此会收割谷物之意。金文大概相同,小篆整齐化、线条化。隶变以后楷书写成"嗇"。汉字简化之后写成"啬"。

"嗇"的原义是收庄稼,也指谷物。例如《礼记·郊特牲》:"腊之祭也,主先嗇而祭司嗇也。""嗇"因此而含有节省钱粮的意思,是个褒义词。

节省钱粮,也就是爱惜,但是过分爱惜未免太过苛刻,于是"嗇"向相反的方向延伸,变成了"吝嗇",指过分爱惜自己的财物,成了一个贬义词。

协

彡 協 協 协

甲骨文　　小篆　　楷书（繁体）　楷书

【原文】

協,众之同和也。从劦,从十。叶,古文協,从曰、十。叶,或者,从口。

【译文】

協,众人的协同和谐。由劦、由十会意。叶,古文"协"字,由曰、十会意。叶,叶的或者体,由十、口会意。

【按语】

"协"是会意字。甲骨文似三耒（犁具）并耕之形,会合力同耕之意。小篆又加上义符"十",表示"众多的力"。隶变以后楷书写成"協"。汉字简化之后写成"协"。

"协"的原义是调和、融洽。如扬雄《太玄·数》:"声律相协而八音生。"是说声与律融洽了,八音就产生了。

"协"延伸指共同。例如"齐心协力""协同"。

"协"也可以延伸成协助。例如"协理""协办"。

卉

艸 卉

小篆　　楷书

【原文】

卉，草之总名也。从艸、中。

【译文】

卉，草的总称。从艸、中。

【按语】

"卉"是象形字。小篆似众多的草在蓬勃生长的样子。隶变以后楷书写成"卉"。

"卉"的原义是百草的总称。例如《诗经·小雅·出车》："春日迟迟，卉木萋萋。"

"卉"也泛指草木。如张衡《思玄赋》："卉既凋而已育。"意思是草木看起来是凋零了，但实际上已经在孕育了。也特指花。

华

華 華 華 华

金文　　小篆　　楷书（繁体）　　楷书

【原文】

華，荣也。从艸，从华。凡华之属皆从华。

【译文】

華，花朵。由草、由华会意。凡是华的部属全部从华。

【按语】

"华"是象形字。金文的上部似花朵的形状,下部是花蒂。小篆整齐化。隶变以后楷书写成"華"。汉字简化之后写成"华"。

"华"的原义指花朵,就是花的本字,此义后用"花"来表示。

"华"读作 huá,花朵艳丽,由此延伸指美丽光彩(华的延伸义均读 huá)。例如"华服"。也可以作名词。例如"月华""光华"。

花儿是植物的精华,因此"华"也表示精华之义。如王勃《滕王阁序》:"物华天宝。""物华"是指万物的精华。进一步延伸指显贵。最常用的"荣华"一词,原本指花开盛美,后来用以指人之显贵。

直

甲骨文　　金文　　小篆　　楷书

【原文】

直,正见也。从L,从十,从目。

【译文】

直,正视。由L、由十、由目会意。

【按语】

"直"是会意字。甲骨文下部是一只横着的眼睛,上部有一竖线,会视线直之意。金文变得繁杂了,但意思不变。小篆与金文相似。隶变以后楷书写成"直"。

"直"的原义是直视。延伸成不弯曲,与"曲"相对。

"直"由不弯曲,也可以延伸成正直、公正。例如"心直口快""理直气壮"。也延伸表示一直到底、不经周转。例如"直拨电话""直辖市"。

"直"用作副词,表示一直、径直。例如《史记·李将军列传》:"(李)敢独与数十骑驰,直贯胡骑。"意思是李将军敢与数十骑兵飞马奔驰,径直从胡兵中贯穿过去。

者

者　　　者　　　者
金文　　小篆　　楷书

【原文】

者,别事词也。

【译文】

者,区别事物的词。

【按语】

"者"为象形字。金文字形,上部似楮树形,口为附加义符。小篆的形体线条化了,下部讹变为"白"。隶变以后楷书写成"者"。

"者"的原义应是楮,一种树名。后世所用乃是其假借义,主要作助词用。

"者"用作动词、形容词之后,能组成"者"字词组,这种词组可译为……的(人、事、物)。如"智者""贤者"。

"者"用在表时间的名词后面,表示停顿。例如《礼记》中有"昔者,吾舅死于虎",此处的"昔者"就是指从前。

博

博　　　博　　　博
金文　　小篆　　楷书

【原文】

博,大通也。从十,从尃。尃,布也。

【译文】

博,广大;精通。由十、由尃会意。尃是分布的意思。

【按语】

"博"是会意兼形声字。金文和小篆皆从十,从尃(分布)会意,尃兼表声。隶变以后楷书写作"博"。

"博"的原义是大。例如《管子·权修》:"土地博大,野不可以无吏。"

"博"延伸指丰富、宽广、广博。例如《论语·子罕》:"博我以文,约我以礼。"也延伸指广泛、普遍。例如《荀子·劝学》:"君子博学而日参省乎己,则知明而行无过矣。"

"博"也延伸指博弈,是古代一种赌输赢的棋类游戏,后泛指赌博。

"博"也延伸指取得、换取。例如"博美人一笑"中的"博"就是这种用法。

阜

| 甲骨文 | 金文 | 小篆 | 楷书 |

【原文】

阜,大陆,山无石者。象形。凡阜之属皆从阜。

【译文】

阜,大面积的又高又平的土地,是没有石头的土山。象形。凡阜之属皆从阜。

【按语】

"阜"是象形字。甲骨文似古人在其所居地穴的墙上挖出的供上下用的脚窝形,犹如尔后的楼梯。金文、小篆整齐化。单用时写成"阜",作偏旁在字左时写成"阝"。

"阜"的原义是在竖穴侧壁挖的上下时供脚登着的坑窝。古人穴居必选择在土层高厚之处,延伸成土山,也泛指山。例如《荀子·赋篇》:"生于山阜。"

"阜"也延伸成盛多、丰富。例如"物阜民丰",意思是物产丰富,人民安乐。还延伸成强健、肥壮。例如《诗经·秦风·小戎》:"四牡孔阜。"意思是四匹雄马高大肥壮。

人（入）部

人

甲骨文　金文　小篆　楷书

【原文】

人，天地之性最贵者也。似臂胫之形。凡人之属皆从人。

【译文】

人，天地间的生物中最可宝贵的。字形似手臂腿胫的样子。

【按语】

"人"是象形字。甲骨文似侧面站立的人之形。金文、小篆字形基本上与甲骨文相同。隶变后楷书写成"人"。

"人"的原义是能制造并使用工具进行劳动，也能用语言进行思维和交际的生命。例如《列子·黄帝》："有七尺之骸，手足之异，戴发含齿，倚而趣者谓之人。"

人有伦理观念和道德意志，所以"人"延伸指人的品质、性情。例如"他人很不错"。

介

甲骨文　金文　小篆　楷书

【原文】

介，画也。从八，从人；人各有介。

【译文】

介,界画。由八、由人会意,表示人各守自己的分界。

【按语】

"介"是象形字。甲骨文似一个人的样子,前后四点是护身的铁甲。金文中甲衣变为前后两片。小篆形体与金文基本相同。隶变以后楷书写成"介"。

"介"的原义是铠甲。例如《礼记·曲礼上》:"介者不拜。""介者"就是指披戴盔甲的人。

披甲则人在其中,因此延伸成夹在中间。例如《左传·襄公九年》:"天祸郑国,使介居二大国之间。"

人披甲则不易屈身,由此延伸表示特立、特异。例如"耿介之臣"。

"介"用作量词,等同于"个"。例如"一介书生""一介武夫"。

从

𠨍	𠩺	从	从
甲骨文	金文	小篆	楷书

【原文】

从,相听也。从二人。凡从之属皆从从。

【译文】

从,相听从。由两个"人"字相随会意。凡是从的部属全部从从。

【按语】

"从"是会意字。甲骨文似两个面朝左站立的人,一个跟随一个,会前后相随之意。金文大体相同,小篆整齐化。隶变以后楷书写成"从"。

"从"的原义是跟随。例如《聊斋志异·狼》:"一狼得骨止,一狼仍从。"

"从"延伸表示顺从、依从。例如《荀子·子道》:"从道不从君,从义不从父。"

也延伸指自、由。如贺知章《回乡偶书》:"笑问客从何处来。"

"从"也指次要的、追随的人或者物。例如"从犯"。

众

甲骨文　　金文　　小篆　　楷书(繁体)　　楷书

【原文】

衆,多也。从乑、目,众意。

【译文】

衆,多。由乑、目,会众多之意。

【按语】

"众"是会意字。甲骨文似众人在弯腰劳动的样子。金文有所变化,三人头上的"日"变成表示监察的"目"了。小篆继承金文而来。隶变以后楷书写成"衆"。汉字简化之后写成"众"。

"众"的原义就是许多人。例如《左传·襄公十年》:"众怒难犯,专欲难成。"

从人多之义,可延伸成多。例如"众矢之的",意思是许多箭射的靶子。引喻众人攻击的目标。也延伸指一般、普遍。例如"众妙""众艺"。

今

甲骨文　　金文　　小篆　　楷书

【原文】

今,是时也。从亼,从7。7,古文及。

【译文】

今,目前,这个时候。由亼、由7会意。7,古文"及"字。

【按语】

"今"是会意字。甲骨文似一人张口向下伸舌的口形，金文中的舌下垂，小篆整齐化。隶变后楷书写成"今"。

"今"的原义当为饮。但原义现在已经消失了，现在用的是其假借义，表示现在、当前。如陶渊明《归去来兮辞》："觉今是而昨非。"

余

甲骨文　　金文　　小篆　　楷书

【原文】

余，语之舒也。从八，舍省声。

【译文】

余，虚词中表示舒缓语气的助词。从八，舍省声。

【按语】

"余"是象形字。甲骨文似树木支撑的房屋之形。金文、小篆的形体与甲骨文相似。隶变以后楷书写成"余"。

"余"的原义是房屋，但该字原义早已消失，后世多假借为第一人称代词。

"余"也作"馀"的简化字，意为多余。

《尔雅·释诂下》："余，我也。"

会

甲骨文　　金文　　楷书（繁体）　　楷书

【原文】

會，合也。从亼，从曾省。曾，益也。凡會之属皆从會。

【译文】

會，会合。由亼、由曾省会意。曾，表示增益。凡是會的部属全部从會。

【按语】

"会"是会意字。金文下边是仓体，上边是仓顶，中间是仓门，用储存谷物的粮仓来表示会聚之意。小篆继承金文而来。隶变以后楷书写成"会"。

"会"的原义是会聚。如范仲淹《岳阳楼记》："迁客骚人，多会于此。"延伸指业务、社交或者其他性质的集会。例如"欢迎会""欢送会"。也指为一定的目的而成立的团体或者团体组织。例如"教会""同乡会"。又延伸指某种能力。例如"他会两国外语"。

"会"用作副词时指必然、定要。如杜甫《望岳》："会当凌绝顶，一览众山小。"

令

| 甲骨文 | 金文 | 小篆 | 楷书 |

【原文】

令，发号也。从亼、卩。

【译文】

令，发出命令。由亼、卩会意。

【按语】

"令"是会意字。甲骨文从▲（口朝下的木铎之形，即铃），从卩（跪坐着的人之形），古代镇铎以发布号令，会向人发布命令之意。金文与甲骨文大概相同。小篆继承金文而来。隶变以后楷书写成"令"。

"令"的原义是发出命令。从命令之义，也延伸指使。例如《史记·孙子吴起列传》："臣能令君胜。"进而延伸指政府某部门或者机构的长官。例如"尚书令""郎中令"。

"令"也表示美、善。例如《世说新语·自新》:"人患志之不立,亦何忧令名不彰邪?"这里的"令名"就是美名的意思。

旧时为了表示尊敬,常在称呼之前贯以"令"字。例如"令尊""令堂"。

仓

自　　自　　倉　　倉　　仓

甲骨文　金文　　小篆　楷书(繁体)　楷书

【原文】

倉,谷藏也。仓黄取而藏之。故谓之仓。从食省,口象仓形。凡倉之属皆从倉。

【译文】

倉,谷米收藏的地方。趁谷成熟颜色苍黄之时,收藏它,所以叫作仓(亼)。由"食"字省略会意,"口"似仓的形状。凡是仓的部属全部从仓。

【按语】

"仓"是象形字。甲骨文似粮仓之形,其上是仓顶,中为仓门,下为仓体。金文与甲骨文、小篆与甲骨文的形体相接近。隶变以后楷书写成"倉"。汉字简化之后写成"仓"。

"仓"的原义是藏粮食的地方。例如《管子·牧民》:"仓廪实而知礼节。"

在古代"仓"与"库"是有严格区别的,装粮食的叫"仓",装其他物品的才称为"库"。

伞

繖　　繖　　傘　　伞

小篆　楷书(繁体)　楷书(繁体)　楷书

【原文】

繖，盖也。

【译文】

繖，车盖。

【按语】

"伞"是象形字。上边似张开的遮蔽蓬，下边似把和支架，似极了为人挡雨遮阳之物。其字本写成"繖"，俗写成"伞"，汉字简化之后写成"伞"，而"繖"就废弃不用了。

"伞"的原义是车盖。后特指伞盖，即古时仪仗的一种，根据其颜色可以区别等级的高低。在古代，仪仗队中撑伞的人被称为伞子，而伞和扇两种仪仗也合称为伞扇。

"伞"延伸成能挡雨遮阳的器具。例如"雨伞"。

"伞"也被延伸成伞形物。例如"降落伞"。

命

甲骨文　　金　　小篆　　楷书

【原文】

命，使也。从口，从令。

【译文】

命，使令。由口、由令会意。

【按语】

"命"是会意字。甲骨文同"令"。金文增加义符"口"，突出发布之意。于是两个字出现分化。隶变以后楷书写成"命"。

"命"的原义是指派、发号。例如《列子·汤问》："命夸娥氏二子负二山。"延伸指命令、指示。例如《论语·子路》："使于四方，不辱君命。"

古人认为人的穷通福祸、社会的兴衰更替是上天的安排，"命"由此延伸指天命、命运。也延伸指生命或者性命。例如《古诗为焦仲卿妻作》："命如南山石，四体康且直。"

合

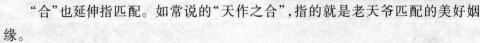

甲骨文　　金文　　小篆　　楷书

【原文】

合,合口也。从亼,从口。

【译文】

合,两口相合。由亼、由口会意。

【按语】

"合"是象形字。甲骨文似盛饭的食器,会器盖与器体相扣合、闭合之意。金文和小篆的形体与甲骨文的形体相类似。隶变以后楷书写成"合"。

"合"的原义是扣合、闭合。例如《战国策·燕策》:"鹬啄其肉,蚌合而箝其喙。"

"合"延伸表示聚合、会合。例如《论语·宪问》:"(齐)桓公九合诸侯。"

"合"也延伸指匹配。如常说的"天作之合",指的就是老天爷匹配的美好姻缘。

"合"也表示整个、全、同时。古人说的"合欢"指的是一种对称图案的花纹,象征男女和合欢乐之意,其中的"合"就是这种用法。

禽

甲骨文　　金文　　小篆　　楷书

【原文】

禽,走兽总名。从内,象形,今声。禽、离、兕头相似。

【译文】

禽,走兽的总名称。从内,似头部之形,今声。禽、离、兕三个字的头部相似。

【按语】

"禽"是象形字。甲骨文上部是个网形,下部是网具的柄。金文加声符"今"。小篆继承金文而来,变得繁杂了。隶变以后楷书写成"禽"。

"禽"的原义就是捕捉禽兽的工具,尔后也延伸成鸟兽的总称。例如《三国志·魏书·华佗传》:"吾有一术,名曰五禽之戏。"

"禽"亦可专指鸟类。例如《尔雅·释鸟》:"二足而羽谓之禽。"

企

甲骨文　　小篆　　楷书

【原文】

企,举踵也。从人,止声。

【译文】

企,跐起脚跟。从人,止声。

【按语】

"企"是会意字。甲骨文字形是面朝左站立的一个人,下部有"止"(脚),会人跐起脚远望之意。隶变以后楷书写成"企"。

"企"的原义是跐起脚后跟远望。我们常说的"企盼"就是跐起脚盼望的意思。跐起脚后跟的时候自然是站着的,所以也延伸成站立。企鹅之所以叫"企鹅",是因为它似人一样站立着。

由盼望也可以延伸成赶上。例如"企及"就是希望赶上的意思。

舍

舍　舍　舍

金文　小篆　楷书

【原文】

舍,市居曰舍。从亼、屮,象屋也;口象筑也。

【译文】

舍,宾客居住的房子叫舍。从亼、屮,似屋子;口似筑的坦墙。

【按语】

"舍"是象形字。金文上部似屋顶,中间的"干"似顶柱与横梁,下部"口"似砖石墙基。小篆形体与金文大体相同。隶变以后楷书写成"舍"。

"舍"的原义是房屋。如杜甫《客至》:"舍南舍北皆春水。"

"舍"用作动词,也延伸成住宿。例如《庄子·山木》:"舍于故人之家。"意思是住在故人的家里。进而延伸表示止息、停留。例如《论语·子罕》:"逝者如斯夫!不舍昼夜。"

"舍"由止息之义延伸成停止、放弃。例如《孟子·告子上》:"舍生而取义者也。"

龠

龠　龠　龠　龠

甲骨文　金文　小篆　楷书

【原文】

龠,乐之竹管,三孔,以和众声也。从品、侖;侖,理也。凡龠之属皆从龠。

【译文】

龠,乐器中竹编而成的管乐,多孔,是用来调谐众乐之声的主乐器。由品、侖会意。龠,是(乐曲)有条理的意思。凡是龠的部属全部从龠。

【按语】

"龠"是象形字。甲骨文似一种由编管组成的乐器之形,中部有孔,上有吹口;或者在其上又加倒口,以强调吹奏。隶变以后楷书写成"龠"。

"龠"的原义是古代的一种管乐器。用竹管编排制成,有三孔、六孔或者七孔不等,长的可用作舞具。古代的时候,还用作容量单位。

俎

甲骨文　金文　小篆　楷书

【原文】

俎,礼俎也。从半肉在且上。

【译文】

俎,行礼时盛放牲体的器具。由半个"肉"(夕)放在"且"上会意。

【按语】

"俎"是象形字。甲骨文字形似古代祭祀时盛牛羊等祭品的礼器,中间那两个"A"字形代表祭品(牛羊肉)。隶变以后楷书写成"俎"。

"俎"的原义是祭器。成语"越俎代庖"一词中的"俎"就是指祭器。

古时候的祭器,是用来盛放作为祭品的牛羊肉的,而切肉的砧板也是用来放肉的,所以尔后"俎"延伸指切肉用的砧板。后人用"人为刀俎,我为鱼肉"来引喻生杀大权掌握在别人手里,自己处在被宰割的地位。

位

甲骨文　　金文　　小篆　　楷书

【原文】

位，列中庭之左右谓之位。从人、立。

【译文】

位，排列在朝廷中的左右位置叫作位。由人、立会意。

【按语】

"位"是指事字。甲骨文、金文写成"立"，从大（正面人形），从一（表示地）。隶变以后楷书写成"位"。

"位"的原义是朝廷中群臣排班所处的序列、地方。延伸指所处的官职、级别。还特指封建君主的统治地位。"即位"就是指登上帝位，"在位"就是居于君主之位。

"位"也延伸指人在某一社会领域中所处的位置或者等级。例如"岗位""学位"。

"位"还指抽象的名分、地位。

仔

甲骨文　　金文　　小篆　　楷书

【原文】

仔，克也。从人，子声。

【译文】

仔,肩任。从人,子声。

【按语】

"仔"是会意字。甲骨文从人,从子,会人背小孩之意。金文调换了大人与小孩的位置。小篆继承金文而来。隶变以后楷书写成"仔"。

"仔"的原义是人背子,此时读 zī。由此延伸成胜任。但是这个读音现在已经不用了。

"仔"读 zǐ 时,指幼小的。例如"仔猪""仔鸡"等。世间鸟兽全部是从幼小长大而繁衍后代的,植物则是由种子生长起来的,所以"仔"也延伸成种子。由幼小还延伸出细小之意。

广东人称物之小者为"仔",应读 zǎi,意义与"崽"相通,特别是指有某些特征或者从事某种职业的年轻人。例如"肥仔""单车仔"。

付

| 金文 | 小篆 | 楷书 |

【原文】

付,与也。从寸(又)持物对人。

【译文】

付,交授。由"又"(手)持握着物对着"人"会意。

【按语】

"付"是会意字。金文从人,从寸(表示手的动作),会以手持物交付给别人之意。隶变以后楷书写成"付"。

"付"的原义是交、给。用钱买东西时,是把钱交付给卖东西的人,因此延伸出给钱、支付之意。不仅仅是确定的事物能交给别人,事情也能交给别人做,所以"付"也延伸成托付。还延伸成对人对事采取方法措施,即对付。

"付"还能作量词。例如"一付药"。

伏

金文　小篆　楷书

【原文】

伏,司也。从人,从犬。

【译文】

伏,伺候。由人、由犬会意。

【按语】

"伏"是会意字。金文左侧是一个面朝左的人,右边是一只犬(狗),会犬趴伏伺机袭击人之意。隶变以后楷书写成"伏"。

"伏"的原义是趴下。不管是人还是动物,想隐藏自己的时候,大都全部会趴下不动,所以也延伸指潜藏、埋伏。例如"潜伏"。

古人以伏地表示尊敬或者敬畏,所以"伏"也用作敬辞。只有对对方屈服、顺从的时候,人们才会敬畏地伏在地上,所以"伏"也延伸指屈服、顺从。

尔后"伏"也借指时间。夏季里的"伏天",指的就是夏至后第三个庚日起,至立秋后第二个庚日前一天止的一段时间,分为初伏、中伏、末伏,统称"三伏",是一年中最热的时候。

传

甲骨文　金文　小篆　楷书(繁体)　楷书

【原文】

傳，遽也。从人，專聲。

【译文】

傳，传车驿马。从人，專声。

【按语】

"传"是会意兼形声字。甲骨文从人，从專（转动），会供人转换车马的驿站、驿舍之意，專兼表声。隶变以后楷书写成"傳"。汉字简化之后写成"传"。

"传"的原义是驿站、驿舍，读作 zhuàn。驿站是传递各种消息文书的，所以"传"也延伸指记载历史事件或者个人事迹的文字。尔后也延伸指文学作品或者解释经文的著作。还指一种记录某个人生平的文体，即"传记"。

"传"也读作 chuán，此时"传"的原义是传递、传送。老师教学生，是一种知识的传递，因此"传"延伸指传授。一辈人传给另一辈人，事物才能代代保存，故而也延伸出留传之意。

传递给他人的不仅可以是物质财富、精神财富，还可以是自己的话语、心情，所以"传"还延伸表示充分或者确切地表明、表达。

佃

甲骨文　　金文　　小篆　　楷书

【原文】

佃，中也。从人，田声。例如《春秋传》曰：'乘中佃。'一辕车。

【译文】

佃，中等车乘。从人，田声。例如《春秋左氏传》说："驾着中等车乘。"中等车乘是一辕夹在两马之中的车。

【按语】

"佃"是会意兼形声字。金文从田，从人，会人在田中耕作之意，田兼表声。小篆与金文一致。隶变以后楷书写成"佃"。

"佃"的原义是人在田中耕作，读作 diàn。但是在封建社会里，土地大全部掌握在地主手中,农民要想种地只能去租,所以也延伸成租种地主或者官府的土地。尔后也指租种田地的人,称作"佃户"。

"佃"也读作 tián,指打猎,是"畋"的通假字。

何

| 甲骨文 | 金文 | 小篆 | 楷书 |

【原文】

何,儋也。从人,可声。

【译文】

何,担荷。从人,可声。

【按语】

"何"原本是象形字。甲骨文似一个面朝左的人肩扛长戈迈步前进的样子。金文与甲骨文大概相同。小篆讹变为从人、可声的形声字。隶变以后楷书写成"何"。

"何"的原义是肩扛,尔后被假借为疑问代词。如成语"何足挂齿"就是指哪里值得挂在嘴上。

"何"也可以延伸成副词,意为多么。如李白《古风》:"秦王扫六合,虎视何雄哉!"意思就是秦王统一六国,气势多么雄大。

依

甲骨文　小篆　楷书

【原文】

依，倚也。从人，衣声。

【译文】

依，倚靠。从人，衣声。

【按语】

"依"是会意兼形声字。甲骨文从衣，衣内裹着一个面朝左的人，会人靠衣服蔽体取暖之意，衣兼表声。隶变以后楷书写成"依"。

"依"的原义是依靠、倚凭。如东方朔《七谏》："余生终无所依。"

由依靠也延伸成傍着、贴近。如王之涣《登鹳雀楼》："白日依山尽，黄河入海流。"由仰仗义延伸指顺从、顺随。例如《庄子·养生主》："依乎天理。"是说顺从天理自然和事物固有的本质。

由顺从延伸指按照、根据。例如"依计行事""依样画葫芦"等。

仰

仰

小篆　　楷书

【原文】

仰，举也。从人，从卬。

【译文】

仰，抬头。由人、由卬会意。

【按语】

"仰"是会意兼形声字。小篆从人（表示人抬头朝上），卬声。隶变以后楷书写成"仰"。

"仰"的原义是抬头向上。例如《易·系辞上》："仰以观于天文，俯以察于地理。"

古人对尊敬的人，特别是君主、圣人往往是伏地而跪，双目仰视，由此延伸指敬慕、佩服。成语"高山仰止"，就是引喻对崇高品德的仰慕。因此旧时也延伸作公文敬辞，在下级对上级行文中用在"请""祈""恳"等字之前，表示恭敬与切望。

"仰"也延伸指依赖、仰仗。例如《墨子·七患》:"凡五谷者,民之所仰也。"

俯

俯 顑 俯
金文　　小篆　　楷书

【原文】

无。

【按语】

"俯"是会意兼形声字。金文从趴伏之人,府声。小篆从頁,从逃省,会低头逃跑之意。隶变后楷书写成"俯"。"顑"是"俯"的异体字。

"俯"的原义是低头。如成语"俯首帖耳"。延伸指弯腰屈身。如成语"俯拾皆是"意为只要弯下身子来捡,到处全部是。

"俯"也延伸指蛰伏、卧伏。例如《礼记·月令》:"(季秋之月,)蛰虫咸俯在内,皆墐其户。"意思是说秋季最后一个月(即农历九月),蛰虫全部卧伏在洞内,全部堵住洞口。

"俯"还用作敬辞,用于对方对自己的动作、行为。例如"俯允""俯念""俯察"等。

伟

偉 偉 伟
小篆　楷书(繁体)　楷书

【原文】

偉,奇也。从人,韋声。

【译文】

偉,奇异。从人,韋声。

【按语】

"伟"是形声字。小篆从人,韋声。隶变以后楷书写成"偉"。汉字简化之后写成"伟"。

"伟"的原义是奇特、不同于一般的。例如《史记·留侯世家》中有"衣冠甚伟"的说法,指的就是衣服和帽子很奇特。延伸泛指崇高、非凡、卓越。例如"丰功伟业"。

"伟"也延伸指壮大、高大。如周密在《观潮》一文中评价钱塘大潮说:"浙江之潮,天下之伟观也。""伟"即做此义讲。也特指身材高大、壮美。例如"身材魁伟""伟岸"。

伸

小篆　楷书

【原文】

伸,屈伸。从人,申声。

【译文】

伸,弯曲伸展。从人,申声。

【按语】

"伸"是形声字。小篆从人(亻),申声。隶变以后楷书写成"伸"。

"伸"的原义是(身体或者其他物体)舒展或者向一定方向扩展。如成语"能屈能伸"。

"伸"也延伸指伸张、延伸。例如《易·系辞上》:"引而伸之,触类而长之,天下之能事毕矣。"意思是说如果能够由一种思想或者意义延伸出其他相关的意义,能根据所掌握的事物知识或者规律,而使同类事物的知识有所增长,那么天下之能事尽在《易经》之中了。

"伸"延伸指陈述、表白。如杜甫《兵车行》:"长者虽有问,役夫敢伸恨。"

便

小篆　　　楷书

【原文】

便,安也。人有不便,更之。从人、更。

【译文】

便,安适。人有不安适之处,就变更它。由人、更会意。

【按语】

"便"是会意字。小篆从人(亻),从更,会人有不便就更换之意。隶变以后楷书写成"便"。

"便"的原义是妥帖、安适,读作 pián。"便便",形容肥胖。例如"大腹便便"。

由安适延伸指使用或者行动起来便利、方便,读作 biàn。如成语"便宜行事",意思是根据情况,自行决定方便的措施或者办法。也延伸指简单的、非正式的。例如"方便面"。由方便引申指有益于、有利于。

"便"还用作副词,等同于"即""就"。如杜甫《闻官军收河南河北》:"即从巴峡穿巫峡,便下襄阳向洛阳。"有时也用作连词,表示假设让步,等同于"纵使""即使"。

仁

甲骨文　　　小篆　　　楷书

【原文】

仁,亲也。从人,从二。

【译文】

仁,亲爱。由人、由二会意。

【按语】

"仁"是会意字。甲骨文、小篆皆从人,从二,会二人相亲近,以人道相待之意。隶变以后楷书写成"仁"。

"仁"的原义是对人亲善、仁爱。例如《礼记·经解》:"上下相亲谓之仁。"延伸指知觉、感觉。成语有"麻木不仁",本指肢体神经失去感觉,对刺激没有反应。形容思想不敏锐,对事物反应迟钝,漠不关心。

仇

仇   仇

小篆   楷书

【原文】

仇,雠也。从人,九声。

【译文】

仇,配偶。从人,九声。

【按语】

"仇"是形声字。小篆从人,九声。隶变以后楷书写成"仇"。

"仇"读作 chóu 时,指仇人、仇敌。如成语"视如寇仇""疾恶如仇",其中的"仇"全部是指仇敌。还可表示仇恨、敌意。因有仇恨而对他人实行报复打击叫"报仇"或者"复仇";因个人利害关系而产生的仇恨、怨恨,叫"私仇"。

"仇"还可读作 qiú,意为同伴。例如《诗经·周南·兔罝》:"赳赳武夫,公侯好仇。"意思是威武矫健的武士,是公侯的好同伴。由同伴,延伸指匹配、配偶。如曹植《浮萍篇》:"结发辞严亲,来为君子仇。"所谓"君子仇"即君子的配偶。

"仇"还可以作为姓氏用字。

似

金文　　小篆　　楷书

【原文】

似，象也。从人，以声。

【译文】

似，似。从人，以声。

【按语】

"似"是会意兼形声字。金文从人从台（婴儿似母）会意，台兼表声。小篆省作从人从以会意，以兼表声。隶变以后楷书写成"似"。

"似"的原义是似，最初写成"以"。尔后为了分化字义，便另加义符"亻"写成"似"来表示相似之义。

"似"由似延伸成似乎、好似。例如"似是而非"，意思是表面看来似乎对，而实际上并非如此。

"似"读作 shì 时，指跟某事物或者某情况相似，等同于"如……一般"。

伯

伯伯

小篆　　楷书

【原文】

伯，长也。从人，白声。

【译文】

伯,长。从人,白声。

【按语】

"伯"是形声字。小篆从人,白声。隶变以后楷书写成"伯"。

"伯"的原义是兄弟中的年长者。古代弟兄的排行次序为伯、仲、叔、季,"伯"是老大,故长兄在古代也称作"伯氏"或者"伯兄"。尔后由兄弟之间老大和老二的次序引喻事物不相上下。如成语"难分伯仲"。还表示父亲的哥哥,即伯父,尔后也用作对父辈戚友的尊称。

"伯"是古代爵位的名称之一。我国封建社会君主对贵族的封号分为五等爵,即公、侯、伯、子、男,"伯"是第三等爵。

"伯"还读作bǎi,用来表示妇人对丈夫哥哥的称呼。例如"大伯子",就是丈夫的哥哥。

住

小篆　　　楷书

【原文】

无。

【按语】

"住"是形声字。小篆从人,主声。隶变以后楷书写成"住"。

"住"的原义是停留。由停留延伸指停止,暂时的停顿,静止不动。例如"他一听愣住了",是指动作呆滞,停止不动了。

"住"也延伸指居住时间相对较短的住宿、暂居。停留时间长了,就是"居住"。

"住"还可用在动词之后,表示动作的牢固或者稳当。例如《红楼梦》第三十三回:"贾政还欲打时,早被王夫人抱住板子。"

"住"常和"不""得"连用,表示力量的够或者不够,以及是否能承受得了。如叶绍翁《游园不值》:"满园春色关不住,一枝红杏出墙来。"

代

代　代

小篆　楷书

【原文】

代,更也。从人,弋声。

【译文】

代,更替。从人,弋声。

【按语】

"代"是形声字。小篆从人,弋声。隶变以后楷书写成"代"。

"代"的原义指更迭、替换。人们常说的"取而代之",就是取代之意。延伸指临时管理。例如"代校长""代主任"。

"代"也延伸指历史上划分的时期。例如"改朝换代""当代"等。

上古时父子相继为一世,唐人因避李世民讳,多将"世"写成"代",故延伸指世系相传的辈分。如张若虚《春江花月夜》:"人生代代无穷已,江月年年只相似。"

俗

俗　俗　俗

金文　小篆　楷书

【原文】

俗,习也。从人,谷声。

【译文】

俗,习惯。从人,谷声。

【按语】

"俗"是形声字。金文、小篆全部从人,谷声。隶变以后楷书写成"俗"。

"俗"的原义是习俗，即社会上长期形成的风尚、礼节、习惯的总和。在古代，由于交通不便，往往"十里不同俗"，故有成语"入乡随俗"。

习俗是普遍流行的，故"俗"也延伸指大众的、普遍的、一般的。例如"俗语"。

"俗"还延伸指庸俗的、缺乏修养的。佛教以出家为尚，视未出家为俗，故也延伸指佛教所谓尘世间或者未出家的人。所以和尚若重新恢复普通人的身份则称为"还俗"。

似

像　　像

<small>小篆　　楷书</small>

【原文】

似，象也。从人，象亦声，读若养。

【译文】

似，似似。由人、由象会意，象也表声。音读似"养"字。

【按语】

"似"是会意兼形声字。小篆从人从象会意，象兼表声。隶变以后楷书写成"似"。

"似"的原义是相似。例如《淮南子·主术训》："天下从之，如响之应声，景（影）之似形也。"意思是天下人跟随他，就似回音应和声音，影子跟随形体。

"似"也延伸指模拟、仿效。例如《淮南子·原道训》："于是民人被发文身以似鳞虫。"意思是说，因此百姓们披发纹身以模仿那些有鳞的动物（包括鱼类和爬行动物）。

"似"还等同于"如""类似于"。例如"似这样的事情"，即类似于这样的事情。

健

健 健

小篆　　楷书

【原文】

健,伉也。从人,建声。

【译文】

健,强壮有力。从人,建声。

【按语】

"健"是形声字。小篆从人,建声。隶变以后楷书写成"健"。

"健"的原义是强壮有力、有活力。例如《易·乾》:"天行健,君子以自强不息。"意思是,天道运行刚劲有力,君子应当自觉奋发向上,永不松懈。

"健"延伸指健康、健壮。如杜甫《兵车行》:"纵有健妇把锄犁,禾生陇亩无东西。"

"健"还延伸指某些方面表现超过一般。"健步如飞""健谈"等全部是取的此义。

仿

仿 仿

小篆　　楷书

【原文】

仿,相似也。从人,方声。

【译文】

仿,相似。从人,方声。

【按语】

"仿"是形声字。小篆从人,方声。隶变以后楷书写成"仿"。

"仿"的原义指相似、类似、似。延伸表示照着样子做、效法。有一门科学名叫"仿生学",就是一种模仿生物建造技术装置的科学。

"仿"常用在连绵词"仿佛"中。仿佛,作副词时表示好似、似乎。如陶渊明《桃花源记》:"山有小口,仿佛若有光。"作动词时表示类似、如同。如全祖望《梅花岭记》:"已而英、霍山师大起,皆托忠烈之名,仿佛陈涉之称项燕。"

任

任 任 任 任

甲骨文   金文   小篆   楷书

【原文】

任,符(保)也。从人,壬声。

【译文】

任,保举。从人,壬声。

【按语】

"任"是会意兼形声字。甲骨文从人,从壬(承受),会人抱在怀里之意,壬兼表声。隶变后楷书写成"任"。

"任"的原义指抱在怀里。延伸表示负担、担当。如成语"任重道远",其中的"任重"就是指担子很重。

责任、任务是一种看不见的担子,负某种责任,就等于挑了某种担子,所以也延伸指责任、任务。也延伸成职务、职位。如成语"走马上任"。还指担任(职务)、任用。如成语"举贤任能""知人善任"。

"任"用作动词,表示担荷、担当。如成语"任劳任怨",就是既能承受辛苦劳累,又能承受别人的怨恨。

由信任也延伸成听凭、放纵。例如"放任自流"中的"放任"是指放纵,不加管束。

偶

偶 偶

小篆　　楷书

【原文】

偶,桐人也。从人,禺声。

【译文】

偶,桐木雕的人似。从人,禺声。

【按语】

"偶"是形声字。小篆从人,禺声。隶变以后楷书写成"偶"。

"偶"的原义指木制的人形(木偶),陪葬的偶人。古代废活人殉葬后,多在墓边埋木偶、陶偶代之,所以在出土文物中偶人数量较多。"偶"的偶人之义沿用至今,例如"木偶"。

"偶"的双数、成对之义由"耦"而来。"耦"原义是二人并耕,是古代的一种耕作方法,延伸指成双、成对,此义后常借用"偶"来表示。

"偶"还可以表示偶然、偶尔。如常用词"事出偶然""偶遇"。

傻

傻 傻

小篆　　楷书

【原文】

无。

【按语】

"傻"是会意字。小篆从人,从夒(似傻头傻脑的大猩猩之形),会蠢笨的人之意。隶变以后楷书写成"傻"。

"傻"的原义指头脑糊涂、愚钝蠢笨、不明事理。例如"傻瓜"。

"傻"还有死心眼儿、不知通变的意思。口语中也把某些亲近的,憨厚鲁钝、老实可爱的人或者者行为称为"傻"。

偷

偷　婾　偷

小篆　　楷书(繁体)　　楷书

【原文】

无。

【按语】

"偷"是形声字。小篆从女,俞声。隶变以后楷书写成"婾";异体作"偷",从人。如今规范化,以"偷"为正体。

"偷"的原义是狡黠,延伸指苟且、不严肃。如屈原《离骚》:"惟夫党人之偷乐兮,路幽昧以险隘。""偷乐"就是苟且享乐的意思。

"偷"还表示盗窃。偷窃全部是瞒着人在暗中进行的,"偷"由此延伸指瞒着人暗中进行。成语"偷梁换柱""偷天换日"全部是指玩弄手法,暗中改换内容,以达到蒙混欺骗的目的。

偷窃是把别人的东西抽走,因此抽出时间也叫"偷"。人们常说"偷空儿""忙里偷闲",全部是这种用法。

仆

僕　僕　僕　仆

甲骨文　金文　小篆　楷书

【原文】

仆,顿也。从人,卜声。

【译文】

仆,以头叩地。从人,卜声。

【按语】

"仆"是形声字。甲骨文似头上有奴隶标记(刑刀)的人,手持盛粪土的簸箕扫除之形。金文变得看不出人形了。小篆从人,卜声。隶变以后楷书写成"仆"。

"仆"的原义是奴隶,延伸指仆人。如陶渊明《归去来兮辞》:"僮仆欢迎,稚子候门。"古人往往用"仆"表示对自己的谦称。如司马迁《报任安书》:"仆非敢如是也。"

"仆"用作"僕"的简化字,是向前跌倒的意思。成语"前仆后继""屡仆屡起"全部取的是向前跌倒的意义。

倒

倒

小篆　　楷书

【原文】

无。

【按语】

"倒"是形声字。小篆从人,到声。隶变以后楷书写成"倒"。

"倒"读作 dǎo,原义是人倒下。由倒下延伸指失败、垮台、败落。事物被腐蚀后,会慢慢倒下,所以还延伸出坏、变坏的意思。例如"倒霉""倒运"等。

"倒"还延伸指翻转、转换。"排山倒海""颠倒是非"全部取此义。由翻转也延伸特指把货物或者店铺折价转给别人。

"倒"读作 dào 时,延伸指上下颠倒或者前后颠倒。也延伸指向后退。例如"河水倒流""开倒车"。还延伸指倒出、倾倒。

"倒"作副词时,也读作 dào,表转折、让步等关系,还表示祈使或者加强追究、追问的语气。如:"你倒是说说看!"

倚

倚 倚
小篆　楷书

【原文】

倚,依也。从人,奇声。

【译文】

倚,依靠(物体)。从人,奇声。

【按语】

"倚"是形声字。小篆由"人"和"奇"两部分组成,人作形旁,奇为声旁。隶变以后楷书写作"倚"。

"倚"的原义是斜靠着。相传晋朝桓温领兵北征,命令袁虎靠着马拟公文,他立刻就写满了七张纸,而且做得很好。尔后成语"倚马千言"就流传了下来,用来形容才思敏捷。

由倚靠、斜靠,延伸指依附、依赖、依靠、凭靠。成语"倚老卖老"是指凭靠年高卖弄资格。

人斜靠着门,身体就是倾斜的,所以"倚"也延伸指倾斜、侧、歪。例如"不偏不倚"就是不偏向于任何一方,表示中立或者公正。

仗

仗 仗
小篆　楷书

说文解字

《说文解字》原文释义

图文珍藏版

【原文】

无。

【按语】

"仗"是会意兼形声字。楷书写成"仗",从人从丈会意,表示人持杖,丈兼表声。

"仗"的原义是古代人所持执的刀戟等器杖的总称。例如"明火执仗"是点着火把,拿着武器;形容公开抢劫或者肆无忌惮地干坏事。由兵器借指战争或者战斗。例如"打仗"。

"仗"延伸指仪卫。例如"仪仗队"。

"仗"也延伸指凭借、依靠。例如"牡丹虽好全仗绿叶扶"。

侮

甲骨文　　小篆　　楷书

【原文】

侮,伤也。从人,每声。

【译文】

侮,轻慢。从人,每声。

【按语】

"侮"是会意兼形声字。甲骨文左边似一个向左跪坐的妇女,右边是一个向左侧立的人,会轻慢之意。小篆变为从人,每声。隶变以后楷书写成"侮"。

"侮"的原义是伤害、轻慢。例如《孟子·离娄》:"恭者不侮人。"意思是对人恭敬的人不会轻慢别人。

"侮"延伸指欺负。例如《诗经·小雅·常棣》:"兄弟阋于墙,外御其侮。"意思是兄弟们虽然在家里争吵,但能一致抵御外人的欺侮。引喻内部虽有分歧,但能团结起来对付外来的侵略。

仪

義　儀　儀　仪

金文　小篆　楷书（繁体）　楷书

【原文】

儀，度也。从人，義声。

【译文】

儀，法度。从人，義声。

【按语】

"仪"是会意兼形声字。金文写成"義"（义）从羊，从我，会仪表之意。小篆变为从人、義声的形声字。隶变以后楷书写成"儀"。汉字简化之后写成"仪"。

"仪"的原义是人的容止仪表。如成语"仪态万方"出自汉张衡《同声歌》："素女为我师，仪态盈万方。"形容人的容貌、姿态各方面全部很美。

"仪"延伸泛指礼节、礼仪。例如《古诗为焦仲卿妻作》："十六知礼仪。"

"仪"也延伸指典范、表率。进而延伸指供测量、绘图、实验用的器具。例如"仪器""地球仪"。

倡

倡　倡

小篆　　楷书

【原文】

倡，乐也。从人，昌声。

【译文】

倡,(歌舞)乐人。从人,昌声。

【按语】

"倡"是形声兼会意字。小篆从人,昌声,昌兼表美言之意。隶变以后楷书写成"倡"。

"倡"的原义是唱歌的艺人,读作 chāng。例如"倡优"指的就是唱歌的艺人。

通"娼",指妓女。

"倡"读作 chàng 时,由表演音乐的人延伸指领唱、发声先唱。例如《诗经·郑风·萚兮》:"叔兮伯兮,倡予和女。"进而延伸指唱歌。例如《荀子·礼论》:"清庙之歌,一倡而三叹也。"

由领唱也延伸指倡导、提倡。例如《汉书·陈胜传》:"今诚以吾众为天下倡,宜多应者。"

值

值　值

小篆　　楷书

【原文】

值,措也。从人,直声。

【译文】

值,措置。从人,直声。

【按语】

"值"是会意兼形声字。小篆从人从直会意,直兼表声。隶变以后楷书写成"值"。

"值"的原义是措置、放置。延伸指遇到、碰上。如诸葛亮《出师表》:"后值倾覆,受任于败军之际。"意思是,尔后遇到兵败,在战事失利的时候,我接受了任命。

"值"也延伸指价值等同。如孟浩然《送朱大人入寨》:"宝剑值千金。"进而延伸指有意义或者有价值。例如"值得""不值一提"。

"值"用作名词,延伸指价格、价钱。例如"币值""总产值"。

"值"也特指数学上演算所得结果。例如"数值""函数值"。

侥

侥 侥 侥

小篆　楷书（繁体）　楷书

【原文】

侥,南方有僬侥,人长三尺,短之极。从人,堯声。

【译文】

侥,南方有人叫僬侥。僬侥人身长三尺,短到了极点。从人,堯声。

【按语】

"侥"是形声字。小篆从人,堯声。隶变以后楷书写成"僥"。汉字简化之后写成"侥"。

"侥"原义是古代传说中的矮人,读作 yáo,用在"僬侥"一词中。例如《列子·汤问》:"从中州以东四十万里,得僬侥国,人长一尺五寸。"

侥幸,就是企求非分,意外获得成功或者免除灾害。"侥"此处读作 jiǎo。

伺

伺 伺

小篆　楷书

【原文】

伺,候望也。从人,司声。

【译文】

伺,暗中探察。从人,司声。此处所释为延伸义。

【按语】

"伺"是会意兼形声字。小篆从人,从司,表示喂养,司兼表声。隶变以后楷书写成"伺"。

"伺"的原义是守候在身旁,照料饮食起居,读作 cì。如韩愈《与陈给事书》:"其后阁下位益尊,伺侯于门墙者日益进。"

"伺候",表示守候在身边服侍饮食起居。

"伺"读作 sì 时,指暗中探察。也延伸指等待。例如"伺机而动"。还延伸指对待。如徐珂《清稗类钞》:"父牵车为业,伺小三如奴,偶不称意,便叱詈。"

借

僣 借

小篆　　楷书

【原文】

借,假也。从人,昔声。

借,借用(非己真有的物品)。从人,昔声。

【按语】

"借"是形声字。小篆从人(表示与人有关),昔声。隶变以后楷书写成"借"。

"借"的原义是借进、借出。例如"借花献佛""借刀杀人"。

"借"延伸指假托。例如"借口""借言"。也延伸指凭借、依靠。例如"借酒消愁"。

"借"用作连词,等同于"假使""假设""即使"。例如《史记·陈涉世家》:"借第令毋斩,而戍死者固十六七。"

伦

倫 倫 伦

小篆　楷书(繁体)　楷书

【原文】

伦,辈也。从人,侖声。

【译文】

倫，辈。从人，侖声。

【按语】

"伦"是形声字。小篆从人，侖声。隶变以后楷书写成"倫"。汉字简化之后写成"伦"。

"伦"的原义是辈、类。如成语"不伦不类"，意为既非这一类，也非那一类，形容不成样子或者没有道理。

"伦"延伸指人伦，即传统礼教规定的人与人之间的道德关系。也延伸指次序、条理。如成语"语无伦次"，就是指人讲话很乱，没有条理。

"伦"还延伸指匹敌、类比。如人们常说的"无与伦比"。

攸

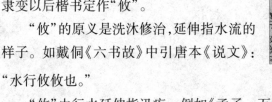

甲骨文　金文　小篆　楷书

【原文】

攸，行水也。从攴，从人，水省。

【译文】

攸，使水平稳地流行。由攴、由人、由水省会意。

【按语】

"攸"是会意字。甲骨文从攴（表操作），从人，会修治之意。金文另加义符"水"，以突出洗沐修治之意。小篆整齐化。隶变以后楷书定作"攸"。

"攸"的原义是洗沐修治，延伸指水流的样子。如戴侗《六书故》中引唐本《说文》："水行攸攸也。"

"攸"由行水延伸指迅疾。例如《孟子·万章上》："攸然而逝。"此义后用"倏"

表示。

　　"攸"用作助词,置于句首或者句中,等同于"所"。例如"众望攸归",是众人所期望和敬仰的,形容在群众中威望很高。

仲

仲　仲

小篆　　楷书

【原文】

仲,中也。从人,从中,中亦声。

【译文】

仲,居中。由人、由中会意,中也表声。

【按语】

　　"仲"是形声字。小篆从人从中会意,中兼表声。隶变以后楷书写成"仲"。

　　"仲"的原义是居中。延伸指居中介绍调停。例如"仲裁",就是双方争执不决时,由第三者居中调解裁定。也延伸指时序、位次居中的,特指每季的第二个月。例如"仲春""仲夏"。还延伸指兄弟姐妹排行第二的。

　　古时,兄弟之间有伯、仲、叔、季之序,因此"伯仲"一词,指兄弟的次第,也代称兄弟。尔后延伸引喻事物不相上下。成语"不分伯仲"就是这个意思。

倦

倦　倦

小篆　　楷书

【原文】

倦,罢也。从人,卷声。

【译文】

倦,疲劳。从人,卷声。

【按语】

"倦"是形声兼会意字。小篆从人,卷声,卷兼表卷曲之意。隶变以后楷书写成"倦"。

"倦"的原义是疲倦、劳累。例如《史记·屈原贾生列传》:"故劳苦倦极,未尝不呼天也。"意思就是劳累疲倦到了极点,没有不向天哀呼的。

疲倦的时候,人容易懈怠懒散,由此也延伸成懈怠、厌烦、厌倦。例如"诲人不倦"。

伊

伊 伊 伊 伊

甲骨文　　金文　　小篆　　楷书

【原文】

伊,殷圣人阿衡,尹治天下者。从人,从尹。

【译文】

伊,殷朝的圣人阿衡,正确治理天下的人。由人、由尹会意。

【按语】

"伊"是会意字。甲骨文从人,从尹,会治病的人之意。金文与甲骨文大概相同,小篆整齐化。隶变以后楷书写成"伊"。

"伊"的原义是治病的人。后用作"伊尹",即治理天下的那个叫伊的人,指殷圣人阿衡。

"伊"用作指示代词,假借为那表示远指,等同于"那"。所谓"伊人"就是那人之意。中古后,借用作第三人称代词,等同于"她""他"。又活用表示第二人称,等同于"你"。如温庭筠《南歌子》之二:"井

说文解字

《说文解字》原文释义

图文珍藏版

底点灯深烛伊,共郎长行莫围棋。"

价

价（小篆）　价（楷书）

小篆　　　楷书

【原文】

价,善也。从人,介声。例如《诗》曰:'价人惟藩。'

【译文】

价,善。从人,介声。例如《诗经》说:"善人就是国家的藩篱。"

【按语】

"价"是会意兼形声字。小篆从人从介(披甲)会意,介兼表声。隶变以后楷书写成"价"。

"价"的原义是价格、价值。如俗语"黄金有价玉无价"。

"价"用作动词,指论价。如王安石《和吴冲卿鸦鸣树石屏》:"此屏后出为君得,胡贾欲价著不识。"

"价"还特指化学领域的化合价。例如"原子价""一价元素"。

偿

偿（小篆）　償（楷书（繁体））　偿（楷书）

小篆　　楷书(繁体)　　楷书

【原文】

偿,还也。从人,尝声。

【译文】

偿,归还。从人,尝声。

【按语】

"偿"是形声字。从小篆字形来看，从人，赏声。隶变以后楷书写成"償"。汉字简化之后写成"偿"。

"偿"的原义是归还、赔偿。例如《战国策·齐策》："使吏召诸民当偿者悉来合券。"延伸指补偿、抵偿。例如《史记·廉颇蔺相如列传》："相如视秦王无意偿赵城。"

归还则满足，故也延伸指满足、实现。如成语"如愿以偿"。

"偿"用作名词，延伸指酬报。例如"无偿"。

僵

僵 僵

小篆　　楷书

【原文】

僵，偾也。从人，畺声。

【译文】

僵，倒地。从人，畺声。

【按语】

"僵"是形声字。小篆从人（表示与人的躯体有关），畺声。隶变以后楷书写成"僵"。

"僵"的原义是仰面向后倒下。延伸泛指仆倒、倒下。如成语"百足之虫，死而不僵"。

"僵"也延伸指倒毙、死去。如成语"李代桃僵"。进而延伸指腰肢直挺，难以活动。如陆游《十一月四日风雨大作》："僵卧孤村不自哀，尚思为国戍轮台。"

"僵"也延伸指不灵活。例如"思想僵化"。由僵硬不动也延伸指双方相持不

下,事情难于处理,无所进展。例如"僵局"。

伶

伶　伶
小篆　　楷书

【原文】

伶,弄也。从人,令声。益州有建伶县。

【译文】

伶,戏弄。从人,令声。益州郡有建伶县。

【按语】

"伶"是形声字。小篆从人(表示与人有关),令声。隶变以后楷书写成"伶"。

"伶"的原义是演奏乐器的人,即乐官。如欧阳修有《伶官传》一文,"伶官"就是乐官。

"伶"也表示机灵、聪明。例如"聪明伶俐""伶牙俐齿"。

"伶"延伸成孤独。例如《古诗为焦仲卿妻作》:"昼夜勤作息,伶俜萦苦辛。"

伐

杙　伐　伐　伐
甲骨文　金文　小篆　楷书

【原文】

伐,击也。从人持戈。一曰:败也。

【译文】

伐,击杀。由"人"持握"戈"会意。另一义说:伐是败坏。

【按语】

"伐"是会意字。甲骨文、金文似用戈砍击人头的形象。小篆继承金文而来。

隶变以后楷书写作"伐"。

"伐"的原义是击刺、砍杀。如苏辙《太白山祈雨词》："为酒醴,伐豚羔,舞长袖。"引申泛指砍。例如《诗经·魏风·伐檀》："坎坎伐檀兮,真之河之干兮。"也延伸指讨伐、攻打。

南征北战能积成功劳,故也延伸指功绩、战功。例如《资治通鉴》："今戎事方兴,勋伐既多。"

佛

佛 佛

小篆　楷书

【原文】

佛,不见审也。从人,弗声。

【译文】

佛,看不清楚。从人,弗声。

【按语】

"佛"是形声字。小篆从人,弗声。隶变以后楷书写成"佛",并出现多个异体字。如今规范化,以"佛"为正体。

"佛"原义是看不太清,读作 fú。用于连绵词"仿佛",表示似乎、好似。如陶渊明《桃花源记》："山有小口,仿佛若有光。"

"佛"还读作 fó,是"佛陀"的简称。尔后成为佛教徒对修行圆满的人的称呼,也特指佛教的创始者释迦牟尼。

佣

傭 傭 佣

小篆　　楷书(繁体)　　楷书

【原文】

傭,均直也。从人,用声。

【译文】

傭,平均工钱。从人,用声。

【按语】

"傭"是会意兼形声字。小篆从人,从庸(用),会被人雇佣之意,庸兼表声。隶变以后楷书写成"傭"。汉字简化之后写成"佣"。

"佣"的原义是被人雇佣,读作 yōng。例如《史记·陈涉世家》:"尝与人佣耕。"延伸成被雇佣的人、仆人。例如"佣人""女佣"。

"佣"还读作 yòng,指中间人靠介绍买卖所得到的收入。例如"佣金""佣钱"。

侯

甲骨文	金文	小篆	楷书(繁体)	楷书

【原文】

侯,春飨所躲矦也。从人;从厂,象张布;矢在其下。

【译文】

侯,春天举行乡饮酒礼时所用的射布。从人;从厂,厂似张设的射布;矢,在射布的底下。

【按语】

"侯"是象形字。甲骨文似张挂的射布,下加"矢"突出射布之意。金文与甲骨文大概相同。小篆变繁杂了。隶变以后楷书写成"矦"。汉字简化之后写成"侯"。

"侯"的原义是射礼中的射布。古代有"射侯"之礼,凡是能射中"侯"的就是有本事的男子,可做官长。尔后又变成了官

职的等级，也就是古代五等爵位的第二等。例如《礼记·王制》："王者之制禄爵，公、侯、伯、子、男凡五等。"

休

甲骨文　　金文　　小篆　　楷书

【原文】

休，息止也。从人依木。庥，休或者，从广。

【译文】

休，休息。由"人"依傍着"木"会意。庥，休的或者体，从广。

【按语】

"休"是会意字。甲骨文、金文、小篆全部似一个人依傍树木休息之形。隶变以后楷书写成"休"。

"休"的原义是人依靠在树下休息。人休息时会停止活动，故延伸成停止、终止、结束。古代丈夫把妻子赶回娘家叫"休妻"，即停止夫妻婚姻关系。

"休"还可表示吉庆、美好。因为古音的"好"读作"朽"，所以借"休"作"好"。如成语"休戚相关""休戚与共"，其中"休"表示喜庆和欢乐，"戚"则指忧愁、悲哀。

侵

甲骨文　　金文　　小篆　　楷书

【原文】

侵，渐进也。从人又持帚，若埽之进。又，手也。

【译文】

侵，渐进。由"人""又"（手）持握着"帚"会意。（帚）好似用扫帚清埽而前进。

又,表示手。

【按语】

"侵"是会意字。甲骨文左边是一头牛,右边是一只持扫帚的手,会手持扫帚扫掉牛身上的灰尘之意。金文、小篆意义不变。隶变以后楷书写成"侵"。

"侵"的原义是打扫。因为打扫有渐进的意思,故延伸指渐进。例如《三国志·吴书·吕蒙传》:"侵晨进攻。"例如"侵晨"就是渐近早晨。

"侵"延伸表示侵犯、进攻。如苏洵《六国论》:"奉之弥繁,侵之愈急。"

仙

僊 僊 仙

小篆　楷书(繁体)　楷书

【按语】

【原文】

僊,长生迁去也。从人,从䙴,䙴亦声。

【译文】

僊,长生不老,升天离去。由人,由䙴会意,䙴也表声。

"仙"是会意兼形声字。小篆从人(表示与人有关),从䙴(表升高),会人成仙升天而去之意,䙴兼表声。隶变以后楷书写成"僊",俗写成"仙",从人,从山,会人入山修行成仙之意。如今规范化,以"仙"为正体。

"仙"的原义是仙人、神仙。如刘禹锡《陋室铭》:"山不在高,有仙则名。"

"仙"延伸引喻具有高超才能的人。如唐代"诗仙"李白。

"仙"用作婉辞,用于死或者死者。例如"仙去""仙逝"。

保

甲骨文　金文　小篆　楷书

【原文】

保，养也。从人，从𤓵省。𤓵，古文孚。

【译文】

保，养序。由人，由𤓵省会意。古文"孚"字。

【按语】

"保"是会意字。甲骨文的字形似面朝左的一个大人，手臂向后背抱一小儿。金文同于甲骨文。隶变以后楷书写成"保"。

"保"的原义是负子于背，即把孩子背在背上。例如《尚书·召诰》："夫知保抱携持厥妇子，以哀于天。"延伸指养育、抚育、抚养。例如《尚书·康诰》有"保赤子"的话，就是"抚养好初生的婴儿"。

从抚养又延伸成保护。例如《左传·昭公八年》："民力雕尽……莫保其性。"

佳

小篆　楷书

【原文】

佳，善也。从人，圭声。

【译文】

佳，美好。从人，圭声。

【按语】

"佳"是形声兼会意字。小篆从人，圭声，圭兼表示美好之意。隶变以后楷书写成"佳"。

"佳"的原义是美、好。如王维《九月九日忆山东兄弟》："每逢佳节倍思亲。"延伸形容女子貌美。如李延年《佳人歌》："北方有佳人,绝世而独立。"

侨

僑　僑　侨

小篆　　楷书（繁体）　楷书

【原文】

僑,高也。从人,喬声。

【译文】

僑,高。从人,喬声。

【按语】

"侨"是形声兼会意字。小篆从人,喬声,喬兼表踩高跷之意。隶变以后楷书写成"僑"。汉字简化之后写成"侨"。

"侨"的原义是人踩高跷。例如《山海经·长股国》郭注:"今伎家侨人象此。"桂馥案:"北方伎人足系高竿之上,跳舞作八仙状,呼为高橇,当作此侨。"

"侨"后借指寄住异地。例如"侨居"。

"侨"在古代还特指南北朝时流亡江南的北方人,如今则指寄居国外的人。例如"华侨""侨胞"等。

傅

傅　傅

小篆　　楷书

【原文】

傅,相也。从人,專声。

【译文】

傅,辅佐。从人,尃声。

【按语】

"傅"是形声字。小篆从人（表示与人有关），尃声。隶变以后楷书写成"傅"。

"傅"的原义是辅佐、相助。例如《左传·僖公二十八年》："郑伯傅王,用平礼也。"延伸指教育、教导。成语有"一傅众咻",如出自《孟子·滕文公下》："一齐人傅之,众楚人咻之。"是说一个人施教,众人吵闹干扰。引喻不能专一,则绝无效果。

"傅"用作名词,表示负责教导、传授知识、技艺的人。古代有"太傅"一职,是帝王的相或者帝王、诸侯之子的老师。

俊

俊

小篆　　　楷书

【原文】

俊,材千人也。从人,夋声。

【译文】

俊,才智超过千人。从人,夋声。

【按语】

"俊"是会意兼形声字。小篆从人,从夋（高大）,夋兼表声。隶变以后楷书写成"俊"。

"俊"的原义是才智过人、杰出。如杜牧《题乌江亭》："江东子弟多才俊,卷土重来未可知。"

"俊"延伸指容貌美丽。例如"俊俏""俊美"。

侍

侍

小篆　　楷书

【原文】

侍,承也。从人,寺声。

【译文】

侍,承奉。从人,寺声。

【按语】

"侍"是形声字。小篆从人,寺声。隶变以后楷书写成"侍"。

"侍"的原义是在尊长旁边陪着。例如《汉书·文帝纪》:"遂即天子位,群臣以次侍。"

"侍"延伸成服侍、侍奉。例如《论语·先进》:"子路、曾皙、冉有、公西华侍坐。"也指恭顺地站立在旁边伺候。如崔铣《记王忠肃公翱三事》:"迁我京职,则汝朝夕侍母。"

"侍"用作名词,指侍妾、侍女。

供

供

小篆　　楷书

【原文】

供,设也。从人,共声。一曰:供给。

【译文】

供,摆设。从人,共声。另一义说:(供)是供给。

【按语】

"供"是形声字。小篆从亻,共声。隶变以后楷书写成"供"。

"供"的原义是供给、供应,读作 gōng。如宋濂《送东阳马生序》:"今诸生学于太学,县官日有廪稍之供。"也延伸成提供某种条件。如常说的"仅供参考""供你读书"。

"供"还读作 gòng,延伸成供奉、供献。《史记·封禅书》:"设供具,以礼神君。"也延伸为摆设。例如"花瓶内供一枝碧桃仙。"

"供"还延伸成受审者陈述的案情。例如"招供""供认不讳""翻供"。

使

甲骨文　　金文　　小篆　　楷书

【原文】

使,伶也。从人,吏声。

【译文】

使,命令。从人,吏声。

【按语】

"使"是会意兼形声字。甲骨文似手持猎叉打猎之形。金文大概相同,小篆另加义符"人",以突出人做事之意,从人从吏会意,吏兼表声。隶变以后楷书写成"使"。

"使"的原义是命令。延伸指派人做事、差遣。如贾谊《过秦论》:"乃使蒙恬北筑长城而守藩篱。"

"使"泛指役使、使唤、支使。延伸指运用、使用。例如"使贤任能",意思是任用有品德有才能的人。进一步延伸指放纵、任性。例如"使脾气""使性儿"。

"使"还特指受命出使,代表国家办事。用作名词,指使者。

"使"虚化为连词,表示假设,等同于"假如""如果"。如王昌龄《出塞》:"但使龙城飞将在,不教胡马度阴山。"

低

低
小篆　　楷书

【原文】

无。

【按语】

"低"是形声兼会意字。小篆从人从氏会意,氏兼表意。隶变以后楷书写成"低"。

"低"的原义是下,与"高"相对。俗语"高不成低不就"是高者无力得到,低者又不屑迁就。形容求职或者婚姻上的两难处境。

"低"延伸指向下、向下垂,与"仰"相对。如李白《静夜思》:"举头望明月,低头思故乡。"

侦

侦　侦　侦
小篆　　楷书(繁体)　　楷书

【原文】

侦,问也。从人,贞声。

【译文】

侦,卜问。从人,贞声。

【按语】

"侦"是会意兼形声字。小篆从人,从贞(占卜),会卜问之意,贞兼表声。隶变以后楷书写作"侦"。汉字简化之后写成"侦"。

"侦"的原义是卜问。例如《易》："恒其德，侦，妇人吉。"意思是说要长久地遵循客观规律。卜问，对妇女来说是吉祥的。

"侦"延伸成探听，暗中察看。例如"侦察"。

"侦"用作名词，指探子、间谍。如沈约《齐故字陆昭王碑文》："侦谍不敢东窥，驼马不敢南牧。"

俭

俭 俭

小篆　　楷书

【原文】

俭，约也。从人，佥声。

【译文】

俭，自我约束。从人，佥声。

【按语】

"俭"是形声字。小篆从人，佥声。隶变以后楷书写成"俭"。汉字简化之后写成"俭"。

"俭"的原义是自我约束、不放纵。例如《易·否象传》："君子以俭德避难。"意思就是君子凭借自我约束的德行躲避灾祸。

一个人若能约束自己，就不会去过奢华没有节制的生活，故延伸成简朴、节省。例如"勤俭"中的"俭"就是这种用法。

当人很贫穷的时候，生活的一切全部会很节俭，故也延伸指贫乏、贫苦。例如"俭贫"。

傲

傲　傲

小篆　　楷书

【原文】

傲，倨也。从人敖声。

【译文】

傲，骄慢不逊。从人，敖声。

【按语】

"傲"是形声字。小篆从人，敖声。隶变以后楷书写成"傲"。

"傲"的原义是自高自大、骄慢不逊。如魏徵《十三斩不克终疏》："傲不可长，欲不可纵。"

人不可有"傲气"，却不可没有"傲骨"。如戴埴《鼠璞》："唐人言李白不能屈身，以腰间有傲骨。""傲骨"喻高傲不屈的性格。

侧

𠆢　𠈆　側　側　侧

甲骨文　　金文　　小篆　　楷书（繁体）　　楷书

【原文】

侧，旁也。从人，则声。

【译文】

侧，旁边。从人，则声。

【按语】

"侧"是会意字。甲骨文从斜身之人，从日，会日仄之意。金文改为从人，则声。

小篆继承金文并整齐化。隶变以后楷书写成"側"。汉字简化之后写成"侧"。

"侧"的原义是旁边。例如《诗经·小雅·绵蛮》："黄鸟,止于丘侧。"

旁边非主位,进而延伸指地位低下、卑微。在古代家庭,妾被称为"侧室",妻则被称为"正室",意即妾比妻的地位低下。

"侧"也延伸指倾斜。成语"侧目而视"即指斜着眼睛看人。进而延伸指不正、邪辟。例如《尚书·洪范》："无反无侧,王道正直。"

<h1 style="text-align:center">候</h1>

甲骨文　　金文　　小篆　　楷书

【原文】

无。

【按语】

"候"是形声兼会意字。小篆从人,矦声,矦(射靶)兼表人所观望之意。隶变以后楷书写成"候"。

"候"的原义是守望、侦察。延伸指征候、征兆。例如《列子·周穆王》："觉有八征,梦有六候。"也特指症候。例如《北齐书·方伎传·马嗣明》："为人诊候,一年前知其生死。"

由守望也延伸指等候、迎候。如陶渊明《归去来兮辞》："稚子候门。"进而也延伸指服侍。例如"伺候"。

"候"还是古代计时单位,五天为一候。例如《素问·六气藏象论》："五日谓之候,三候谓之气。"也延伸成节候、时令。如韩偓《早玩雪梅有怀亲属》："北陆候才变,南枝花已开。"

伍

伍　伍

小篆　　　楷书

【原文】

相参伍也。从人从五。

【译文】

伍,或者三或者五以相错杂交互。由人、由五会意。

【按语】

"伍"是会意兼形声字。小篆从人,从五,会五人组成的军队单位之意,五兼表声。隶变以后楷书写成"伍"。

"伍"的原义是五人组成的军队编制。例如《周礼·天官·宫正》:"会其什伍而教之道义。"延伸泛指军队,主要指陆军。例如"入伍"。也指队列、班次。例如"队伍""行伍"。

"伍"还延伸指同伴、结伴。例如"羞与为伍",意为羞于跟他结伴。

此外,"伍"还是"五"的大写。

伤

傷　傷　伤

小篆　　楷书(繁体)　楷书

【原文】

伤,创也。从人,𥫗省声。

【译文】

伤,创伤。从人,𥫗省声。

【按语】

"伤"是会意兼形声字。小篆从人,从塲,会人受箭伤之意,塲兼表声。隶变以后楷书写成"傷",汉字简化之后写成"伤"。

"伤"的原义是创伤。例如"刀伤""灼伤"。延伸成受伤的人。例如"救死扶伤"。

"伤"也延伸指悲伤。如柳永《雨霖铃》:"多情自古伤离别,更那堪冷落清秋节!"也可延伸成诽谤。例如"中伤"。

人或者物受到损伤,事情就不能顺利进行,故"伤"延伸成妨害。如成语"无伤大雅"。也引申指对……产生厌烦。例如"这几年在外面跑伤了"。

<h1>儒</h1>

小篆　　楷书

【原文】

儒,柔也。术士之称。从人,需声。

【译文】

儒,性格柔和的人。也是道术之士的名称。从人,需声。

【按语】

"儒"是形声字。小篆从人(表示与人有关),需声。隶变以后楷书写成"儒"。

"儒"的原义是春秋时从巫、史、祝、卜中分化出来的熟悉诗书礼乐并为贵族服务的方术之士。例如《周礼·太宰》:"四曰儒,以道得民。"

"儒"延伸特指儒家、儒学,是春秋末期孔子所创立的学派。从汉朝以后,儒家思想成为中华民族最基本的主流价值观。

"儒"也延伸泛指读书人。如刘禹锡《陋室铭》:"谈笑有鸿儒,往来无白丁。"

俘

俘 俘

小篆　楷书

【原文】

俘,军所获也。从人,孚声。例如《春秋传》曰:'以为俘聝。'

【译文】

俘,军队擒获的敌人。从人,孚声。例如《春秋左氏传》说:"以至成为您的俘虏。"

【按语】

"俘"是形声字。小篆从人(表示与人有关),孚声。隶变以后楷书写成"俘"。"俘"的原义是抓获的敌人。例如《左传·宣公二年》:"俘二百五十人。"

"俘"延伸指缴获。例如《尚书·汤誓》:"汤遂从之,遂伐三㚇,俘厥宝玉。"

做

做 做

小篆　楷书

【原文】

无。

【按语】

"做"是会意字。楷书写成"做",从人从故(表示前人所做之事)会意。是"作"的后起分化俗字。

"做"的原义是人从事某种工作或者活动。例如"做生意""做工"。延伸指制作、制造。如《红楼梦》第十七回:"只是还少一个酒幌,明日竟做一个来。"

"做"也表示充当、担任。例如"做东"。还可表示结成某种关系。例如"做亲家""做人情"。

"做"也指装作(某种样子)。例如"做鬼脸""做样子"。还表示举行、举办。例如"做大寿""做满月"等。

作

甲骨文　金文　小篆　楷书

【原文】

作,起也。从人,从乍。

【译文】

作,起立。由人、由乍会意。

【按语】

"作"是会意字。甲骨文和金文原作"乍"。小篆从人,从乍,会人突然起身之意。隶变以后楷书写成"作"。

"作"的原义是指人起身,读作 zuò。延伸指起来、开始劳作。例如《击壤歌》:"日出而作,日入而息。"这句话的意思是,太阳升起就起来劳动,太阳下山就休息。进而延伸指产生、兴起、振作。例如《易·乾》:"云从龙,风从虎。圣人作而万物睹。"

"作"由劳动、劳作延伸成制作、创作。如秦韬玉《贫女》:"为他人作嫁衣裳。"进而延伸指故意装出。例如"忸怩作态""装腔作势"。

还特指写成诗文。

"作"也延伸指手工业制造或者加工的制作场所,读 zuō。例如"作坊"。

"作料"的"作"读 zuó,指油盐酱醋等烧菜用的调料。

化

$\text{甲骨文}\quad\text{金文}\quad\text{小篆}\quad\text{楷书}$

【原文】

化,教行也。从七,从人,七亦声。

【译文】

化,教化实行。由七、由人会意,七也表声。

【按语】

"化"是会意字。在甲骨文中,左边是一个面朝左侧立的人,右边是一个头朝下、脚朝上倒着的人,会颠倒变化之意。金文、小篆的写法变化不大。隶变以后楷书写成"化"。

"化"的原义是变化。例如《庄子·逍遥游》:"化而为鸟,其名为鹏。"延伸指教化。如王充《论衡·佚文》:"无益于国,无补于化。"

体

$\text{小篆}\quad\text{楷书（繁体）}\quad\text{楷书}$

【原文】

體,总十二属也。从骨,豊声。

【译文】

體,总括全身十二分属之称。从骨,豊声。

【按语】

"体"是形声字。小篆从骨,豊声。隶变以后楷书写成"體"。汉字简化之后写成"体"。

"体"的原义指身体。延伸指手脚、四肢,也指身体的一部分。例如"四体不勤,五谷不分"中的"四体"即指人的两手两足。

"体"也延伸指体态。例如《古诗为焦仲卿妻作》:"可怜体无比,阿母为汝求。"后延伸指文字的书写形式或者书法家的书写风格、法式。例如"篆体""楷体"。

"体"还延伸指著作的形式、体裁。例如"古体诗""骈体"。

"体"用作动词,表示亲身体验、实行。如成语"身体力行"。也延伸指设身处地为人着想。例如"体谅""体恤"。

信

金文　　小篆　　楷书

【原文】

信,诚也。从人,从言。会意。

【译文】

信,诚实。由人、由言会意。

【按语】

"信"是会意字。金文从人,从口。小篆改为从言,用"人"口所"言"会真实之意。隶变后楷书写成"信"。

"信"的原义是语言真实。例如《老子》:"信言不美,美言不信。"延伸泛指诚实有信用。

"信"也延伸指相信、信任。例如《论语·公冶长》:"听其言而信其行。"

相信则听从、任随,所以"信"也延伸指听从、任随。成语"信马由缰",就是放松缰绳,听凭马儿任意走。

现代人说的信件的"信",古代叫"书",而称送书者即送信的人为"信"。尔后,"信"由送信人延伸指音讯、消息。如李白《大堤曲》:"不见眼中人,天长音信断。"

佩

金文　小篆　楷书

【原文】

佩,大带佩也。从人,从凡,从巾。佩必有巾,巾谓之饰。

【译文】

佩,系在大衣带上的佩玉之类的装饰品。由人、由凡、由巾会意。佩物一定有巾,巾叫作饰。

【按语】

"佩"是会意字。金文从人,从凡(表示盘形玉饰),从巾(表佩带),会人所佩带的盘形玉饰之意。小篆整齐化。隶变以后楷书写成"佩"。

"佩"的原义是人系在衣带上的装饰品。例如《诗经·郑风·有女同车》:"将翱将翔,佩玉将将。"

"佩"延伸成佩带。由于饰物佩带在身,故也延伸指携带、随身拿着。例如《白虎通·衣裳》:"农夫佩其耒耜,工匠佩其斧斤。"贵重的饰品佩戴在身,也就不忘于心上,故也延伸表示敬服。如杜甫《湘江宴饯斐二端公赴道州》:"鄙人奉末眷,佩服自早年。"

储

小篆　楷书(繁体)　楷书

【原文】

储,待也。从人,諸声。

【译文】

储,储蓄待用。从人,諸声。

【按语】

"储"是形声字。小篆从人,諸声。隶变以后楷书写成"储"。

"储"的原义是积蓄、贮备。例如《盐铁论·力耕》:"丰年岁登,则储积以备乏绝。"

"储"特指已经被确定为承继王位的人,即储君、太子。例如《旧唐书·回纥传》:"太子即储君也,岂有中国储君向外国可汗前舞蹈。"

倾

倾　倾　倾

小篆　楷书（繁体）　楷书

【原文】

倾,仄也。从人,从頃,頃亦声。

【译文】

倾,偏斜。由人、由頃会意,頃也表声。

【按语】

"倾"是会意兼形声字。小篆从人,从頃(表示偏侧),頃兼表声。隶变以后楷书写成"倾"。汉字简化之后写成"倾"。

"倾"的原义是偏侧、歪斜。延伸指倾危、倾塌。如范仲淹《岳阳楼记》:"商旅不行,樯倾楫摧。"也延伸指倒塌。例如"大厦将倾,独木难支"。

"倾"由倾斜延伸指倒出来。把东西全部倒出来,就倒尽了,故也延伸表示用尽全部、竭尽。例如"倾家荡产"。

"倾"由倾向延伸指钦佩、向往。例如"倾心"一词,就表示向往、仰慕。后也指男女之间的钟情爱慕。例如"一见倾心"。

勹部

勿

甲骨文　金文　小篆　楷书

【原文】

勿，州里所建旗。象其柄，有三游。杂帛，幅半异。所以趣民，故遽，称勿勿。凡勿之属皆从勿。

【译文】

勿，大人，士所树立的旗帜。丿似旗的竿子，彡表示有三条缀在旗帜边缘上飘悬的游。游帛上颜色杂驳不纯，正幅上半赤半白而不同。是用以催促百姓集合的信号，所以有急遽的意思，急遽也称作勿勿。

【按语】

"勿"是象形字。甲骨文似云层间射出阳光之形，用以表示云的形色。金文大概相同，小篆整齐化。隶变以后楷书写成"勿"。

"勿"的原义是云的颜色。云是飘忽不定的，故用作"勿勿"。延伸指急速，此义后写成"匆匆"。

"勿"借用作副词，表示劝阻和禁止。等同于"不要""不可以"。例如《论语·颜渊篇》："己所不欲，勿施于人。"

"勿"也表示一般否定，等同于"不"。如成语"疑人勿用，用人勿疑"。

旬

甲骨文　金文　小篆　楷书

【原文】

旬,徧也。十日为旬。从勹、日。

【译文】

旬,周遍。十天为一旬。由勹、由日会意。

【按语】

"旬"为象形字。甲骨文似周匝循环之形,表示周遍循环之意。金文中间增加一"日"字,表示"旬"与时间有关。隶变以后楷书写成"旬"。

"旬"的原义是十天。古代天干纪日,每十日周而复始,称一旬。延伸成十年、十岁。所谓"七旬"就是七十岁。

"旬"由周遍义延伸成周。例如"旬月"就是满一月,"旬岁"就是一周岁或者一周年。

十二属相循环一次也为一旬。例如"老张比老李大一旬",是说"老张比老李大十二岁"。

勻

金文　小篆　楷书

【原文】

勻,少也。从勹,二。

【译文】

勻,(物因雨分而)少。由勹、二会意。

【按语】

"勻"是会意字。金文似臂弯里有二物之形。小篆变为从勹(表周匝),从二,会平均二分之意。隶变以后楷书写成"勻"。

"勾"的原义是平分。用作动词,延伸泛指分出、让出。如杜荀鹤《题花木障》:"不假东风次第吹,笔勾春色一枝枝。"也表示打扮、涂抹均匀。如卢仝《小妇吟》:"小妇欲出门,限门勾红妆。"

"勾"用作形容词,表示分布在各部分的数量相同或者大小、粗细、间隔等一致。

勾

甲骨文	金文	小篆	楷书

【原文】

无。

【按语】

"勾"是会意兼形声字。甲骨文从口(表语声),从丩(表勾曲),会语调曲折之意,丩兼表声。隶变以后楷书写成"句"。如今规范化,以"勾"为正体。

"勾"的原义是语调曲折,读作 gōu。延伸泛指曲折、弯曲。例如"勾着背""勾曲"。

"勾"用作动词,指用笔画出符号,表示删除或者截取。例如"一笔勾销"。也指描画出形象的轮廓。例如"勾勒""勾边"。

"勾"由勾曲延伸指招引、引出。例如"勾引""勾魂"。也延伸指结合在一起、串通。例如"勾结"。

"勾"用作名词,指圈套,读作 gòu。例如"勾中"指圈套。

包

甲骨文	小篆	楷书

【原文】

象人裹妊,已在中,象子未成形也。凡包之属皆从包。

【译文】

包,似人怀着孕。"巳"字在"勹"中间,似胎儿尚未成形的样子。凡是包的部属全部从包。

【按语】

"包"是会意字。甲骨文似人腹中有子的样子。小篆外边是"勹",是人曲身有所包裹之意,会胎胞之意。隶变以后楷书写成"包"。

"包"的原义是胎胞,即胎衣。延伸指用东西包裹起来。也延伸指包含、包容。也延伸指保证、担保。例如"包换""包退"。

"包"还有做的意思。例如"包饺子"。

"包"用作名词,指包好的东西。例如"行李包""邮包"。也指装东西的袋子。例如"书包""钱包"。也形容似包一样带馅的蒸熟食物或者其他物体。例如"豆包""沙包"。

几 部

凤

  鳳 凤

甲骨文　　小篆　　楷书(繁体)　楷书

【原文】

鳳,神鸟也。天老曰:'鳳之象也,鸿前麐后,蛇颈鱼尾,鹳颡鸳思,龙文虎背,燕颔鸡喙,五色备举。出于东方君子之国,翱翔四海之外,过昆仑,饮砥柱,濯羽弱水,莫宿风穴。见则天下大安宁。'从鸟,凡声。

【译文】

鳳,神鸟。天老说:"凤鸟的样子,前面似鸿雁,后面似麒麟;蛇颈,鱼尾;鹳鹊样的额头,鸳鸯样的鳃帮;龙纹,虎背;燕样的下颏,鸡样的嘴;五色全全部具备。出产在东方君子的国度,翱翔在四海之外,飞过昆仑山,到黄河的砥柱饮水,在弱水洗濯毛羽,黄昏时宿止在风的洞口。一出现,天下就大安宁。"从鳥,凡声。

【按语】

"凤"是形声字。甲骨文似一只凤的样子,右边"凡"表读音。小篆把"凡"字上移。隶变后楷书写成"鳳"。汉字简化之后写成"凤"。

"凤"的原义是一种神鸟,是中国古代传说中的百鸟之王,象征祥瑞。其中,雄的叫凤,雌的叫凰。

古代也用"凤"来比拟人。如才德高超的人会被认为是具有"凤德"。

"凤"又指乐器、音律。例如"凤管"指的是笙;"凤箫"是古代管乐器名,即排箫。

夙

甲骨文　金文　小篆　楷书

【原文】

无。

【按语】

"夙"是会意字。甲骨文上方是个月亮,月下跪着一个人,双手正在操作,会残月尚存人就起来做事之意。金文大概相同,小篆整齐化。隶变以后楷书写成"夙"。

"夙"的原义是指天未明就起来做事。后延伸指早晨。例如《诗经·召南·行露》:"岂不夙夜,谓行多露。"意思是难道不想天不亮就逃离吗?只怕露浓难行路。

"夙"用作副词,表示向来、平素。例如"夙敌"就是指一向作对的敌人。

儿 部

儿

国学经典文库

说文解字

《说文解字》原文释义

图文珍藏版

甲骨文　　金文　　小篆　　楷书（繁体）　　楷书

【原文】

兒，孺子也。从儿，象小儿头囟未合。

【译文】

兒，婴儿。从儿，（囟）似小孩脑盖顶门没有合拢。

【按语】

"儿"是象形字。甲骨文似一个面朝左站着的大头娃娃，头顶中间是开口的，表示婴儿脑囟骨还没有长在一起。隶变以后楷书写成"兒"。汉字简化之后写成"儿"。

"儿"的原义是小孩子。例如《列子·汤问》："孔子东游，见两小儿辩斗。"也指男青年。例如《史记·高祖本纪》："发沛中儿，得百二十人，教之歌。"

"儿"还常用作词语后缀。作名词后缀时，表示小。例如"小猫儿""小车儿"。

兀

甲骨文　　金文　　小篆　　楷书

【原文】

兀，高而上平也。从一在人上。读若夐。茂陵有兀桑里。

【译文】

兀，高而上面平坦。由"一"在"儿"上会意。音读似"夐"字。茂陵县有兀桑里。

【按语】

"兀"是象形字。甲骨文是面朝左侧立的一个人,其头是平顶的。金文的形象与甲骨文基本一致。小篆的形体线条化。隶变以后楷书写成"兀"。

"兀"的原义是山光秃的样子。如杜牧《阿房宫赋》:"蜀山兀,阿房出。"又可指突出、高耸。例如"突兀"。

"兀"用作副词,表示还、仍然。例如"他兀自唱个不停"。

元

甲骨文　金文　小篆　楷书

【原文】

元,始也。从一,从兀。

【译文】

元,开始。由一、由兀会意。

【按语】

"元"是指事字。甲骨文从兀(削去人的头发),又用短横指明头的部位,以表示人头。金文大概相同,小篆的形体整齐化。隶变以后楷书写成"元"。

"元"的原义就是头。例如《左传·僖公三十三年》:"狄人归其元。"意思是狄人送还了他的头。

"元"延伸指人们的首领。例如"元首"。也引伸为开头、开始或者第一。例如《公羊传·隐公元年》:"元年者何,君之始年也。"

兄

甲骨文　　金文　　小篆　　楷书

【原文】

兄,长也。从儿,从口。凡兄之属皆从兄。

【译文】

兄,滋长。由儿、由口会意。凡是兄的部属全部从兄。

【按语】

"兄"是象形字。甲骨文似一个人面朝左跪着,张口祷告。"兄"本是"祝"字的初文。金文的形体与甲骨文相似。小篆整齐化。隶变以后楷书写成"兄"。

"兄"的原义是祷告赐福。古代致祭以长,故借用表示哥哥。例如《诗经·小雅·斯干》:"兄及弟矣,式相好矣。"

"兄"由兄长义也引伸作为朋友间的称呼。如柳宗元《与肖翰林俛书》:"兄知之,勿为他人言也。"后世在写信时也常用"兄"作为尊称。例如"学兄""仁兄"。

兑

甲骨文　　金文　　小篆　　楷书

【原文】

兑,说也。从儿,仒声。

【译文】

兑,喜悦。从儿,仒声。

【按语】

"兑"是会意字。甲骨文从人,从口,从八(表示分开),会人咧开嘴嬉笑之意。

金文大概相同。小篆整齐化。隶变以后楷书写成"兑"。

"兑"的原义是喜悦。例如《荀子·修身》："饶乐之事,则佞兑而不曲。"

"兑"用作动词,表示更换。例如"兑转""兑支"。又特指用天平称银子。例如"兑银子"。又引申指掺杂。例如"兑水""勾兑"等。

先

甲骨文　金文　小篆　楷书

【原文】

先,前进也。从儿,从之。凡先之属皆从先。

【译文】

先,前进。由儿、由之会意。凡是先的部属全部从先。

【按语】

"先"是会意字。甲骨文从止(脚),从人,会走在人的前头之意。金文与甲骨文大概相同。小篆线条化、整齐化。隶变以后楷书写成"先"。

"先"的原义是在前引导、走在前面。例如《汉书·英布传》："项王伐齐,身负版筑(墙版和筑杵),以为士卒先。"

"先"延伸成时间的先后。例如《史记·高祖本纪》："先入定关中者王之。""先"也指祖先、上代、前辈。如司马迁《报任少卿书》："行莫丑于辱先。"意思是没有比使祖先受辱更丑陋的行为了。

光

甲骨文　金文　小篆　楷书

【原文】

光,明也。从火在人上,光明意也。

【译文】

光,光明。由"火"字在"人"字上,会光明之意。

【按语】

"光"是会意字。甲骨文的下部是面朝右跪着的一个人,人头上有一把大火在照耀。金文的形象与甲骨文大概相同,只是人形朝左。小篆线条化,上部的"火"清晰可辨,但下部的人已经不似了。隶变以后楷书写成"光"。

"光"的原义就是光明、光亮。例如《孟子·尽心上》:"日月有明,春光必照焉。"延伸指光彩、色泽。例如"容光焕发"。

"光"也引伸指风光、景色。如范仲淹《岳阳楼记》:"上下天光,一碧万顷。"进而延伸指荣誉。例如"光临""光顾"。又可延伸成发扬光大。如诸葛亮《出师表》:"以光先帝之遗德。"

"光"也引伸指光滑。例如"这种纸很光"。也引伸指裸露。例如"光头""光着膀子"。

"光"也引伸指空、净、尽。例如"赔光""吃光"。

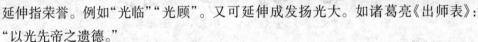

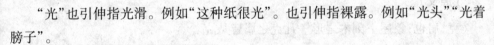

甲骨文　　小篆　　楷书（繁体）　　楷书

【原文】

尧,高也。从垚在兀上,高远也。

【译文】

尧,高远。由"垚"在"兀"上会意,兀是表示高远的意思。

【按语】

"尧"是会意字。甲骨文的上部是两堆土,下部是面朝左的一个人,表示高。小篆的形体变成了人的头上有三堆土。隶变以后楷书写成"堯"。汉字简化之后写成"尧"。

"尧"的原义是高。"尧"是传说中父系氏族社会后期部落联盟的领袖,史称"唐尧"。据说尧、舜时开始把我国疆土划定为十二州,所以后世常把"尧封"当成中国的代称。

总之,古代人民对"尧"极为崇拜,所以古籍中的"尧天""尧年"等词,全部用来引喻理想中的太平岁月、升平盛世。

克

甲骨文	金文	小篆	楷书

【原文】

克,肩也;象屋下刻木之形。凡克之属皆从克。

【译文】

克,肩任;(又)似屋下刻割木头的样子。凡是克的部属全部从克。

【按语】

"克"是象形字。甲骨文似戴盔执戈的武士之形,表示攻打战胜之意。金文继承甲骨文,但把右边改为"攴"。小篆书线条化。隶变以后楷书写成"克"。

"克"的原义是战胜。例如"攻无不克""克敌制胜"。后也引伸指克制、克服。例如《论语·颜渊》:"克己复礼为仁。"

"克"用作"剋"的简化字,表示侵削。例如"克扣工资"。也引伸指严格限定。例如"克期""克日发兵"。

"克"用作量词,是重量单位。

党

𩇠　黨　党

小篆　楷书（繁体）　楷书

【原文】

黨，不鲜也。从黑，尚声。

【译文】

黨，不鲜明。从黑，尚声。

【按语】

"党"是形声字。小篆从黑（刺在人身上作为同族人的共同标志，表示亲族），尚声，尚兼表崇敬之意。隶变以后楷书写成"黨"。汉字简化之后写成"党"。

"党"的原义是指朋辈亲族。例如"父党""母党""妻党"。由此延伸成小集团。例如"死党""结党营私"。进而延伸成偏袒。例如"党同伐异"。

由团伙拉帮结派延伸出政党之意。例如"共和党""工人党"。

几 部

几

几　几

小篆　楷书

【原文】

几，踞几也。象形。凡几之属皆从几。

【译文】

几，蹲踞在地的几。似几的正面和两侧的形状。凡是几的部属全部从几。

【按语】

"几"是象形字。小篆的形体似古人席地而坐时有靠背的坐具之形。隶变以后楷书写成"几"。

"几"的原义是小或者矮的桌子。例如《孟子·公孙丑》:"隐几而卧。"即伏在几上睡觉。

"几"作疑问词,用来询问数目。例如《孟子·离娄》:"子来几日矣?"

作"幾"的简化字时,读为jǐ。

凡

甲骨文　金文　小篆　楷书

【原文】

凡,最括也。从二;二,偶也。

【译文】

凡,积聚而总括。从二;二,表示多。

【按语】

"凡"是象形字。甲骨文似高足盘形,是"盘"的初文。金文与甲骨文大概相同。小篆发生讹变,就不似了。隶变以后楷书写成"凡"。

"凡"的原义是盘子,后世其原义消失了。延伸指要旨、要略。如杜预《春秋经传集解序》:"其发凡以言例,皆经国之常制。"其中"发凡"是指揭示全书的要旨或者体例。

"凡"用作副词,也引伸表示数量的全部、总共、一切。例如"凡事"。所有的就是普遍的,故又表示平常、普通。如成语"自命不凡"。

"凡"用作名词,又可以延伸指尘世、人世间。如司空图《携仙篆》:"仙凡路阻两难留。"

凯

豈　凱　凯

小篆　楷书（繁体）　楷书

【原文】

凯，还师振旅乐也。

【译文】

凯，军队得胜归来所奏的使军队振奋的乐曲。

【按语】

"凯"是形声字。本写成"豈"，尔后加了声符"几"和义符"忄"来分别表示原义和延伸义。隶变以后楷书写成"凱"。汉字简化之后写成"凯"。

"凯"的原义是军队得胜所奏的乐曲。如刘克庄《破阵曲》："六军张凯声如雷。"其中"凯"就是得胜的军乐。

打了胜仗，自然是一片欢腾，故延伸成和乐、欢乐。如嵇康《声无哀乐论》："故凯乐之情，见于金石。"也引伸为安乐、温和。例如《诗经·邶风·凯风》："凯风自南，吹彼棘心。"

凭

凴　凭

小篆　楷书

【原文】

无。

【按语】

"凭"是会意字。楷书写成"凭"，从几，从任，会依几之意。

"凭"的原义是身体靠在物体上。如李煜《浪淘沙》:"独自莫凭栏,无限江山。"

"凭"延伸成依托、仰仗。如刘禹锡《酬乐天扬州初逢席上见赠》:"暂凭杯酒长精神。"也引伸指听凭、顺从。例如"凭你处置"。

"凭"由有所依靠延伸成依据、凭据。例如"凭证""有凭有据"。

"凭"用作连词,意为不论、不管。例如"凭你跑得多快,我也赶得上。"

亠 部

交

甲骨文　金文　小篆　楷书

【原文】

交,交胫也。从大,象交形。凡交之属皆从交。

【译文】

交,交叉着小腿。从大,又似两腿相交的样子。凡是交的部属全部从交。

【按语】

"交"是象形字。甲骨文似一个正面站立的人,两腿交叉着。金文和小篆的形体大概相同。隶变以后楷书写成"交"。

"交"的原义是交叉、交错。如屈原《九歌·国殇》:"矢交坠兮士争先。"意思是箭交错坠落,战士们全部争先恐后地冲锋陷阵。

"交"延伸指结交、交往、交流。例如《盐铁论·本议》:"交庶物而便百姓。"大意是交换各种各样的物品,以方便老百姓。

产

產　產　產　产

金文　　小篆　　楷书（繁体）　楷书

【原文】

產，生也。从生，彥省声。

【译文】

產，生长。从生，彥省声。

【按语】

"产"是形声字。金文从生，彦省声，表示人或者动物生子。小篆整齐化。隶变以后楷书写成"產"。汉字简化之后写成"产"。

"产"的原义是出生、生育。例如"产仔"。延伸指出产、生长。例如"出产"。

"产"也引伸泛指物质和精神财富的创造。例如"产品""产量"。

"产"还延伸指产业、财产。如成语"倾家荡产"，引喻全部家产全部被没有了。

充

充　充　充

甲骨文　　小篆　　楷书

【原文】

充，长也，高也。从儿，育省声。

【译文】

充，长；高。从儿，育省声。

【按语】

"充"是象形字。甲骨文似一个长得很肥硕的大猩猩的样子，用来表示肥硕之意。隶变以后楷书写成"充"。

"充"的原义是长、高。因此延伸成肥胖。例如"充腴"指肥胖、丰满。延伸成充满、充实。例如"汗牛充栋""精力充沛"。

空间看起来满满当当，但未必全部是精华，故也引伸指充数、假冒。例如"滥竽充数""打肿脸充胖子"。

"充"也引伸为充任、充当。如白居易《卖炭翁》："半匹红绡一丈绫，系向牛头充炭直。"

亮

小篆　　楷书

【原文】

无。

【按语】

"亮"是会意字。小篆从儿（人），从高省，会人处高则明亮之意。隶变以后楷书写成"亮"。

"亮"的原义是明亮。如谢灵运《初发·石首城诗》："寸心若不亮，微命察如丝。"明亮则物现，故延伸指显露、显现。也引伸指声音响亮。例如"声音洪亮"。

"亮"作名词，指光亮、灯火。例如"屋里没个亮"。

亦

甲骨文　　金文　　小篆　　楷书

【原文】

亦，人之臂亦也。从大，象两亦之形。凡亦之属皆从亦。

【译文】

亦,人的腋窝。从大,似两个腋窝位于臂下的形状。凡是亦的部属全部从亦。

【按语】

"亦"是指事字。甲骨文似一个正面站立的人,两臂之下的两个点儿是指事符号,表示此处是腋下。金文大体相同。小篆与甲骨文、金文字一脉相承。隶变以后楷书写成"亦"。

"亦"的原义是人的腋窝。后世常被假借为虚词,表示类同或者相似关系,等同于"也""也是"。还等同于"又"。如杜牧《阿房宫赋》:"后人哀之而不鉴之,亦使后人复哀后人也。"

古汉语中,"亦"常和"不"连用,组成"不亦",用于反问句,表示反诘语气。例如《论语·学而》:"学而时习之,不亦说乎?"

商

甲骨文　金文　小篆　楷书

【原文】

商,从外知内也。从向,章省声。

【译文】

商,从外面估测里面的情况。从向,章省声。

【按语】

"商"是会意字。甲骨文的下部是祭祀时所设的灵台,其上置薪,焚烧祭天。金文下面增加了一个"口"。隶变以后楷书写成"商"。

"商"的原义是焚柴祭天,后延伸成星名。如杜甫《赠卫八处士》:"人生不相见,动如参与商。""参商"即指参星与商星。又表示计议、商量。例如"商榷"。也引伸指买卖活动。

例如"经商"。

"商"又是古代五音之一。五音即"宫、商、角、徵、羽"。

京

甲骨文　金文　小篆　楷书

【原文】

京，人所为绝高丘也。从高省，丨象高形。凡京之属皆从京。

【译文】

京，人工筑起的最高的丘。从高字省，丨似高的样子。凡是京的部属全部从京。

【按语】

"京"是象形字。甲骨文似一个人工建筑起来的土堆，在土堆上有个瞭望塔，用以观敌情、察民事。金文与甲骨文大体相同，小篆线条化、整齐化。隶变以后楷书写成"京"。

"京"的原义是人工堆积而成的高大土丘，是古代军事工事的一种。

君王所在地的首全部称为"京"，是统治的中心。例如《诗经·曹风·下泉》："念彼周京。"明清以后，"京"字实际上成了北京的代称。例如"京戏""京腔""京片子"。

亯

甲骨文　金文　小篆　楷书

【原文】

亯，献也。从高省，曰：象进孰（熟）物形。例如《孝经》曰：'祭则鬼享之。'亯，小篆亯。

【译文】

亯，献。由"高"省去"冋"会意；曰，似进献的熟食之形。《孝经》说："祭祀，鬼神就来享用食物。"亯，小篆"亯"字。

【按语】

"亨"是象形字。甲骨文似高大台基上建有殿堂形，上部是宗庙的屋顶，中间为墙壁，下部是地基，象征祭祖的宗庙。金文的形体稍讹。隶变以后楷书写成"亨"。

"亨"的原义是宗庙。

由烧制食物祭献神祖延伸指烹饪烧制。此义后用"烹"来表示。

"享"在上古也可写成"亨"，读 xiǎng。延伸泛指享用、享受。此义后用"享"表示。例如"坐享其成"。

敬献神祖时，必定要献上供品，所以尔后延伸泛指贡献、进献贡品。例如《诗经·商颂·殷武》："莫敢不来享，莫敢不来王。"意思是，没有敢不来进献贡品，没有敢不来朝奉汤王的。

神祖享用了祭品就会保佑人万事亨通，故也引伸指通达、顺利。

"亨""烹""享"在上古全部是一个字：祭祖、神叫享，享神就要烹煮谷米、牺牲，祖、神享用了祭品就会保佑人万事亨通。

亭

帛　帛　亭

金文　小篆　楷书

【原文】

亭，民所安定也。亭有楼，从高省，丁声。

【译文】

亭，人们安定的处所。亭上有楼，由"高"省去"冋"会意，丁表声。

【按语】

"亭"是形声字。金文的字形似一座用以观察敌情的瞭望台。小篆从高，丁声。隶变以后楷书写成"亭"。

"亭"的原义是瞭望亭——古代设在边塞观察敌情的岗亭。例如"亭候"就是用作瞭望的岗亭。延伸指古代设在道旁供行人停留食宿的处所。进而延伸泛指山林、路边等供人休息的有顶没有墙的小型建筑物。如刘禹锡《陋室铭》:"南阳诸葛庐,西蜀子云亭。"

由亭子的端正直立延伸表示笔直、挺立。例如"亭亭玉立"。

高

甲骨文　　金文　　小篆　　楷书

【原文】

高,崇也。象台观高之形。从冂、口,与仓、舍同意。凡高之属皆从高。

【译文】

高,崇高。似台观高耸的样子。由冂、由口会意,与"仓"字、"舍"字下部从口的构形原则相同。凡是高的部属全部从高。

【按语】

"高"是象形字。甲骨文似台观楼阁上下重屋之形,表示崇高。金文、小篆整齐化,变得不太似楼阁了。隶变以后楷书写成"高"。

"高"的原义是上下距离大,离地面远。延伸指由上至下的距离、高度。也引伸指在一般标准或者平均程度之上的,擅长的。例如"曲高和寡"。

由高高在上延伸表示地位、等级在上的。例如"高位"。

"高"也引伸为大,特别指岁数大的、辈分最上的。例如"有志不在年高"。还作敬辞,例如"高足""高见"。

率

甲骨文　　金文　　小篆　　楷书

【原文】

率,捕鸟毕也。象丝网,上下其竿柄也。凡率之属皆从率。

【译文】

率,捕鸟的网。𢆶似丝织的网,上部的𠂆和下部的十,是网的竿和把。凡是率的部属全部从率。

【按语】

"率"是象形字。甲骨文中间似丝线编织的网,两侧四点似水流,指鱼网。金文的四点外撇,似提网时水滴外溅。隶变以后楷书写成"率"。

"率"的原义是网。延伸成捕捉。捕捉到猎物就要把它带回家,由此也引伸出带领之意。如常用的"率先""率领"。"率直",意思是不含蓄、坦率爽直。由此延伸指轻率、草率。

"率"用作名词,指带兵的人,即主将。到了后世,此义写成"帅"。

"率"意为标准、规格时,应读作 lü。例如"效率""生产率"。

亥

甲骨文　金文　小篆　楷书

【原文】

亥,荄也。十月,微阳起,接盛阴。从二;二,古文上字。一人男,一人女也。从乙,象褢子咳咳之形。凡亥之属皆从亥。

【译文】

亥,草根。(亥)代表十月,这时微弱的阳气产生,续接着旺盛的阴气。从二;二,是古文"上"字。(𠃌)表示一人是男,一人是女。从乙,(乙)似怀着胎儿腹部蜷曲的样子。凡是亥的部属全部从亥。

【按语】

"亥"是象形字。甲骨文似刮了毛、割了头和蹄的猪。"亥"是"刻"的本字。隶变以后楷书写成"亥"。

"亥"的原义是切割,读作 hài。由于其甲骨文似猪,所以古时也做猪讲。此义尔后渐渐消失,被借作地支的第十二位,在十二生肖中代表"猪"。一日中的亥时指九点至十一点。

"亥"也指隔日交易一次的集市,此时应读作 jiē。

离

离 離 離 离

甲骨文　小篆　楷书(繁体)　楷书

【原文】

離,黄,仓庚也。鸣则蚕生。从隹,离声。

【译文】

離,离黄,仓庚鸟。仓庚鸟叫,春蚕就出生。从隹,离声。

【按语】

"离"是会意字。甲骨文上部为"鸟",下部是长柄网,会捕鸟之意。隶变以后楷书写成"離"。汉字简化之后写成"离"

"离"的原义是以网捕鸟。延伸成擒获,假借为离开。表示分开、分离时,"离"和"别"意义相近。例如《广韵》:"近曰离,远曰别。"所以有"生离死别"之说。

人与人分开谓之"离",人心不一致也称"离"。例如"离心离德""离间"。二人分开,就是山水相隔,相距遥远,所以也引伸指距离、相距。也引伸指离散、破碎。如成语"支离破碎"。

八（丷）部

八

八　八　八　八
甲骨文　金文　小篆　楷书

【原文】

八，别也。象分别相背之形。凡八之属皆从八。

【译文】

八，分别。似分别相背离的形状。凡是八的部属全部从八。

【按语】

"八"是会意字。甲骨文、金文、小篆全部似一物被分成两半之形。隶变以后楷书写成"八"。

"八"的原义是分，后借作数词。如李商隐《瑶池》："八骏日行三万里，穆王何事不重来。"其中的"八骏"相传为周穆王的八匹名马。

分

分　分　分　分
甲骨文　金文　小篆　楷书

【原文】

分，别也。从八；从刀，刀以分别物也。

【译文】

分，分别。从八，（表示分别）；从刀，刀是用来分别物体的。

说文解字

《说文解字》原文释义

图文珍藏版

【按语】

"分"是会意字。甲骨文从八,从刀,会以刀分物之意。金文、小篆的形体与甲骨文大概相同。隶变以后楷书写成"分"。

"分"的原义是一分为二、分开,读作 fēn。例如"平分"。延伸指区分、辨别。也延伸指分给、分配。也引伸指别离、离开。例如"分手"。

"分"用作名词,表示计数单位的十分之一,或者表示分数,例如"三分之一"。

"分"还可用来表示节气。例如"春分""秋分"。

"分"还读作 fèn,表示成分。例如"水分""养分"。又表示职责、本分。又当格外讲。例如"分外"。

公

甲骨文　　金文　　小篆　　楷书

【原文】

公,平分也。从八,从厶。八犹背也。韩非曰:背厶为公。

【译文】

公,公平分配。由八、由厶会意。八犹如背离的意思。韩非说:背离私就是公。

【按语】

"公"是会意字。甲骨文从口(器皿),从八,会平分器皿中的东西之意。金文继承甲骨文。小篆从八,从厶,会与私相背之意。隶变以后楷书写成"公"。

"公"的原义是无私。延伸成公正。例如《盐铁论·非鞅》:"邪臣擅断,公道不行。"又引申指公共的、公众的。例如《礼记·礼运》:"大道之行也,天下为公。"

公共的事物大都有不隐蔽的特点,故"公"也引伸指公开。"公然"即是公开、毫没有顾忌的意思。

"公"还是古代的爵位名。后多用来尊称男性长者。

"公"用于指动物时,"公"表示雄性的意思。例如"公鸡""公牛"。

关

關　關　關　关

金文　　小篆　　楷书（繁体）　楷书

【原文】

關，以木横持门户也。从门，䜌声。

【译文】

關，用木头横着支撑门扇。从门，䜌声。

【按语】

"关"原本是会意字。金文似门里有门闩之形。小篆繁杂化，变成了从门、䜌声的形声字。隶变以后楷书写成"關"。

"关"的原义是门闩。军队驻守的卡口全部是交通要道，卡口的作用犹如门闩，这样的地方就叫"关"或者"关塞"。如李白《蜀道难》："一夫当关，万夫莫开。"

"关"也引伸指关卡。例如"难关""鬼门关"。也引伸指转折处。例如"通关节""卖关子"。

"关"由门闩可以延伸成动词关闭。如陶渊明《归去来兮辞》："门虽设而常关。"

"关"也引伸指涉及、牵连。例如"有关""事关重大""息息相关"。

半

半　半　半

金文　　小篆　　楷书

【原文】

半,物中分也。从八;从牛,牛为物大,可以分也。凡半之属皆从半。

【译文】

半,物体从中对分(各为一半)。从八,(表示分);从牛,牛是大的物体,可以分割。凡是半的部属全部从半。

【按语】

"半"是会意字。金文从八(表示分),从牛,会把一头牛分成两部分之意。小篆的形体基本上同于金文。隶变以后楷书写成"半"。

"半"的原义指一半、二分之一。古人常说的"半壁江山",指的就是国家的一半。

"半"后来泛指半边。例如"半斤八两""半信半疑"。也引伸指部分、不完全地。如白居易《琵琶行》:"千呼万唤始出来,犹抱琵琶半遮面。"

"半"由一半延伸指在中间。"夜半"即子时,处于夜晚的中间。

具

甲骨文	金文	小篆	楷书

【原文】

具,共置也。从收,从貝省。古以贝为货。

【译文】

具,供给设置。由收、由貝省会意。古时候用贝作钱财。

【按语】

"具"是会意字。甲骨文中间是"鼎",下部为手,用手捧鼎会酒食具备之意。金文中间是"貝"。隶变以后楷书写成"具"。

"具"的原义是指准备饭菜酒席。延伸泛指备办、准备。进而延伸成具有、具备。例如"别具匠心""独具慧眼"。尔后延伸成一般的用具,作名词的构词语素。例如"玩具"。

"具"还可以作量词,只用于"棺材""尸体"和某些器物,例如"一具尸体"。
由准备得完全延伸成完全,此义后世均写成"俱"。

典

典 甲骨文 金文 小篆 楷书

【原文】

典,五帝之书也。从册在丌上,尊阁之也。庄全部说:典,大册也。

【译文】

典,五帝的画册。由"册"在"ㄇ"上会把典册高高地搁架在ㄇ上之意。庄全部说:典是大册。

【按语】

"典"是会意字。甲骨文似双手郑重地捧献典册之状。金文发生讹变,把手变为"丌"形之物。小篆继承金文而来。隶变以后楷书写成"典"。

"具"的原义指重要的文献、书籍。如成语"数典忘祖"。延伸成仪典。例如"开国大典"。

"具"从经典延伸成法则或者制度。如曹操《败军抵罪令》:"但赏功而不罚罪,非国典也。"意思是只赏功劳而不惩罚罪过,那就不是国家的制度。

"具"用作动词,表示主持、掌管。"典狱"就是典理(掌管)刑狱之事,也是官职名。

"具"由放置典册延伸指抵押物品。例如"典当"。

黄

甲骨文 金文 小篆 楷书

【原文】

黄,地之色也。从田,从芡,芡亦声。芡,古文光。凡黄之属皆从黄。

【译文】

黄,土地的颜色。由田、由芡会意,芡也表声。芡,古文"光"字。凡是黄的部属全部从黄。

【按语】

"黄"是象形字。甲骨文似佩璜之形:上为系带,下为垂穗,中为双璜并联状。金文繁杂化,小篆整齐化。隶变以后楷书写成"黄"。

"黄"的原义是佩璜。延伸指黄色。例如"天玄地黄""黄袍"。

上古时,轩辕氏曾战胜蚩尤、炎帝等部落,被诸侯尊为天子,并且认为他具备土德的祥瑞,故号为"黄帝"。所以中华民族习惯上自称"炎黄子孙"。

兴

甲骨文　　金文　　小篆　　楷书（繁体）　　楷书

【原文】

興,起也。从舁,从同,同力也。

【译文】

興,兴起。由舁、由同会意,同是同心合力的意思。

【按语】

"兴"是会意字。甲骨文的四角是四只手,中间抬着一个"井"形器物,会一声号子四手共同抬起一个井盘放到井上之意。隶变以后楷书写成"興"。现在简写成"兴"。

"兴"的原义是起、起来。如成语"夙兴夜寐",就是早起晚睡的意思,形容没有片刻的闲暇。延伸成开始、发动、创立、兴起。事情开办兴起后,显出旺盛的样子,于是"兴"又引申指兴盛、兴旺、流行。例如"百废俱兴"的"兴"指兴盛。又如孔尚任《桃花扇·眠香》："俺院中规矩,不兴拜堂,就吃喜酒吧。"此处的"兴"则是流行。

"兴"作动词时,意为使兴盛。例如"兴邦济世"。

"兴"作名词时,意为兴致、兴趣,读 xìng。

并

甲骨文　金文　小篆 楷书(繁体) 楷书(繁体) 楷书

【原文】

竝,相从也。从从(二人),开声。一曰:从持二为并。

【译文】

竝,相跟随。从从,开声。另一义说:"从"持握着"二"为并。

【按语】

"并"是会意字。甲骨文上部是正面站立的两个人,脚下有一条横线表示地面,会二人并排站在同一地面上之意。隶变以后楷书写成"並"和"竝"。汉字简化之后写成"并"。

"并"的原义是相合并。例如"归并""兼并"。还延伸成并列。例如"并肩作战""并驾齐驱"。由此也引伸表示一起、同时。例如"并举",指同时举办,一齐进行。

"并"作副词,用于否定词前,加强否定语气;作连词,表示连接并列的两项。

"并"还是山西太原的别称,太原古称并州。但是这个"并"要读成 bīng。

首

甲骨文　　金文　　小篆　　楷书

【原文】

首,百同。古文百也。巛象发,谓之鬊,鬊即巛也。凡𩠐之属皆从𩠐。

【译文】

首,与"百"字同。是古文"百"字。巛似头发,发又叫作"鬊",鬊就是"巛"。凡是𩠐的部属全部从𩠐。

【按语】

"首"是象形字。甲骨文看起来似兽头的侧面。金文用眉头和眼睛表示整个人头。小篆的形体继承金文并整齐化。隶变以后楷书写成"首"。

"首"的原义是头。例如《诗经·邶风·静女》:"搔首踟蹰。"头是全身最重要的部位,故延伸成首领。进而延伸成最高、最重要。例如"首相""首都"。

"首"也引伸为第一。例如"首届""首屈一指"。又表示开始、开头。例如"名列榜首""首倡"。

兼

兼   兼   兼

金文   小篆   楷书

【原文】

兼,并也。从又持秝。兼持二禾,秉持一禾。

【译文】

兼,同时涉及(两件或者两件以上的事物)。由"又"(手)持握着"秝"(二"禾")会意。兼是同时持握两把禾。秉是持握一把禾。

【按语】

"兼"是会意字。金文似一只很长的右手抓了两棵禾苗。小篆与金文的写法基本上相同。隶变后楷书写成"兼"。

"兼"的原义是并有。例如"兼收并蓄""兼容并包"。

"兼"从并有延伸指加倍。如杜甫《客至》:"盘飧市远无兼味,樽酒家贫只旧醅。"此处的"兼味"指多种味道,即多种菜肴。

单

單 單 單 單 单

甲骨文　金文　小篆　楷书（繁体）　楷书

【原文】

單，大也。从吅、甲，吅亦声。

【译文】

單，大。由吅、甲会意，吅也表声。此处所释为延伸义。

【按语】

"单"是象形字。甲骨文似带杈的木棍之形，是原始狩猎和战斗的工具，用以攻取野兽。金文大概相同。隶变以后楷书写成"單"。汉字简化之后写成"单"。

"单"原义指一种狩猎或者战斗的工具，读作 dān。延伸指单独、单一。例如"单兵""单刀直入"。延伸成单薄。如白居易《卖炭翁》："可怜身上衣正单。"

"单"用作副词，指仅、只、唯独。例如"办事不能单靠热情"。

"单"还读作 shàn，用于地名和姓氏。如山东省西南部的"单县"。

另外，古代匈奴最高首领的称号叫"单于"，此处的"单"读作 chán。

前

歬 歬 前

金文　小篆　楷书

【原文】

歬，不行而进谓之前。从止在舟上。

【译文】

崀,不行而进叫作前。由"止"字在"舟"字之上会意。

【按语】

"前"是形声字。金文从刀,崀声。小篆与金文大概相同。隶变以后楷书写成"前"。

"前"的原义是向前、前进。例如《聊斋志异·狼》:"狼不敢前,眈眈相向。"

"前"延伸成与后面相对的意义,表示时间或者空间上的前面。如柳宗元《黔之驴》:"益习其声,又近出前后,终不敢搏。"这是说:老虎越来越熟悉驴的叫声,到驴的前后左右转了一圈,结果还是不敢扑杀它。这句话中的"前"指的就是方位。

奠

甲骨文　　金文　　小篆　　楷书

【原文】

奠,置祭也。从酋;酋,酒也。下其丌也。《礼》有奠祭者。

【译文】

奠,置酒食祭奠。从酋;酋,就是酒。下面是垫放酒食的几席之类。《礼》经上有以奠为祭的。

【按语】

"奠"是象形字。甲骨文似祭台上置放的酒坛形,表示置酒进行祭奠。金文与甲骨文大概相同。小篆繁杂化。隶变以后楷书写成"奠"。

"奠"的原义是置酒进行祭祀。现在我们给死者所献花圈的中间,往往写上一个大大的"奠"字寄托哀思,这正是我们祖先风俗习惯的沿袭。

"奠"可延伸成稳定、放置。例如《礼记·内则》:"奠之而后取之。"这句话的意思是,把它安放好,以后再来拿。进而延伸指确立、建立。例如"奠定""奠基"。

兽

兽

甲骨文　　金文　　小篆　　楷书（繁体）　楷书

【原文】

獸，守备者。从嘼，从犬。

【译文】

獸，能守能备的野兽。由嘼、由犬会意。

【按语】

"兽"是会意字。甲骨文从單，从犬，会带着猎叉和猎犬打猎之意。金文的形体略有变化。小篆继承金文而来。隶变以后楷书写成"獸"。汉字简化之后写成"兽"。

"兽"的原义是打猎。

"兽"尔后用作名词，指野兽。例如《尔雅·释鸟》："四足而毛，谓之兽。"例如《史记·货殖列传序》："渊深而鱼生之，山深而兽往之。"

尔后借喻野蛮凶狠。例如"兽性"。

弟

弟

甲骨文　　金文　　小篆　　楷书

【原文】

弟，韦束之次弟也。从古字之象。凡弟之属皆从弟。

【译文】

弟，用牛皮束物的次序。小篆采用古字的样子。凡是弟的部属全部从弟。

【按语】

"弟"是会意字。甲骨文中间是上下直立的一个"弋"（似长木桩之形），似有绳索缠绕于"弋"之上，会次第缠绕之意。

"弟"的原义是缠绕的次序。延伸泛指次序、次第。

兄弟按照年龄排出次第，所以尔后假借为兄弟之义。"弟"被假借为兄弟后，当次第讲的"弟"就以"第"来替代了。

在中国的传统伦理道德中，弟弟敬爱兄长也称为"弟"，后世写成"悌"，读作 tì。例如"孝悌"。

养

甲骨文　金文　小篆　楷书（繁体）　楷书

【原文】

養，供养也。从食，羊声。

【译文】

養，供给养护。从食，羊声。

【按语】

"养"是会意字。甲骨文左边是羊头，右边是拿着枝条的手，会手拿鞭子放羊之意。隶变以后楷书写成"養"。汉字简化之后写成"养"。

"养"的原义是饲养。延伸指供养、奉养。也引伸为保养、养护。"养生之道"中的"养"就是保养。延伸指生育、培植、调养、培养、陶冶。

"养"还指抚养的、非亲生的。例如"养子""养父"。

例如《礼记·月令》中有"群鸟养羞"之句，但是"养羞"并不是"培养美食"的意思。此处的"养"指积蓄。"群鸟养羞"的意思就是：冬天到了，群鸟全部知道把好的食物积蓄起来，准备过冬了。

内

甲骨文　金文　小篆　楷书

【原文】

内,入也。从冂,自外而入也。

【译文】

内,进入。从冂,入表示从外面进入。

【按语】

"内"是会意字。甲骨文上为房屋之形,下为人,会人进入房内之意。金文与甲骨文相似。小篆继承金文并整齐化。隶变以后楷书写成"内"。

"内"的原义指进入。例如《史记·项羽本纪》:"交戟之卫士欲止不内。"

延伸泛指纳入、交入。例如《史记·秦始皇本纪》:"准百姓纳粟千石,拜爵一级。"此处的"纳"就是交纳的意思。

也引伸为里面,表方位,与"外"相对。心在胸内,所以"内"也指"内心"。例如"内愧""内疚"。

网

甲骨文　小篆　楷书

【原文】

网,庖牺所结绳以渔。从冂,下象网交文。凡网之属皆从网。

【译文】

网,庖牺氏结绳编织的工具,用以捕鱼。从冂,表示蒙覆;下面的爻,似绳网交织的花纹。凡是网的部属全部从网。

【按语】

"网"是象形字。在甲骨文字形中,左右两边是插在地上的木棍,中央是交错的网。隶变以后楷书写成"网"。

"网"的原义是用绳线编织的渔猎工具。例如"鱼网"。延伸泛指多孔而状如网的东西。例如"蛛网""网兜"。还延伸引喻纵横交错,似网一样的组织或者系统。

"网"用作动词,表示捕捉。进而延伸指招罗、搜求。如司马迁《报任少卿书》中说:"网罗天下放失旧闻。"意为搜集天下早已散失的陈旧见闻。此处是中性词。

但是"网罗"现在多用作贬义词。例如"网罗党羽"。

周

田 　 𩰲 　 周 　 周

甲骨文　　金文　　小篆　　楷书

【原文】

周,密也。从用、口。

【译文】

周,周密。由用、口会意。

【按语】

"周"是象形字。甲骨文似在玉片上雕刻出纹饰,四点则象征雕刻的图画和花纹有疏密。金文在其下增加了一个"口",可能是表示玉饰的系绳部位。隶变以后楷书写成"周"。

"周"的原义是周密、周到，没有疏漏。例如《汉书·张安世传》："（张安世）职典枢机，以谨慎周密自著。"

"周"由周密延伸成周遍、遍及。例如《史记·秦始皇本纪》："亲巡天下，周览远方。"大意是亲自巡视天下，周遍地观察远方的形势。

冉

甲骨文　　金文　　小篆　　楷书

【原文】

无。

【按语】

"冉"象形字。是"髯"的初文。甲骨文似面部两颊旁边的髯毛下垂的样子。金文、小篆全部与甲骨文的形体相类似。隶变以后楷书写成"冉"。

"冉"的原义是髯毛。髯毛较为细软，故而延伸成柔软下垂的样子。如曹植《美女篇》："柔条纷冉冉，落叶何翩翩。"

由毛发慢慢地飘动，延伸指缓慢渐进的样子。如汉乐府《陌上桑》中有"盈盈公府步，冉冉府中趋"的句子，意思是从从容容地迈着方步，在府衙里慢慢地走着。

"冉"现代也多取缓慢渐进之义。

又 部

甲骨文　　金文　　小篆　　楷书

【原文】

又,手也。象形。三指者,手之列多略不过三也。凡又之属皆从又。

【译文】

又,手。象形。字形只见三个指头的原因是,表示手的一类字多是简略,不过三个。凡是又的部属皆从又。

【按语】

"又"是象形字。甲骨文似一只右手的样子。金文、小篆与甲骨文大体相同。隶变以后楷书写作"又"。

"又"的原义就是右手。尔后有了"左右"的"右"字,这个"又"字就当更、再讲,作为副词用了。如白居易《赋得古原草送别》:"野火烧不尽,春风吹又生。"

"又"还可延伸表示更进一层的意思。例如《论语·子罕》:"固天纵之将圣,又多能也。"

"又"作副词,表示轻微转折或者强调语气。如:"这点小事又算得了什么!"

友

甲骨文　　　金文　　　小篆　　　楷书

【原文】

友,同志为友。从二又。相交友也。

【译文】

友,志趣相同为友。由两个"又"(手)字会意,表示相交为友的意思。

【按语】

"友"是会意字。甲骨文和金文全部是方向相同的两只右手靠在一起的样子,会志同道合地做一件事情之意。隶变以后楷书写成"友"。

"友"的原义是朋友。例如《荀子·性恶》:"择良友而友之。"前一个"友"是名词,当朋友讲;后一个"友"是动词,当结交讲。也就是说,要选择好的朋友和他结交。

"友"还表示相好的、非常亲密的。例如"友善""友爱"。

虽然现在"朋友"连用，但在古代"朋"和"友"的含义是不同的，《礼记》中说："同门曰朋，同志曰友。""同门曰朋"，即师从同一个老师的人称为"朋"；"同志曰友"，即志同道合之人称为"友"。

双

翟   雙   雙   双

甲骨文　　金文　　楷书（繁体）　　楷书

【原文】

雙，隹二枚也。从雔，又持之。

【译文】

雙，鸟两只。从"雔"，手持握着它。

【按语】

"双"是会意字。金文上部是嘴巴朝左的一对鸟（即"隹"），其下是一只右手，会一只手捉住了两只鸟之意。小篆与金文大概相同。隶变以后楷书写成"雙"。汉字简化之后写成"双"。

"双"的原义就是一对。例如《古诗为焦仲卿妻作》："中有双飞鸟，自名为鸳鸯。"

"双"由一对延伸成偶，与"单"或者"只"相对。例如"唐朝故事，只日视事，双日不坐。"大意是过去唐朝的典章制度，单日坐堂办公，双日则不坐堂。

凡"偶"就有比较的可能，所以"双"字又可以延伸成匹敌。例如"天下无双"。

支

攴   支

小篆　　楷书

【原文】

支,去竹之枝也。从手持半竹。凡支之属皆从支。

【译文】

支,离开竹茎的竹枝。由手持握半个"竹"字会意。凡是支的部属全部从支。

【按语】

"支"是会意字。小篆似手持竹枝或者树枝之形。隶变以后楷书写成"支"。

"支"的原义指一条竹枝,是"枝"字的初文。延伸指肢体。此义后作"肢"。

"支"由枝条延伸成分支。例如《新唐书·骠国传》:"有江,支流三百六十。"枝条可以支起东西,由此延伸指支撑、支持。如魏学洢《核舟记》:"诎右臂支船。"

"支"还可以作为地支的简称。

反

反 反 反 反

甲骨文　金文　小篆　楷书

【原文】

反,覆也。从又,厂反形。

【译文】

反,翻覆。从又,厂似物体翻覆的样子。

【按语】

"反"是会意字。甲骨文从又,从厂(山崖),会以手推转山石之意。金文大概相同,小篆整齐化。隶变以后楷书写成"反"。

"反"的原义是翻转。例如《孟子·公孙丑上》:"以齐王,由反手也。"大意是说以齐国之大,要行王道,就似翻一下手掌那样容易。

"反"由翻转延伸成相反,与"正"相对。也引伸指未能遵守,违背。例如《左传·宣公十五年》:"天反时为灾,地反物为妖,民反德为乱。"

"反"又指反叛、造反。例如"谋反"。

劝

劝 劝 劝

小篆　楷书（繁体）　楷书

【原文】

勸，勉也。从力雚声。

【译文】

勸，勉劝。从力，雚声。

【按语】

"劝"是形声字。小篆从力，雚声。隶变以后楷书写成"勸"。汉字简化之后写成"劝"。

"劝"的原义是勉励、鼓励。例如《荀子》中的《劝学》篇是一书的首篇，其义就是劝勉、鼓励人学习。

"劝"延伸指说服，讲明事理使人听从。如王维《送元二使安西》："劝君更尽一杯酒。"

叙

叙 叙 叙

甲骨文　小篆　楷书

【原文】

叙，次弟也。从攴，余声。

【译文】

叙，次第。从攴，余声。

【按语】

　　"叙"是会意兼形声字。甲骨文从又(手),从余(茅屋),会铺排茅草为屋之意,余兼表声。隶变以后楷书写成"叙"。

　　"叙"的原义是铺排茅草为屋。延伸指秩序、次序。例如《淮南子·本经训》:"四时不失其叙。"也引伸指评定等级、次第,按功劳提升。例如"叙功"。延伸指叙述、述说。例如"倒叙""插叙""叙事"。

　　"叙"延伸成谈话。例如"叙旧"。

受

甲骨文　　金文　　小篆　　楷书

【原文】

　　受,相付也。从爱,舟省声。

【译文】

　　受,互相交付。从爱,舟省声。

【按语】

　　"受"是会意兼形声字。甲骨文上下为两只手,中间是一条船,是一手"授"、一手"受"的意思,会一方给予、一方接受之意。金文中间部分讹为"舟",舟兼表声。小篆线条化。隶变以后楷书写成"受"。

　　"受"的原义是互相交付。延伸成给予。后增加义符"扌",突出了手给之意,于是给予之意就由"授"来替代。

　　"受"也当接受讲。例如《三国志·吴书·吴主传》:"权辞让不受。"意思是孙权辞让不接受。

发

甲骨文　　金文　　小篆　　楷书（繁体）　　楷书

【原文】

發，發也。从弓，癹声。

【译文】

發，发射。从弓，癹声。

【按语】

"发"是会意字。甲骨文似手执一长棒，棒的左右是两只脚，会执棒前进之意。金文加了"弓"，持武器之意。隶变以后楷书写成"發"。汉字简化之后写成"发"。

"发"作为"發"的简化字，原义是出发，读作 fā。延伸指射出、送出去、交付。例如"例无虚发""发配""发放""收发"等。

"发"还延伸指生、产生、兴起、使兴旺。例如"发芽""发财"。进而延伸指开始、起始。如成语"先发制人"，原指战争双方，先采取行动的往往处于主动地位，可以制伏对方。尔后泛指先下手采取主动。

"发"也引伸指打开、揭示。例如"发现""揭发"。还延伸指发散、散开。例如"蒸发"。

"发"作为"髪"的简化字时，指头发，读作 fà。

观

金文　　小篆　　楷书（繁体）　　楷书

【原文】

觀，谛视也。从見，雚声。

【译文】

觀,仔细看。从見,雚声。

【按语】

"观"是会意兼形声字。金文左边是个类似于猫头鹰之类的猛禽的形象,右边是"見"字,会观察之意。楷书写成"觀"。汉字简化之后写成"观"。

"观"的原义是仔细看。如成语"走马观花",原本是形容事情如意,心境愉快。尔后多指不深入细致地观察事物,只是大略地看一下。由此延伸指观察、审察。

"观"延伸成游览、玩赏。如范仲淹《岳阳楼记》:"予观夫巴陵胜状,在洞庭一湖。"

"观"作名词表示景象、情景。例如"奇观"。

一部

农

甲骨文　金文　小篆　楷书(繁体)　楷书

【原文】

无。

【按语】

"农"是会意字。甲骨文从林,从辰(农具),会农业之意。金文从田,从辰,会以农具耕田之意。小篆继承金文而来。隶变以后楷书写成"農"。汉字简化之后写成"农"。

"农"的原义是指除草播种之事。例如《汉书·食货志》:"辟土殖谷曰农。"泛指农事、农业。例如《商君书·垦令》:"民不贱农,则国安不殆。"也引伸指从事农业的人,即农民。例如"老农"。

冢

甲骨文　金文　小篆　楷书

【按语】

"冢"是形声字。甲骨文似山崖下遮盖着一个动物。金文大概相同。小篆从勹（表示覆盖），豖声。隶变以后楷书写成"冢"。

【原文】

冢，高坟也。从勹，豖声。（冢，高大的坟墓。从勹，豖声。）

"冢"的原义是高大的山崖。例如《诗经·小雅·十月之交》："百川沸腾，山冢崒崩。"引申指高而大的坟。如杜甫《咏怀古迹五首之三》："一去紫台连朔漠，独留青冢向黄昏。"

"冢"用作形容词，也引伸指大的、地位高的。例如《周礼·天官冢宰》："乃立天官冢宰，使帅其属而掌邦治。"

"冢"也引伸指嫡生的。如白居易《答四皓庙》："冢嫡欲废夺。"此处的"冢嫡"即是嫡长子。

冤

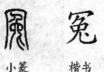

小篆　　楷书

【原文】

冤，屈也。从兔，从冖。兔在冖下，不得走，益屈折也。

【译文】

冤，屈缩不伸。由兔、由冖会意。"兔"字在"冖"字下，表示兔在覆罩之下不能跑，愈加屈折不伸。

【按语】

"冤"是会意字。小篆从兔,从冖(表示覆盖)。隶变以后楷书写成"冤"。

"冤"的原义是屈缩、不舒展。例如《汉书·息夫躬传》:"冤颈折翼庸得往兮!"

"冤"延伸指受到不公平对待的屈枉之事,被诬陷的罪名。例如《楚辞·离世》:"闵空宇之孤子兮,哀枯杨之冤雏。"

"冤"用作动词,指使受屈枉、欺骗。如:"你别冤人。"

"冤"又指冤仇、冤孽。例如《后汉书·杨终传》:"有司穷考,转相牵引,掠拷冤滥,家属徙边。"

罕

小篆　　　楷书

【原文】

罕,网也。从网,干声。

【译文】

罕,捕鸟用的长柄小网。从网,干声。

【按语】

"罕"是会意兼形声字。小篆从网、从干,会捕鸟的长柄小网之意,干兼表声。隶变以后楷书写成"罕"。

"罕"的原义是捕鸟用的长柄小网。如扬雄《羽猎赋》:"及至罕车飞扬,武骑聿皇。"其中的"罕车"是指载有猎狩等网具的车。

"罕"延伸指旌旗、旗帜。例如《后汉书·舆服上》:"武王克纣,百夫荷罕旗以先驱。"

网有网眼,故延伸指稀、少。例如"稀罕"。

冠

冠　冠

【原文】

冠,絭也。所以絭发,弁冕之总名也。从冖从元,元亦声。冠有法制,从寸。

【译文】

冠,卷整。是用来卷束头发的东西,是帽子的统名。由冖、元会意,元也表声。戴帽子有尊卑法制,所以从寸。

【按语】

"冠"是会意字。小篆从冖(帽子),从元(人头),从寸(手),会用手把帽子戴在头上之意。隶变以后楷书写成"冠"。

"冠"的原义是帽子,读作 guān。如成语"弹冠相庆",此处的"弹冠"就是指弹去帽子上的灰尘。延伸指似帽子的东西。例如"树冠""鸡冠"。

"冠"还读作 guàn,延伸成戴、戴帽子。古时候,男子二十岁要行成年礼,称为冠礼。例如"弱冠之年"就是刚成年;古代男子二十岁而冠,并赐以字,就叫"冠字"。

"冠"延伸成超出众人,超过,位居第一。例如"勇冠三军""艳冠群芳"。

讠部

设

设　設　设

【原文】

設,施陈也。从言,从殳。殳,使人也。

【译文】

設,布列陈设。由言、由殳会意。殳,用来指使人的东西。

【按语】

"设"是会意字。甲骨文从言,从殳,会以言语支使人之意。小篆整齐化。隶变以后楷书写成"設"。汉字简化之后写成"设"。

"设"的原义是设置、陈列、安排、筹划。如成语"天造地设","设"就是指安排。

"设"还用作连词,表示假设,等同于"假如""如果"。例如《史记·灌夫传》:"设百岁后,是属宁有可信者乎?"意思是假如死后,这些人难道有可以信赖的吗?

诺

金文　　　小篆　　　楷书(繁体)　　　楷书

【原文】

諾,应也。从言,若声。

【译文】

諾,应答之声。从言,若声。

【按语】

"诺"是会意兼形声字。金文同"若"。小篆改为从言从若会意,若兼表声。隶变以后楷书写作"諾"。汉字简化之后写成"诺"。

"诺"的原义是答应。也引伸为答应的声音。古人在答应他人的问话、命令或者提议时全部会说"诺",其实就是"嗯""是"的意思。成语"唯唯诺诺"指的就是没有主见,一味答应。

"诺"用作名词,指答应人家的话,也就是诺言。如成语"一诺千金"。

谢

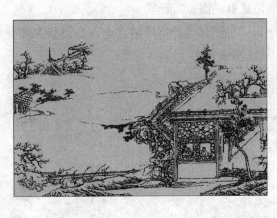

甲骨文　　小篆　　楷书（繁体）　楷书

【原文】

謝，辞去也。从言，射声。

【译文】

谢，辞去；离开。从言，射声。

【按语】

"谢"是会意字。甲骨文是两手持席之形，会辞去官职之意。小篆改为从言，射声，射兼表离去之意。隶变以后楷书写成"謝"。汉字简化之后写成"谢"。

"谢"的原义是辞谢。辞谢，其实就是拒绝，所以又泛指拒绝。人们常说的"闭门谢客"就是关起门来，拒绝接见来客。拒绝留下，便是要辞别，所以"谢"延伸出辞别之意。

人去世就是辞别了人世，所以去世也叫"谢世"，是一个委婉的用语。花朵飘落，就是辞别了枝头，故而"谢"也表示凋谢、消亡、过去。

请

金文　　小篆　　楷书（繁体）　楷书

【原文】

請，谒也。从言，青声。

【译文】

請,谒见。从言,青声。

【按语】

"请"是形声字。金文和小篆皆从言,青声。隶变以后楷书写成"請"。汉字简化之后写成"请"。

"请"的原义是谒见、拜访。例如《史记·魏公子列传》:"公子往,数请之,朱亥故不复谢。"这是说公子几次去拜访他,朱亥故意不回拜。

拜访即有请求对方相见之意,也引伸为请求。由此又用作敬辞,表示希望某人做某事。例如"请坐"。

"请"还延伸成求对方允许自己做某事。例如"主动请缨"。也指邀约。如成语"不请自来"。

诡

諺　詭　诡

小篆　　楷书(繁体)　楷书

【原文】

詭,责也。从言,危声。

【译文】

詭,责求。从言,危声。

【按语】

"诡"是形声字。小篆从言,危声。隶变以后楷书写成"詭"。汉字简化之后写成"诡"。

"诡"的原义是责成、要求。例如《汉书·京房传》:"今臣得出守郡,自诡效功,恐未效而死。"

"诡"延伸指假装、冒充、隐蔽。如文天祥《指南录后序》:"不得已,变姓名,诡踪迹,草行露宿,日与北骑相出没于长淮间。"

"诡"也引伸指违反、自相矛盾。违反常态,就会显得怪异,故也引伸指怪异、奇特。例如"诡异"。

讥

譏　譏　讥

小篆　楷书（繁体）　楷书

【原文】

譏,诽也。从言,幾声。

【译文】

譏,用隐含的语言从旁指责过失。从言,幾声。

【按语】

"讥"是形声兼会意字。小篆从言,幾声,幾兼表细微之意,会微言嘲讽之意。隶变以后楷书写成"譏"。汉字简化之后写成"讥"。

"讥"的原义是微言嘲讽、非难。延伸指查问、盘查。例如《孟子·公孙丑上》中说:"关讥而不征,则天下之旅皆悦,而愿出于其路矣。"其中的"讥而不征"是指稽查外来商旅,但不征收税捐。

"讥"也引伸指讽刺、挖苦。例如"讥笑"。

说

說　说　说

小篆　楷书（繁体）　楷书

【原文】

说,悦释也。从言,兑声。一曰:谈说。

【译文】

说,喜悦。由言、兑会意。另一义:谈说的意思。

【按语】

"说"是会意兼形声字。小篆从言从兑会意,兑兼表声。隶变以后楷书写成

"说"。汉字简化后写成"说"。

"说"的原义是喜悦、快乐,是"悦"的古字,读 yuè。《论语·学而》:"学而时习之,不亦说乎!"由此又表示喜爱。例如"女为说己者容"。

"说"读作 shuō 时,意思是说话。又表示说明、解释,还表示谈论。用作名词,指说法、言论。例如"众说纷纭""著书立说"。

"说"又读 shuì,指劝说。古时,把士人奔走于各诸侯国、凭口才劝说诸侯采纳其主张的行为,称作"游说";把从事游说的人称为"说客"。

访

訪　訪　访

小篆　楷书(繁体)　楷书

【原文】

訪,汎谋曰访。从言,方声。

【译文】

訪,广泛地征求意见叫访。从言,方声。

【按语】

"访"是形声兼会意字。小篆从言,方声,方兼表四方、四旁之意。隶变以后楷书写成"訪"。汉字简化之后写成"访"。

"访"的原义是广泛征求意见、问询。例如《尚书·洪范》:"王访于箕子。"这是说王向箕子问询。延伸成调查、侦察。如我们熟知的"微服私访"。还表示探寻。如苏轼《石钟山记》:"至唐李渤始访其遗踪。"意思是直到唐代李渤才开始探寻它的踪迹。

"访"也引伸为探望、看望。常用的"拜访""访问"就是取的此义。

训

金文　　小篆　　楷书（繁体）　楷书

【原文】

訓，说教也。从言，川声。

【译文】

訓，解说式地教导。从言，川声。

【按语】

"训"是形声兼会意字。金文从人，从二言，从川，会谆谆教导使人心思如川流般顺畅之意，川兼表声。隶变以后楷书写成"訓"。汉字简化之后写成"训"。

"训"的原义是教导、教诲。用作名词，指教导的话。例如"遗训""彝训"。也引伸指准则、榜样。有个成语叫"不足为训"，意思就是不值得作为行为的准则或者榜样。

"训"还可以表示训练。

古代时，把解释词义也称为"训"。

诲

金文　　小篆　　楷书（繁体）　楷书

【原文】

誨，晓教也。从言，每声。

【译文】

誨，明白地教导。从言，每声。

【按语】

"诲"是形声兼会意字。金文从言,每声,每兼表母之意。隶变以后楷书写成"誨"。汉字简化后写成"诲"。

"诲"的原义是教导、劝说。例如《论语·述而》:"学而不厌,诲人不倦。"意思是学习不觉得满足,教诲别人不觉得厌倦。

由教导也引伸为诱使、引诱。例如《周易·系辞上》:"慢藏诲盗,冶容诲淫。"其中"诲"指诱导。这句话的意思是:收藏财物不慎,等于诱人偷窃;女子打扮妖艳,会诱发奸淫的事。

"诲"用作名词,指教诲的话、谏言。

诛

栽 誅 誅 诛

金文　　小篆　楷书（繁体）　楷书

【原文】

誅,讨也。从言,朱声。

【译文】

誅,声讨。从言,朱声。

【按语】

"诛"是形声字。金文从戈,朱声。小篆从言,朱声。隶变以后楷书写成"誅",汉字简化之后写成"诛"。

"诛"的原义是谴责、责备。例如《论语·公冶长》:"朽木不可雕也,粪土之墙不可圬也,于予与何诛?"这是说腐烂的木头不可雕刻,粪土的墙面不可涂抹,对于宰予这样的人,还有什么好责备的呢?

"诛"延伸指整治、消除。例如《国语·晋语》:"以惠诛怨。"意思是通过恩惠来消除怨恨。

"诛"由责备也引伸为讨伐、杀。如成语"天诛地灭",就是形容人罪大恶极,连天地也要诛杀毁灭他。

讳

金文　　小篆　　楷书（繁体）　　楷书

【原文】

諱，忌也。从言，韋声。

【译文】

諱，避忌。从言，韋声。

【按语】

"讳"是形声兼会意字。金文从言，韋声，韋兼表相违之意。小篆整齐化。隶变以后楷书写成"諱"，汉字简化之后写成"讳"。

"讳"的原义是因有所顾忌而不敢或者不愿说，即避忌。如成语"讳疾忌医"。

"讳"用作名词，指所忌讳的东西。古代有避讳制度，是指说话或者写文章时，遇上君主或者尊亲的名字，不直接说出或者写出。

"讳"还可以用作死的婉称。例如"讳所"是指死难之地，"讳问"是指死讯。在名字前称讳，表示尊敬。如韩愈《柳州罗池庙碑》："柳侯，河东人，讳宗元，字子厚。"此处的"讳宗元"，就是表示对"柳宗元"这一名字的尊敬。

讷

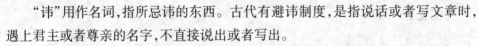

小篆　　楷书（繁体）　　楷书

【原文】

訥,言难也。从言,从内。

【译文】

訥,言语困难。从言,从内。

【按语】

"讷"是会意兼形声字。小篆从言从内会意,内兼表声。隶变以后楷书写成"訥"。汉字简化后写成"讷"。

"讷"的原义是说话迟钝,不善言谈。例如《老子》:"大巧若拙,大辩若讷。"意思是真正聪明的人看起来反而似是笨拙的,真正有口才的人看起来反而似是说话迟钝。

由说话迟钝延伸成结结巴巴地说出。

诚

誠　　誠　　诚

小篆　　楷书(繁体)　　楷书

【原文】

誠,信也。从言,成声。

【译文】

誠,信实不欺。从言,成声。

【按语】

"诚"是形声兼会意字。小篆从言,成声,成兼表盟定之意。隶变以后楷书写成"誠"。汉字简化之后写成"诚"。

"诚"的原义是真心实意、不虚伪。如成语"精诚所至,金石为开"中的"精诚"指至诚,这个词的意思是至诚所达到的地方,连金石那样坚硬的东西也会被它打开。

"诚"延伸成真实。例如《韩非子·说林上》:"巧诈不如拙诚。"意思是机巧奸诈不如粗拙真实。

谅

諒　諒　谅

小篆　楷书（繁体）　楷书

【原文】

諒，信也。从言，京声。

【译文】

諒，诚信。从言，京声。

【按语】

"谅"是形声字。小篆从言，京声。隶变以后楷书写成"諒"。汉字简化之后写成"谅"。

"谅"的原义是诚信。古人说有益的朋友有三种："友直""友谅""友多闻"。此处的"友谅"就是指诚信的朋友。由诚信也引伸为体谅。

能体谅人的难处，就不会对人太苛刻，所以"谅"也引伸为宽恕。例如《柳毅传》："谅其至冤。"意思是就宽恕了他的大冤屈。

"谅"也引伸为认为、想必。例如"谅他也没这胆子"。

谦

謙　謙　谦

小篆　楷书（繁体）　楷书

【原文】

謙，敬也。从言，兼声。

【译文】

謙，恭敬别人。从言，兼声。

【按语】

"谦"是形声字。小篆从言，兼声。隶变以后楷书写成"謙"。汉字简化之后写成"谦"。

"谦"的原义是恭敬、谦虚。成语"谦谦君子"就是指十分谦虚、能严格要求自己的人。

"谦"用作动词,表示谦虚地对待。也引伸为丧失。《逸周书·武称》:"爵位不谦,田宅不亏。"意思是爵位不丧失,田产和房子也没有损失。

诈

詐 詐 诈

小篆　楷书（繁体）　楷书

【原文】

詐,欺也。从言,乍声。

【译文】

詐,欺诈。从言,乍声。

【按语】

"诈"是形声字。小篆从言,乍声。隶变以后楷书写成"詐"。汉字简化之后写成"诈"。

"诈"的原义是欺骗。如成语"尔虞我诈"。延伸成假装、冒充。《资治通鉴》:"先以书遗操,诈云欲降。"意思是先把书信寄给曹操,假装说要投降。

"诈"还延伸成用语言试探,诱使对方露真情。如:"他那人是禁不起吓的,一诈,就诈出真话来了。"

讨

討 討 讨

小篆　楷书（繁体）　楷书

【原文】

討，治也。从言，从寸。

【译文】

討，整治。由言、由寸会意。

【按语】

"讨"是会意字。小篆从言，从寸，会用有分寸的言语训治之意。隶变以后楷书写成"討"。汉字简化之后写成"讨"。

"讨"的原义是整治。例如《尚书·皋陶谟》："天讨有罪。"意思是上天整治犯有罪恶的人。还延伸成公开谴责、声讨。进而延伸成出兵攻打。例如"讨伐"。

"讨"还可以表示求、探。例如《论语·宪问》："世叔讨论之。"意思是世叔探求议论它。又由此延伸成索取、乞求。例如"讨好""讨饭"。

"讨"还延伸成招惹。例如"讨厌"是指惹人厌烦，"讨喜"是指惹人喜欢。

让

讓　讓　让

小篆　楷书（繁体）　楷书

【原文】

讓，相责让。从言，襄声。

【译文】

讓，责备别人。从言，襄声。

【按语】

"让"是会意兼形声字。小篆从言，从襄（表喧嚷），会责备之意，襄兼表声。隶变以后楷书写成"讓"。汉字简化之后写成"让"。

"让"的原义是责备。例如《史记·项羽本纪》："二世使人让章邯。"意思就是秦二世派人责备章邯。

严厉的责备使人萌生退意，故而延伸出退避、退让、谦让之意。成语"当仁不让"中的"让"就是指谦让。

"让"还可以表示使、容许、听任。例如"权且让他一次"就是说权且容忍他一次。

"让"还作介词,等同于"被"。例如"他全身上下全部让雨淋湿了"。

讲

講　講　讲
小篆　楷书（繁体）　楷书

【原文】

講,和解也。从言,冓声。

【译文】

講,和解。从言,冓声。

【按语】

"讲"是会意兼形声字。小篆从言,从冓(两相交接),会讲和之意,冓兼表声。隶变以后楷书写成"講"。汉字简化之后写成"讲"。

"讲"的原义是和解。例如"讲息"指和解息争,"讲贡"指讲和纳贡。也引伸为商量、商谈、谈论。三国魏时的文学家嵇康,家中有棵大柳树,他经常和客人在树下清谈讲论,尔后人们就把这棵树叫作"讲树"。

"讲"还表示研讨、评议。例如《论语》中有"学之不讲"的句子,说的就是对学问不进行研讨。

"讲"还指讲究、注重。例如"讲排场",就是指注重排场;"讲卫生"就是指注重卫生。

识

甲骨文　金文　小篆　楷书（繁体）　楷书

【原文】

識,常也。一曰:知也。从言,戠声。

【译文】

識,旗帜。另一义说:识是知道。从言,戠声。

【按语】

"识"是会意兼形声字。甲骨文和金文同"戠"。小篆另加义符"言",以突出有标志则可知之意,从識戠会意,戠兼表声。隶变以后楷书写成"識"。汉字简化之后写成"识"。

"识"的原义是知道、懂得。成语"不识好歹"就是不知道好坏的意思。由此延伸成认得、认识、能辨别。

"识"用作名词,指见识。如成语"远见卓识"。还指相知的朋友。例如"旧相识"。

"识"读作 zhì 的"识",通"志",意为记住。如成语"博闻强识"。又指殷周时期青铜器钟、鼎上所铸刻的文字。其中凸起来的,即阳文,叫作"款";凹进去的,即阴文,叫作"识",合起来称为"款识"。

诉

訴 訴 诉

小篆　楷书（繁体）　楷书

【原文】

訴,告也。从言,斥省声。

【译文】

訴,告诉。从言,斥省声。

【按语】

"诉"是形声字。小篆从言,斥声。隶变以后楷书写成"訴"。汉字简化之后写成"诉"。

"诉"的原义是控告。例如"起诉""上诉",全部取此义。控告他人,是求助于法律,所以"诉"也引伸为求助、借助。例如"诉诸武力",就是借助武力解决问题。

"诉"也引伸为告诉、说给人听。例如"诉苦"。还特指倾诉心中怨苦。如成语"如泣如诉"。

调

調　調　调

小篆　楷书（繁体）　楷书

【原文】

調,和也。从言,周声。

【译文】

調,和合。从言,周声。

【按语】

"调"是形声字。小篆从言,周声。隶变以后楷书写成"調"。汉字简化之后写成"调"。

"调"的原义是配合和谐,读作 tiáo。例如"风调雨顺"。

"调"用作动词,指使搭配均匀、适合。也引伸为弹奏。由挑、拨琴弦延伸出要弄、挑逗之意。如"调情"。

"调"读作 diào,表示选拔、提拔。也引伸为调动。例如"调虎离山"。

"调"还可以表示语言的声调。例如"腔调"。构成句子或者词组语调成分的某种特有的音调或者音调变化,也可以称为"调"。例如"高调"。还可以表示乐曲的音调。例如"曲调""小调"。

谈

談　談　谈

小篆　楷书（繁体）　楷书

【原文】

談,语也。从言,炎声。

【译文】

談,对话谈论。从言,炎声。

【按语】

"谈"是形声字。小篆从言,炎声。隶变以后楷书写成"談"。汉字简化之后写成"谈"。

"谈"的原义是谈话、议论。如成语"纸上谈兵",说的就是在纸面上谈论打仗。

"谈"用作名词,指所说的话、言论、主张。如成语"无稽之谈",意思就是没有根据的说法。

"谈"还表示相处融洽。例如"谈得来"。又表示称赞。如元代佚名《飞刀对箭》:"那个将军不喝彩,那个把我不谈羡?"此处的"谈羡"就是指称赞羡慕。

谋

謀　謀　谋

小篆　楷书（繁体）　楷书

【原文】

謀,虑难曰谋。从言,某声。

【译文】

謀,考虑事情的难易叫谋。从言,某声。

【按语】

"谋"是形声字。小篆从言,某声。隶变以后楷书写成"謀"。汉字简化之后写成"谋"。

"谋"的原义是考虑、谋划。成语"深谋远虑",意思就是考虑得深远。也引伸为商议、商量。成语"与虎谋皮"中的"谋"也是指商议。还表示营求、设法求得。例如"谋求"。

"谋"用作名词,指计谋、谋略。如成语"足智多谋""有勇无谋"。

"谋"用作形容词,指善于出谋划策的、有计谋的。例如"谋士""谋臣",全部是指有计谋的人。

谛

諦　諦　谛

小篆　　楷书（繁体）　　楷书

【原文】

諦，审也。从言，帝声。

【译文】

諦，审察。从言，帝声。

【按语】

"谛"是会意兼形声字。小篆从言从帝会意，帝兼表声。隶变以后楷书写成"諦"。汉字简化后写成"谛"。

"谛"的原义是详审、细察。细察某物，说明做事很仔细，所以"谛"也引伸泛指仔细。"凝神谛听"就仔细听的意思。

"谛"也引伸指明白、了解。

"谛"还用作佛教用语，指真实无谬的道理。例如"真谛"。

诊

䚗　診　诊

小篆　　楷书（繁体）　　楷书

【原文】

診，视也。从言，㐱声。

【译文】

診，验视。从言，多声。

【按语】

"診"是形声字。小篆从言，多声，隶变以后楷书写成"診"，汉字简化之后写成"诊"。

"诊"的原义是诊断。例如《资治通鉴》："召太医令程延，使诊之。"

"诊"延伸泛指验看、察验。例如《后汉书·南蛮传》："莽疑其诈死，有司奏请发贤棺，至狱诊视。"这是说西汉元帝时佞臣石贤自杀，他的家人深夜把他埋葬，王莽怀疑他装死，就挖开他的棺材察验。

词

詞　詞　词

小篆　　楷书（繁体）　　楷书

【原文】

詞，意内而言外也。从司，从言。

【译文】

詞，意义寄托在语词之内而通过声音表达在外。由司、由言会意。

【按语】

"词"是会意字。小篆从司（主管），从言，会意主于内而言发于外之意。隶变以后楷书写成"詞"。汉字简化之后写成"词"。

"词"的原义是发语、吐辞。延伸指话语。如杜甫《石壕吏》："听妇前致词：三男邺城戍。"

"词"也引伸为文辞。

尔后特指古代诗歌的一种韵文形式，起源于唐代，宋代进入全盛时期，又叫"诗余""长短句""曲子词"。有小令和慢词两种，大都分上下两阕。

"词"还延伸泛指戏曲、歌曲及某些演唱艺术中配合曲调唱出的语言部分。例如"歌词"。

话

話　話　话

小篆　楷书（繁体）　楷书

【原文】

話,合会善言也。从言,昏声。

【译文】

话,会合善言。从言,昏声。

【按语】

"话"是形声字。小篆从言,昏声。隶变以后楷书写成"話"。汉字简化之后写成"话"。

"话"的原义是谈论、交谈。成语"话不投机"指彼此心意不同,难以成为朋友或者共同谋事。

"话"用作名词,也指言语。例如"二话不说""客套话"。

"话"也引伸为话题、情况。例如"说起来话就长了"。还指语言。例如"行话"。

谩

謾　謾　谩

小篆　楷书（繁体）　楷书

【原文】

謾,欺也。从言,曼声。

【译文】

谩,欺骗。从言,曼声。

【按语】

"谩"是形声兼会意字。小篆从言,曼声,曼兼表蒙蔽之意。隶变以后楷书写成"謾"。汉字简化之后写成"谩"。

"谩"的原义是瞒哄、欺骗。例如《墨子·非儒下》:"久丧伪哀以谩亲。"延伸指诋毁、诽谤。

"谩"也引伸指繁琐。例如《庄子·天道》:"大谩,愿闻其要。"意思是说得太冗繁,希望能够听到有关内容的大要。

语

語 語 语

小篆　　楷书（繁体）　　楷书

【原文】

語,论也。从言,吾声。

【译文】

語,辩论。从言,吾声。

【按语】

"语"是形声字。小篆从言,吾声。隶变以后楷书写成"語"。汉字简化之后写成"语"。

"语"的原义是交谈、谈论。例如《论语·述而》:"子不语:怪、力、乱、神。"又特指谚语、俗语、成语之类。

"语"还指表示语言的动作或者信号。例如"手语""灯语"。

除了人之外,其他事物发出的声音也可以称"语"。如白居易《琵琶行》:"今夜闻君琵琶语,如听仙乐耳暂明。"所谓"琵琶语",就是指琵琶弹奏出的声音。

"语"还读作 yù,表示告诉的意思。

论

論　論　论

小篆　楷书（繁体）　楷书

【原文】

論，议也。从言，侖声。

【译文】

論，分析议论。从言，侖声。

【按语】

"论"是形声兼会意字。小篆从言，从侖（表示条理），会有条理地分析事理之意，侖兼表声。隶变以后楷书写成"論"。汉字简化之后写成"论"。

"论"的原义是议论。例如《周礼·考工记》有"坐而论道"句，意思是坐着谈论道术。还有谈论、看待的意思。如成语"相提并论"。

"论"也引伸为评说、评论。例如"煮酒论英雄"。

"论"在口语中还有按照、依据的意思。例如"论斤算"。

计

計　計　计

小篆　楷书（繁体）　楷书

【原文】

計，如会也，筹也。从言，从十。

【译文】

計，总计，计算。由言、由十会意。

【按语】

"计"是会意字。小篆从言，从十（表数目），会以言统计数字之意。隶变以后楷书写成"計",汉字简化之后写成"计"。

"计"的原义是计算。如成语"不计其数",意思是没法计算数目,形容数量很多。

"计"延伸成打算、谋划。例如《战国策·赵策四》:"父母之爱子,则为之计深远。"由此也引伸为考虑,多用于否定式。例如"不计名利",就是说不考虑名和利。

"计"还可以表示计较。成语"计功谋利",就是说计较功劳,谋取利益。

"计"用作名词,指计划、办法。

课

課　課　课

小篆　　楷书（繁体）　　楷书

【原文】

課,试也。从言,果声。

【译文】

課,考试。从言,果声。

【按语】

"课"是形声字。小篆从言,果声。隶变以后楷书写成"課"。汉字简化之后写成"课"。

"课"的原义是考核、试验。例如《韩非子·定法》:"操杀生之柄,课群臣之能者也。"

"课"用作名词,也指赋税。例如《旧唐书·职官志》:"一曰租,二曰调,三曰役,四曰课。"

"课"也引伸为教学的时间单位。例如"上午有四节课"。也引伸指教学的科目。例如"必修课""选修课"。

"课"还是一种占卜形式。例如"起课""金钱课",全部是指一种通过看铜钱的正反面来推断吉凶的占卜活动。

谴

譴 譴 谴

小篆　楷书（繁体）　楷书

【原文】

谴，谪问也。从言，遣声。

【译文】

谴，责问。从言，遣声。

【译文】

"谴"是形声兼会意字。小篆从言，遣声，遣兼表贬斥之意。隶变以后楷书写成"譴"。汉字简化之后写成"谴"。

"谴"的原义是责备、申斥。例如《诗经·小雅·小明》："岂不怀归？畏此谴怒。"

"谴"延伸指官吏获罪贬职。如刘禹锡《上杜司徒书》："又不得已而谴，则为之择地而居。"

诏

詔 詔 诏

小篆　楷书（繁体）　楷书

【原文】

诏，告也。从言，从召，召亦声。

【译文】

诏，告诉。由言、由召也表声。

【按语】

"诏"是会意兼形声字。小篆从言从召会意，召兼表声。隶变以后楷书写成

"韶"。汉字简化后写成"诏"。

"诏"的原义是告诉。先秦没有此字，秦汉才出现，而且多用于上告下。延伸指教导、告诫。秦以后专指皇帝发布的命令。例如"下诏"。

"诏"后延伸指一种文体，用于发布消息文告等。如龚自珍《病梅馆记》："此文人画士心知其意，未可明诏大号以绳天下之梅也。"

诰

誥　誥　诰
小篆　楷书（繁体）　楷书

【原文】

誥，告也。从言，告声。

【译文】

誥，告诉。从言，告声。

【按语】

"诰"是会意兼形声字。金文从廾（双手），从言，会手持祭品向神祖祭告之意。小篆从言从告会意，告兼表声。隶变以后楷书写成"誥"。汉字简化之后写成"诰"。

"诰"的原义是祭告神灵。例如《谷梁传·隐公八年》："诰誓不及五帝，盟诅不及三王。"

"诰"延伸泛指告诉。例如《尚书·太甲下》："伊尹申诰于王曰：'呜呼！惟天无亲。'"

"诰"特指上告下。例如《周易·姤》："后以施命（施行政令）诰四方。"

"诰"用作名词，指帝王任命或者封赠的文书。例如《清会典事例》："一品至五品，皆授以诰命。"

卫

甲骨文　　金文　　小篆　　楷书（繁体）　　楷书

【原文】

衞，宿卫也。从韋、帀(zā)，从行。行，列卫也。

【译文】

衞，在宫中值宿、担任警卫的人。由韋、帀(zā)、由行会意。行，是排成行列来卫护的意思。

【按语】

"卫"是会意字。甲骨文从囗(表示城邑)，从止(脚)，表示卫兵绕着城邑巡逻。金文变为四足。隶变以后楷书写成"衞"，汉字简化之后写成"卫"。

"卫"的原义是护卫、保护。例如《公羊传·定公四年》："朋友相卫。"

行保卫职责的往往是卫兵、卫士，所以"卫"也引伸为担任卫护、防守职务的人，即卫士。例如《左传·僖公二十四年》："秦伯送卫于晋三千人。"

"卫"还用作姓。

危

小篆　　楷书

【原文】

危，在高而惧也。从厃，自卩止之。凡危之属皆从危。

【译文】

危，人在高处，心情恐惧。由厂、卩表示自己节制、抑止这种临危而惧的心情。凡是危的部属全部从危。

【按语】

"危"是会意字。小篆从厂，从卩，会人站在高处有危险而感到害怕之意。隶变以后楷书写成"危"。

"危"的原义是人登到高处而害怕掉下来。延伸成高。如李白《夜宿山寺》："危楼高百尺，手可摘星辰。"

太高的地方容易有危险，所以"危"还可以当不安全、危险讲。

"危"还延伸成端正、正直。例如"正襟危坐"。用于人的生命时，指快要死亡。例如"病危""临危不惧""危在旦夕"。

印

甲骨文　　金文　　小篆　　楷书

【原文】

印，执政所持信也。从爪，从卩。凡印之属皆从印。

【译文】

印，执政的人所持的印章。由爪、由卩会意。凡是印的部属全部从印。

【按语】

"印"是会意字。甲骨文似一只手按压着一个人之形。金文整齐，小篆的书写就愈加规范了。隶变以后楷书写成"印"。

"印"的原义是按。延伸指被按的图章。尔后泛指一切图章、戳记。印章印在物体上，会留下痕迹，故延伸指痕迹。例如"脚印儿"。

"印"用作动词，延伸指把文字或者图画等印在纸或者器物上。例如"油印""铅印"。

"印"由印上印迹延伸指彼此符合。例如"印证""心心相印"。

却

舒　卻　却

小篆　楷书（繁体）　楷书

【原文】

卻，节欲也。从卪，谷声。

【译文】

却，节制它并使它退却。从卪，谷(jué)声。

【按语】

"却"是形声字。小篆从卪（与脚的活动有关），似人下跪的样子，即腿骨节屈曲的样子；谷(jué，笑时口上纹)声。隶变以后楷书写成"卻"。汉字简化后写成"却"。

"却"的原义是退。例如《史记·廉颇蔺相列传》："持璧却立。"延伸成除、去。我们常说，"了却了一桩心愿"，"却"就是去除的意思。

"却"也引伸为拒绝。如常用的"却之不恭，受之有愧"。还可表示转折，等同于"但""可是"。

"却"也引伸为固然。《喻世明言》第三十七卷："好却十分好了，只是这孩儿生下来，昼夜啼哭，乳也不肯吃。"

即

㠯　卿　卿　即

甲骨文　金文　小篆　楷书

【原文】

即，即食也。从皀，卪声。

【译文】

即，人就食。从皀，卪声。

【按语】

"即"是会意字。甲骨文左边是一件食器，盛满了食品；右边是跪坐着一个人，正要饱餐。金文与甲骨文大概相同。小篆线条化。隶变以后楷书写成"即"。

"即"的原义是人就食。例如《仪礼·公食礼》："席末取粮即稻。"是说宴会即将结束时，吃些稻米粮食。就食须走近食物，故延伸成走近、靠近。例如"若即若离"。

"即"延伸成副词，当马上、立刻讲。例如《三国志·蜀书·诸葛亮传》："即遣兵三万以助备。"

"即"又特指登上。如古代帝王"即位"，意为登上皇帝之位。

卸

甲骨文　金文　小篆　楷书

【原文】

卸，舍车解马也。从卪，止午。读若汝南人写书之'写'。

【译文】

卸，停车后解去套在马身上的东西。由卪、止、午会意。音读似汝南地方人们说"写书"的"写"字。"

【按语】

"卸"是会意字。甲骨文似一个人跪在悬铜之前，是古代的一种悬铜之祭，用以驱邪消灾。隶变以后楷书写成"卸"。

"卸"的原义是驱邪消灾之祭，延伸成去除、脱去。例如"卸妆""卸货"。延伸成交卸、推卸。例如"卸过""卸任"。也引伸指倒塌。例如《儒林外史》:"把身子往后一挣,那垛看墙就拉拉杂杂卸下半堵。"

阝 部

队

阝 队 隊 隊 队

甲骨文　　金文　　小篆　　楷书(繁体)　　楷书

【原文】

隊,从高队(坠)也。从𨸏,㒸声。

【译文】

隊,从高处坠落。从𨸏,㒸声。

【按语】

"队"是会意字。甲骨文从𨸏,从倒人,表示人从高处坠落。金文改为猪从高处坠落到地上。隶变以后楷书写成"隊"。汉字简化之后写成"坠"和"队"。

"队"的原义是坠落,念 zhuì。尔后此义用"墜(坠)"替代了。

"队"假借指队伍时,念 duì。用作名词,借以表示具有某种性质的集体编制单位或者群体。例如"连队""乐队"。

"队"也引伸泛指行列。例如"队列""队形"。

"队"作量词时,用于成列的人或者物。例如《水浒传》第七十六回:"前一队人马是杂彩旗。"

阳

阝 陽 陽 阳

甲骨文　　金文　　小篆　　楷书(繁体)　　楷书

【原文】

陽，高、明也。从𨸏，易声。

【译文】

陽，山丘高耸，明亮。从𨸏，易声。

【按语】

"阳"是会意字。甲骨文似太阳升到了祭神的石桌上方。金文加"彡"表示阳光。隶变以后楷书写成"陽"。汉字简化之后写成"阳"。

"阳"的原义是山的南面或者水的北面，即向阳面。例如《诗经·召南·殷其雷》："殷其雷，在南山之阳。"

"阳"延伸指太阳。进而延伸成温暖、明亮。例如《诗经·豳风·七月》："春日载阳，有鸣仓庚。"

"阳"又指物体的正面、前面。如顾炎武《日知录·钱面》："自昔以钱之有字处为阴，无字处为阳。"

降

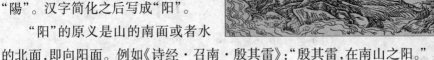

| 甲骨文 | 金文 | 小篆 | 楷书 |

【原文】

降，下也。从𨸏，夅声。

【译文】

降，下降。从𨸏，夅声。

【按语】

"降"是会意兼形声字。甲骨文从阜，从夅（脚尖朝下的两只脚），会从高处沿脚窝下来之意，夅兼表声。金文大概相同。小篆整齐化。隶变以后楷书写成"降"。

"降"的原义是从高处走下来，读作 jiàng。例如《左传·僖公二十三年》："降一级而辞焉。"意思是走下一层台阶而辞别。

"降"由此延伸成降落、下。例如"降雨"就是下雨之意。也引伸为降生。如龚自珍《己亥杂诗》:"我劝天公重抖擞,不拘一格降人才。"

"降"又读作 xiáng,延伸指投降。使别人投降,也就是治服了别人,故也引伸为"降服"。如成语"降龙伏虎"。

阵

鬭	陣	阵
小篆	楷书（繁体）	楷书

【原文】

无。

【按语】

"阵"是会意兼形声字。楷书繁体写成"陣",从车,从陳省,会陈列之意,陳兼表声。汉字简化之后写成"阵"。

"阵"的原义是两军交战时队伍的战斗队形。例如《史记·樊哙传》:"先登陷阵。"延伸指布阵、列阵。例如《宋史·岳飞传》:"阵而后战。"就是列阵后再战斗的意思。

列阵,就是要打仗,故延伸成战争、战斗。例如"阵亡"。

打仗,就要有战场,故也引伸指阵地、战场。例如"阵殁"指在战场上死去,即阵亡。

"阵"用作量词,表示事物经过的一定时间段落。例如"一阵雨""一阵风"。

陟

𣃔	陟	𨸏	陟
甲骨文	金文	小篆	楷书

【原文】

陟，登也。从阜，从步。

【译文】

陟，登升。由阜、步会意。

【按语】

"陟"是会意字。甲骨文从阜，从步，会由下往上走之意。金文大概相同。小篆整齐化。隶变后楷书写成"陟"。

"陟"的原义是上升、登高。例如《诗经·周南·卷耳》："陟彼高冈。"延伸成登程、走。例如《尚书·太甲下》："若陟遐，必自迩。"是说如果要走到远处，必须从近处开始。

由登高延伸成提拔、进用。例如《三国志·蜀书·诸葛亮传》："陟罚臧否。"就是提拔好人，惩罚坏人。

隙

金文　　小篆　　楷书

【原文】

隙，壁际孔也。从阜，从𡭴，𡭴亦声。

【译文】

隙，墙壁交会之处的孔穴。由阜、由𡭴会意，𡭴也表声。

【按语】

"隙"是会意兼形声字。金文似墙缝中透出光亮之形，表示此处有缝孔。小篆另加义符"阜"（左阝，壁上脚窝），以突出壁缝之意。隶变以后楷书写成"隙"，从阜从𡭴会意，𡭴也兼表声。是"𡭴"的加旁分化字。

"隙"的原义是墙缝、裂缝。延伸成洞。例如《徐霞客游记·楚游日记》："石隙低而隘。"

由空隙也引伸指可利用的空子、机会、漏洞。成语"无隙可乘"意思是没有空子可以利用。

"隙"还可以表示感情上的裂痕、隔阂、怨恨。例如《史记·范雎蔡泽列传》:"与武安君白起有隙,言而杀之。"

际

際 際 际

小篆　楷书(繁体)　楷书

【原文】

際,壁会也。从阜,祭声。

【译文】

際,两版墙壁相会合的缝。从阜,祭声。

【按语】

"际"是形声字。小篆从𨸏(左阝,表示墙),祭声。隶变以后楷书写成"際"。汉字简化之后写成"际"。

"际"的原义是两墙相交处的缝。延伸泛指合缝的地方,缝隙。例如《后汉书·张衡传》:"覆盖周密无际。"

"际"也引伸指边界、边缘。如成语"漫无边际"。

"际"用作动词,又指交会、适逢、恰遇。成语"风云际会",就是说风和云恰好遇合,引喻有能力的人遇上好机会。

"际"还表时间,等同于"时候""时刻"。例如"正当入眠之际,雷声把我震醒了。"

陌

陌 陌

小篆　楷书

【原文】

无。

【按语】

"陌"是后起字,为形声字。改为楷书写成"陌",从阜(左阝),百声。

"陌"的原义是田间小路。如陶渊明《桃花源记》:"阡陌交通,鸡犬相闻。"延伸泛指道路、小路。如王昌龄《闺怨》:"忽见陌头杨柳色,悔教夫婿觅封侯。"

"陌"也引伸指田野。如贾谊《过秦论》:"蹑足行伍之间,而倔起阡陌之中。"其中的"阡陌"指的就是田野。

"陌"还延伸指街道。如辛弃疾《永遇乐·京口北固亭怀古》:"寻常巷陌,人道寄奴曾住。"

除

除　除

小篆　　楷书

【原文】

除,殿陛也。从阜,余声。

【译文】

除,宫殿的台阶。从阜,余声。

【按语】

"除"是形声字。小篆从阜(左阝),余声。隶变以后楷书写成"除"。

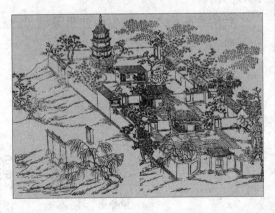

"除"的原义是宫殿的台阶。人在拾级而上的时候,就意味着旧的一级过去,迎来新的一级。故"除"又指除旧更新。还表示过去、尽。如王安石《元日》:"爆竹声中一岁除,春风送暖入屠苏。"

古代拜官及授予新的官职,也叫"除"。例如《汉书·景帝纪》颜师古注:"凡言除者,除故官就新官也。"

"除"也引伸指去掉、清除。如王安石《答司马谏议书》:"兴利除弊。"

阶

階 階 阶

小篆　楷书（繁体）　楷书

【原文】

階,陛也。从𨸏,皆声。

【译文】

階,台阶。从𨸏,皆声。

【按语】

"阶"是形声字。小篆从𨸏(左阝,表示上下用的脚窝),皆声。隶变以后楷书写成"階"。汉字简化之后写成"阶"。

"阶"的原义是台阶。如刘禹锡《陋室铭》:"苔痕上阶绿,草色入帘青。"延伸特指梯子。例如《楚辞·九章·惜诵》:"欲释阶而登天兮,犹有曩之态也。"

台阶为行走之径,故也引伸指途径。例如《易·系辞上》:"乱之所生也,则言语以为阶。"

台阶有高低之分,故也引伸指等级、品级。例如《新唐书·百官志》:"文阶二十八阶,武阶二十一阶。"

陶

𨸏 𨸏 陶 陶

甲骨文　金文　小篆　楷书

【原文】

陶,再成丘也,在济阴。从阜,匋声。

【译文】

陶,似叠着两双盂的山丘,在济阴郡。从阜,匋声。

【按语】

"陶"是会意兼形声字。甲骨文从阜,从上下二人,会人登上窑包之意。金文加二"土",强调是土堆成的窑包。小篆从阜从匋会意,匋兼表声。隶变以后楷书写成"陶"。

"陶"的原义是烧制陶器的窑包,念 yáo。用作上古人名,指皋陶,传说是虞舜的臣子,掌管刑狱。

táo 是"陶"现在常用的读音。延伸指烧制瓦器。用作名词,指烧制而成的瓦器。例如"彩陶"。

由烧制陶器延伸引喻安排、造就、培养。例如"陶冶情操"。

"陶"还可以表示快乐。例如"乐陶陶",就是形容人快乐陶醉的样子。

附

阝付 附

小篆　　楷书

【原文】

附,附娄,小土山也。

【译文】

附,附娄,就是小土山。

【按语】

"附"是形声字。小篆从𨸏(左阝),付声。隶变以后楷书写成"附"。

"附"的原义是小土丘。《左传·襄公二十四年》:"附娄无松柏。"延伸成依傍、依附。例如"攀附权贵""趋炎附势"。也引伸指附带、从属。例如"附呈""附录"。

"附"也引伸为归附。成语"怀敌附远"意为对敌人采取怀柔政策,使远方的人来归附。

归附于某处,必然要靠近某处,故而延伸成靠近。例如"附耳过来!"

障

障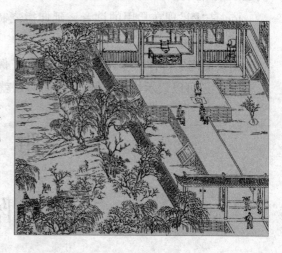

小篆　　楷书

【原文】

障,隔也。从𨸏,章声。

【译文】

障,阻隔。从𨸏,章声。

【按语】

"障"是形声字。小篆从阜(左阝),章声。隶变以后楷书写成"障"。

"障"的原义是阻塞、阻隔。例如《礼记·月令》:"开通道路,毋有障塞。"延伸指遮挡、遮蔽。如成语"一叶障目,不见泰山"。

人们把那些用来遮隔视线的步帏或者屏风也称为"障",贵族富家出门要用步障遮住路的两侧。例如《晋书·石崇传》:"恺作紫丝布步障四十里,崇作锦步障五十里以敌之。"

阻

阻　阻

小篆　　楷书

【原文】

阻,险也。从𨸏,且声。

【译文】

阻,险峻。从𨸏,且声。

【按语】

"阻"是形声兼会意字。小篆从阜(左阝),且声,且兼表高起之意。隶变以后楷书写成"阻"。

"阻"的原义是险要的地方。例如《史记·孙子吴起列传》:"马陵道狭而旁多阻隘。"

"阻"延伸成险阻、道路难走。例如《孙子·军争》:"不知山林、险阻、沮泽之形者,不能行军。"

"阻"也引伸指阻止、阻拦。如袁枚《祭妹文》:"汝又虑戚吾心,阻人走报。"

隐

隱　隱　隐

小篆　楷书(繁体)　楷书

【原文】

隱,蔽也。从𨸏,㥯声。

【译文】

隱,藏。从𨸏,㥯声。

【按语】

"隐"是会意兼形声字。小篆从𨸏(左阝),从㥯,会筑墙掩蔽之意,㥯兼表声。隶变以后楷书写成"隱"。汉字简化之后写成"隐"。

"隐"的原义是筑墙掩蔽。延伸泛指藏匿、掩蔽。如范仲淹《岳阳楼记》:"日星隐曜,山岳潜形。"

"隐"也引伸指隐瞒,瞒着不让人知道。进而延伸指深藏的、潜伏的。例如"隐患""隐情"。

"隐"还延伸指秘藏的事情。例如"难言之隐"是隐藏在内心深处不便说出口的原因或者事情。

"隐"也引伸指怜悯、同情。例如"恻隐之心"。

阴

甲骨文　小篆　楷书（繁体）楷书（繁体）　楷书

【原文】

陰，暗也。水之南，山之北也。从阜，会声。

【译文】

陰，幽暗。是水的南面、山的北面。从阜，会声。

【按语】

"阴"是形声兼会意字。金文从阜（左阝），今声。小篆有两个字形，分别为"黔"（阴天）和"陰"（阴面）。隶变以后楷书写成"陰"。汉字简化之后写成"阴"。

"阴"作为"黔"的简化字，原义是云遮日。例如"阴天"。

"阴"作为"陰"的简化字，指水的南面、山的北面，即背阳面。背阳面就是阳光照不到的地方，由此又泛指物体的背面。也引伸为诡秘。如诡秘的计谋被称为"阴谋"。

在我国古代天文历法中，日、月分别被称为"太阳""太阴"，根据月球运行周期制定的历法称为"太阴历"，简称"阴历"，即"农历"。

陆

金文　　小篆　　楷书（繁体）　楷书

【原文】

陸，高平地。从阜，从坴，坴亦声。

【译文】

陸，又高又平的土地。由阜、由坴会意，坴也表声。

"陆"是会意兼形声字。甲骨文左边从阜(左阝),象征楼梯;右边是重叠的庐屋形,表示楼房,庐兼表声。隶变以后楷书写成"陸"。汉字简化之后写成"陆"。

"陆"原义是楼房。如在"陆续"一词里,"陆"就是楼房的意思,所谓"陆续"就是楼层接续的意思,后用作联绵词。

古代楼房为避潮湿,往往建造在高大平整的土台上,所以也引伸为高出水面的平坦地方。"陆"和"水"相对,所以也引伸为旱路。例如"水陆交通"。

隆

金文　小篆　楷书

【原文】

隆,丰大也。从生,降声。

【译文】

隆,丰满盛大。从生,降声。

【按语】

"隆"是形声字。金文中有"日",象征繁盛。小篆成了从生、降声的形声字。隶变以后楷书省写成"隆"。

"隆"的原义是丰满盛大。延伸指高。例如《史记·高祖本纪》:"高祖为人,隆准而龙颜。"此处的"隆"指高,"准"指鼻子,"龙颜"指眉骨圆起。由高大也引伸为兴盛。例如"兴隆"。由此也引伸指程度深。例如"隆冬时节",就是指深冬、严冬。

"隆"用作动词,表示增高,鼓起来。例如"隆穹",形容高耸入云的样子。

"隆"用作象声词,表示雷声、爆炸声、机器声等。

院

金文　　小篆　小篆（异体）　楷书

【原文】

院，坚也。从𨸏，完声。

【译文】

院，坚固。从𨸏，完声。

【按语】

"院"是形声字。金文从宀，奂声。小篆整齐化；异体从𨸏（左阝），完声。隶变以后楷书写成"院"。

"院"的原义是坚固。延伸指围墙、院落。如白居易《宴散》上说："笙歌归院落。"又特指院子内的空地。例如"这院里栽了不少竹子"。

古代官署、寺庙全部是有围墙的，所以也引伸指官署、寺庙。例如"翰林院""枢密院"。

"院"现在还特指医院。例如"出院""住院""转院"。

隔

小篆　　楷书

【原文】

隔，障也。从𨸏，鬲声。

【译文】

隔，障隔。从𨸏，鬲声。

【按语】

"隔"是会意兼形声字。小篆从阜(左阝),从鬲,会鬲足三分之意,鬲兼表声。隶变以后楷书写成"隔"。

"隔"的原义是阻断,隔着。如成语"隔靴搔痒",就是隔着靴子挠痒。引喻说话做事没有抓住要点。

人被山水阻断,就是说二人分离,所以"隔"也引伸为分离、分开。例如《古诗为焦仲卿妻作》中的"誓不相隔卿",就是发誓不和你分离的意思。也引伸指(空间或者时间上)有距离、相距。例如"相隔"。

防

防　防

小篆　　楷书

【原文】

防,隄也。从阜,方声。

【译文】

防,堤坝。从阜,方声。

【按语】

"防"是形声字。小篆从阜(左阝)(表示高),方声。隶变以后楷书写成"防"。

"防"的原义是堤坝。例如《周礼·地官·稻人》:"以防止水。"意思是用堤坝来防止洪水。

"防"用作动词,指防水。也引伸指防止、防范。成语"防微杜渐""暗箭难防"中的"防"全部是指防止、预防。

"防"用作名词,指有关防守的事物或者措施,要塞。例如"边防""海防"。

陈

甲骨文　　金文　　小篆　　楷书（繁体）　　楷书

【原文】

陳，宛丘，舜后妫满之所封。从阜，从木，申声。

【译文】

陳，是四方高中央低的山丘，是舜的后裔妫满分封的地方。由阜、由木会意，申表声。

【按语】

"陈"是会意字。甲骨文从阜，从土，从東（竹笼），会穴居的门庭间摆放有竹笼的过道之意。金文省去"土"。小篆继承金文并整齐化。隶变以后楷书写成"陳"。汉字简化之后写成"陈"。

"陈"的原义是穴居的门庭间摆放有竹笼的过道。泛指堂前至院门的通道。

"陈"用作动词，指摆出、排列、布置。例如"陈兵百万"。由摆出也引伸为用语言述说。成语"慷慨陈词"就是这种用法。

"陈"在古代又被假借为"尘"。由此演化出时间久、陈旧的意思。如成语"推陈出新"。

陋

小篆　　楷书

【原文】

陋，阨陕也。从阜，匧声。

【译文】

陋，简单，狭窄。从阜，匜声。

【按语】

"陋"是会意兼形声字。小篆从阜（左阝，似古人穴居时上下用的脚窝）从匜会意，表示古代可掩身的简陋穴居，匜兼表声。隶变以后楷书写成"陋"。

"陋"的原义是狭窄、简陋。进而延伸指粗鄙的、不合理的。如成语"陈规陋习"，指的就是指陈旧不合理的规章制度或者习惯。也引伸指丑、难看。例如"丑陋"。

粗鄙之人，多出身微贱，所以"陋"也引伸指卑贱、低微。见识浅薄也可以称"陋"。如成语"孤陋寡闻"。

险

險 險 险

小篆　　楷书（繁体）　　楷书

【原文】

險，阻，难也。从阜，僉声。

【译文】

險，险峻和阻隔，全部是艰难的意思。从阜，僉声。

【按语】

"险"是形声字。小篆从阜（左阝，表示山），僉声。隶变以后楷书写成"險"。汉字简化之后写成"险"。

"险"的原义是阻难、险要。例如"天险"。要想登上险峻的地方，比较困难，故而又泛指艰难。

"险"也引伸指遭到不幸或者发生灾难的可能，危险。例如"遇险""冒险"。延伸指几乎、差一点。例如"险遭毒手""险些被骗"。

由山险峻，有危险，也引伸引喻邪恶暴虐，内心狠毒。例如"阴险"。

陷

陷 陷

小篆　　楷书

【原文】

陷，高下也。一曰陙也。从𨸏，从臽，臽亦声。

【译文】

陷，从高处陷入低下。另一义说：是堕落。由𨸏、由臽会意，臽也表声。

【按语】

"陷"是会意兼形声字。小篆从𨸏，从臽，臽兼表声。隶变以后楷书写成"陷"。

"陷"的原义是陷进、坠入。由此延伸成凹进去。例如"他两眼深陷，看起来很疲惫。"

"陷"也引伸为一个东西进入其他东西，表示穿透、刺破等意思。例如《韩非子·难一》："吾矛之利，于物无不陷也。"战争中攻破对方的阵地或者城池，也称"陷"，即陷落、攻破。

抽象意义上的"缺点""短缺"等，也可以称"陷"。

随

隨 隨 随

小篆　　楷书（繁体）　　楷书

【原文】

随,从也。从辵,隋省声。

【译文】

随,随从。从辵,隋省土为声。

【按语】

"随"是会意兼形声字。小篆从辵(辶),从隋省,会跟从之意,隋兼表声。隶变以后楷书写成"隨"。汉字简化之后写成"随"。

"随"的原义是跟从。如成语"如影随形",也引伸为沿着、顺从。如成语"随遇而安",就是形容人能顺应环境,在任何境遇中全部能满足。

"随"也引伸为听凭、放任、随便。人们常说"随他去吧",就是听凭他去的意思。还可以表示听使唤。例如《北史·元孚传》:"后遇风患,手足不随,口不能言。"

邮

郵 郵 邮

小篆　楷书(繁体)　楷书

【原文】

郵,左冯翊高陵。从邑,由声。

【译文】

郵,左冯翊郡高陵县(的亭名)。从邑,由声。

【按语】

"邮"是会意兼形声字。小篆从邑(右阝,表城),从垂(表边境),会古代供给传递文书的人食宿、换车马的驿站之意,由也兼表声。隶变以后楷书写成"郵"。汉字简化之后写成"邮"。

"邮"的原义是邮亭、邮乡,在今陕西西安府高陵县。后借作指古代供给传递文书的人食宿、换车马的驿站。

"邮"用作动词,指递送,由国家专设的机构传递信件、款项、物件等。例如"邮寄""平邮"。延伸指有关邮务的。例如"邮电""邮局"。特指已付费的凭证,即邮票。

鄙

甲骨文　　金文　　小篆　　楷书

【原文】

鄙，五酇为鄙。从邑，啚声。

【译文】

鄙，五百家叫鄙。从邑，啚声。

【按语】

"鄙"是会意兼形声字。甲骨文会郊野收藏谷物处之意。金文大概相同，小篆整齐化。隶变后楷书写成"鄙"。由于"啚"尔后做了偏旁，于是成了从邑（右阝）从啚会意，啚表声。

"鄙"的原义是郊野收藏谷物的地方。延伸指边邑，边远的地方。例如《春秋·庄公十九年》："冬，齐人、宋人、陈人伐我西鄙。"

"鄙"也引伸指轻蔑、看不起。例如"鄙弃"指轻视厌弃。

"鄙"用作谦辞。例如"鄙见""鄙人"。

邻

小篆　　楷书（繁体）　　楷书

【原文】

鄰，五家为邻也。从邑，粦声。

【译文】

鄰，五家（比连）叫邻。从邑，粦声。

【按语】

"邻"是形声字。小篆从邑(右阝),粦声。隶变以后楷书写成"鄰"。汉字简化之后写成"邻"。

"邻"的原义是古代的一种居民组织。例如《周礼·地官·遂人》:"五家为邻,五邻为里。"

"邻"延伸成住处相连、接近的人家。如王勃《杜少府之任蜀州》:"海内存知己,天涯若比邻。"

"邻"也引伸泛指相连的、邻近的。例如"邻境""邻村"。

郭

甲骨文	金文	小篆	楷书

【原文】

郭,齐之郭氏虚。善善不能进,恶恶不能退,是以亡国也。从邑,章声。

【译文】

郭,在齐国境内已灭亡的郭国的邱墟。喜爱善良,却不能举进;厌恶丑恶,却不贬退,因此亡了国。从邑,章声。

【按语】

"郭"是形声字。甲骨文似城有相对的两座城楼之形。金文继承甲骨文。小篆右边增加了"邑"从邑(右阝)从章(城)会意,章兼表声。隶变以后楷书写成"郭"。

"郭"的原义是外城——古时在城墙外围加筑的城墙。例如《乐府诗集·木兰诗》:"爷娘闻女来,出郭相扶将。"

郁

甲骨文　　金文　　小篆　楷书（繁体）　楷书

【原文】

鬱，右扶风鬱夷也。从邑，有声。

【译文】

鬱，右扶风郡鬱夷县。从邑，有声。

【按语】

"郁"是形声字。小篆从邑（右阝），有声。楷书繁体写成"鬱"。汉字简化之后写成"郁"。

"郁"的原义是古地名，在今陕西省。

"郁"用作"鬱"的简化字时，指林木繁盛的样子。例如"郁郁葱葱"。进而延伸成阻滞、闭塞。《吕氏春秋》："精气郁也。"意思就是精气阻滞不通。

人心也有阻滞不通的时候，故而"郁"也引伸为忧愁、烦闷。如成语"郁郁不得志"。

那

小篆　　楷书

【原文】

那，西夷国。从邑，冄声。安定有朝那县。

【译文】

那，我国古代西部地区少数民族的诸侯国。从邑，冉声。安定郡有朝那县。

【按语】

　　"那"是会意兼形声字。小篆从冄(冉,此处表示胡须)从邑(右阝),会人多长毛发的西部国邑之意。冄,也兼表声。隶变以后楷书写成"那"。

　　"那"的原义是我国古代西部地区少数民族诸侯国名。由于这一地区的人胡须、毛发多而重,所以延伸泛指多。

　　多毛发是男子美的表现,所以也引伸为美好。此义尔后写成"娜"。

　　"那"也引伸指移动。此义尔后写成"挪"。

　　"那"借作指示代词,指称较远的人或者事物,与"这"相对。还用于复指上文的情况,兼有继承作用。

　　"那"又用作连词,用以继承假设的前句,等同于"那么"。

都

都　斝　都

金文　　小篆　　楷书

【原文】

　　都,有先君之旧宗庙曰全部。从邑,者声。

【译文】

　　都,有已故君王的旧宗庙的城邑叫都。从邑,者声。

【按语】

　　"都"是形声字。金文从邑,者声。隶变以后楷书写成"都"。

　　"都"的原义是大城市,读作 dū。例如"通全部大邑""都市"。又特指有先王宗庙的城邑。例如《左传·庄公二十八年》:"凡邑有宗庙先君之主曰全部,无曰邑。"

　　"都"又特指邦国的都城。如诸葛亮《出师表》:"兴复汉室,还于旧都。"

　　"都"读作 dōu,用作副词,指全部,还用来加强语气。如:"今天天气真怪,中午比早晨都冷。"

　　"都"还表示已经。例如"茶都凉了"。

邪

邪
小篆　楷书

【原文】

邪，琅邪郡。从邑，牙声。

【译文】

邪，琅邪郡。从邑，牙声。

【按语】

"邪"是形声字。小篆从邑（右阝）表示城镇，牙声。隶变以后楷书写成"邪"。

"邪"的原义是郡名，读作 yá。秦汉时有琅邪郡、琅邪县，如今还有个琅邪山，在山东胶南县南。

"邪"还读作 xié，指大襟斜掩。延伸泛指倾斜、歪斜。由歪斜延伸成不正当、邪恶。如成语"邪门歪道"。也引伸指妖异怪诞的事，或者鬼怪带来的灾祸。例如"中邪""避邪"。

"邪"还指中医里引起疾病的各种环境因素。例如"寒邪""风邪"。

"邪"还可以读作 yé，用于"莫邪"，又写成"镆铘"，是古代宝剑名。

郘

郘
小篆　楷书

【原文】

部,天水狄部。从邑,音声。

【译文】

部,天水郡狄部。从邑,音声。

【按语】

"部"是形声字。小篆从邑(右阝)为形旁,音声。隶变以后楷书写成"部"。

"部"的原义是指天水一带,少数民族居住的地方。也引伸为衙署。如我国从隋唐开始设置六部:吏部、户部、礼部、兵部、刑部、工部。

"部"也引伸指门类。如我国古代图书分类有"四部分类法","四部"就是指经部、史部、子部、集部。

"部"也指全体中的某些部分,或者指整体中的某个部位。

"部"还可以作量词。例如"一部小说"。

凵 部

出

甲骨文　金文　小篆　楷书

【原文】

出,进也。象草木益滋,上出达也。凡出之属皆从出。

【译文】

出,长进。似草木渐渐滋生,向上长出来。凡是出的部属全部从出。

【按语】

"出"是会意字。甲骨文的下部是一条上弯的曲线,表示这是一个门口或者土坑口;上部是一只脚,表示走出。金文大概相同,小篆整齐化。隶变以后楷书写成"出"。

"出"的原义是出去、外出。尔后多指出去、出来,和"进""入"相对。例如"出神入化""出生入死"。也引伸为拿出、交纳。例如"出力""入不敷出"。

国学经典文库

说文解字

《说文解字》原文释义

图文珍藏版

"出"也引伸为出现、显露。如苏轼《后赤壁赋》:"山高月小,水落石出。"还可以延伸成离开的意思。例如"出局""出轨""出笼"。

"出"用在动词后,表示趋向或者效果。例如"飞出""拿出""展出"。

"出"用作量词,指一个独立的剧目或者节目。例如"一出折子戏"。

凿

甲骨文　　　小篆　　　楷书(繁体)　　　楷书

【原文】

鑿,穿木也。从金,䂀省声。

【译文】

鑿,能穿透木头(的凿子)。从金,䂀省米为声。

【按语】

"凿"是象形兼会意字。甲骨文似手持辛凿在山里凿之形。小篆改为从金,从辛(表示鏊凿)从臼(表示坑洞),会凿坑洞之意。隶变以后楷书写成"鑿"。汉字简化之后写成"凿"。

"凿"的原义是穿孔。延伸指挖掘、打通。如于谦《石灰吟》:"千锤万凿出深山,烈火焚烧若等闲。"

"凿"用作名词,指凿子。又指凿出的榫眼。如成语"方枘圆凿",意思是方榫头不能楔进圆孔洞。引喻两件事不相容,或者引喻事情不可能。

由人为地穿孔延伸指牵强附会。例如"穿凿附会"。由穿透延伸指鲜明。例如"言之凿凿"。

函

甲骨文　　　金文　　　小篆　　　楷书

【原文】

无。

【按语】

"函"是象形字。甲骨文似袋中有箭形,表示盛矢器。金文大概相同。小篆上边讹为弓,已经看不出箭囊装有箭的样子了。隶变以后楷书写成"函"。

"函"的原义是箭匣或者箭袋子。延伸泛指匣子、袋子。例如"书函""剑函"。古代寄信用木函,尔后改为纸套信封,故也引伸指信封、信件。

"函"用作动词时,延伸指装在匣子里。进而延伸指包含。例如《汉书·礼乐志》:"人函天地阴阳之气,有喜怒哀乐之情。"

力 部

力

甲骨文　　金文　　小篆　　楷书

【原文】

力,筋也。象人筋之形。治功曰力,能圉大灾。凡力之属皆从力。

【译文】

力,筋肉张缩的功用。似人的筋肉纵横鼓起的形状。能使天下大治的功劳叫力,能抵御大的灾难。凡是力的部属全部从力。

【按语】

"力"是象形字。甲骨文、金文全部似古人犁地用的工具"耒"的形状。小篆整齐化。隶变以后楷书写成"力"。

"力"的原义是执耒耕作。执耒耕作需要花费力气,所以延伸成力量。例如"身强力壮"。

"力"也指能力。例如"力不从心"。还可以延伸成武力、权力。例如《孟子·公孙丑上》:"以力服人者,非心服也。"

助

聑 助

小篆　　楷书

【原文】

助,左也。从力,且声。

【译文】

助,辅佐。从力,且声。

【按语】

"助"是形声字,小篆从力(助人要用力,故从力),且声。隶变以后楷书写成"助"。

"助"的原义是帮助。例如《孟子·公孙丑下》:"得道多助,失道寡助。"

"助"可以延伸指辅助。例如《诗经·小雅·车攻》:"射夫即同,助我举柴。"大意是说弓箭手们会拢,辅助我(周宣王)共同猎获禽兽成堆。

"助"由原义还可以延伸出增添、增加的意思。例如"助哭",这是旧时办丧事时的一种习俗。客来灵前吊丧,丧主命人号哭以助哀,目的是增加丧礼现场哀伤的气氛。

勇

甬 勇

小篆　　楷书

【原文】

勇,气也。从力,甬声。

【译文】

勇,气上涌而有胆量。从力,甬声。

【按语】

"勇"是会意字。小篆从力,从甬,会力量充实之意。隶变以后楷书写成"勇"。

"勇"的原义是勇气。也指果敢、胆大、勇敢。由果敢、胆大、勇敢可延伸成勇猛、凶猛。例如《庄子·盗跖》:"勇悍果敢,取众率兵,此下德也。"

古代也把有气力、有胆量的人称为"勇士"。例如《史记·廉颇蔺相如列传》:"臣窃以为其人勇士,有智谋,宜可使。"

男

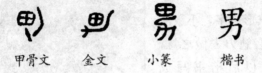

甲骨文　　金文　　小篆　　楷书

【原文】

男,丈夫也。从田从力。言男用力于田也。凡男之属皆从男。

【译文】

男,成年男子。由田、由力会意,是说男子在田地里尽力。凡是男的部属全部从男。

【按语】

"男"是会意字。甲骨文从田,从耒(犁)。古时农耕主要是男子的事,因此用以耒耕田会男子之意。金文、小篆继承甲骨文。隶变以后楷书写成"男"。

"男"的原义指壮年男子。延伸指儿子。如杜甫《石壕吏》:"听妇前致词:三男邺城戍。一男附书至,二男新战死。"

"男"也用作儿子对父母的自称。如鲁迅先生给母亲写信:"男病已愈,胃口亦渐开。"

"男"尔后含义扩大,泛指男性。例如"男耕女织"。

"男"也指封建制度五等爵位(公、侯、伯、子、男)中的第五等。

国学经典文库

说文解字

《说文解字》原文释义

图文珍藏版

261

务

篆務务

<small>小篆　楷书（繁体）　楷书</small>

【原文】

務，趣也。从力，敄声。

【译文】

務，为某事而奔走。从力，敄声。

【按语】

"务"是会意兼形声字。小篆从力，从敄（勉力），会勉力去做之意，敄兼表声。隶变以后楷书写成"務"。汉字简化之后写成"务"。

"务"的原义是勉力去做，从事，致力于。例如《管子·乘马》："是故事者生于虑，成于务，失于傲。"

"务"延伸指追求、谋求。如白居易《寄唐生》："不务文字奇，惟歌生民病。"也引伸指职业、工作。例如《韩非子·诡使》："仓廪之所以实者，耕农之本务也。"

"务"用作副词，表示强烈的愿望，等同于"一定"。例如"务必"。

劳

劳劳劳劳

<small>金文　小篆　楷书（繁体）　楷书</small>

【原文】

勞，剧也。从力，熒省。熒，火烧冂，用力者劳。

【译文】

勞,十分勤苦。由力、由熒省去下面的火会意。熒,表示火灾烧屋,用力救火的人十分辛苦。

【按语】

"劳"是会意字。金文从廾(双手),从爵(酒器),会双手举爵以酒对辛劳有功者进行慰问犒劳之意。隶变以后楷书写成"勞"。汉字简化之后写成"劳"。

"劳"的原义是用语言或者实物慰问。例如《仪礼·觐礼》:"王劳之。再拜稽首。"大意是天子慰劳他,诸侯再拜稽首。

有功绩才有犒劳,故延伸指功绩。功劳是花力气换来的,故延伸泛指人类创造物质财富或者精神财富的活动。例如"劳而无功""多劳多得"。由费力延伸指辛勤、辛苦。例如"任劳任怨""劳苦功高"。

"劳"用于敬辞请托,指麻烦、使劳烦。例如"有劳""劳驾"。

势

鬣　勢　势

小篆　　楷书(繁体)　　楷书

【原文】

无。

【按语】

"势"是形声兼会意字。小篆从力,埶声,埶兼表种植生长之意。隶变以后楷书写成"勢"。汉字简化之后写成"势"。

"势"的原义是生长旺盛。延伸泛指力量、权力。例如"势力"。又指事物发展的趋向。例如"趋势"。

"势"还可指(人或者事物所处的)地位、位置。例如"守势""攻势"。

"势"也引伸指形状、样式、架式。例如"兵无常势",是指用兵作战没有一成不变的方式,表示根据敌情灵活采取对策。

劫

小篆　楷书

【原文】

劫,人欲去,以力胁止曰劫。

【译文】

劫,人想离开,用力量胁迫其留止叫作劫。

【按语】

"劫"是会意字。小篆从力,从去,会强力阻止人去之意。隶变以后楷书写成"劫"。

"劫"的原义是威逼、胁迫。如绑匪常用的伎俩是"劫持人质"。由此延伸成抢夺、强取。如成语"劫富济贫""打家劫舍"。也引伸为盗贼。例如"劫匪"。

"劫"延伸成佛教名词,延伸成灾难。例如"劫数""劫后余生"。

功

金文　小篆　楷书

【原文】

功,以劳定国也。从力,从工,工亦声。

【译文】

功,用尽力量建立和稳定国家。由力、由工会意,工也表声。

【按语】

"功"是会意兼形声字。金文从攴(表操作),从工(表版筑墙),会从事盖房等各种各样的工作之意,工兼表声。隶变以后楷书写成"功"。

"功"的原义是从事建筑等各种各样的工作。例如《诗经·豳风·七月》:"嗟我农夫,我稼既同,上入执宫功。"

"功"延伸指做事的成效、效验。例如《荀子·劝学篇》:"驽马十驾,功在不舍。"也引伸指造诣、修养、技能、工夫。例如"功到自然成"。进而延伸指贡献、业绩。例如"无功不受禄"。

办

辡   辦   办

小篆   楷书(繁体)   楷书

【原文】

无。

【按语】

"办"是会意兼形声字。小篆从力从辡会意,辡兼表声。隶变以后楷书写成"辦"。汉字简化后写成"办"。

"办"的原义是处理。例如《史记·项羽本纪》:"前时某丧使公主某事,不能办,以此不任用公。"

"办"延伸指置备、采买。例如"办嫁妆""采办"。进而延伸指创设、经营。例如"办学""办报""兴办"。

"办"也引伸指惩处。例如《三国志·蜀书·费祎传》:"君信可人,必能办贼者也。"

"办"用作名词,是办公室或者办公厅的简称。例如"国家汉办""外办"。

劲

勁   勁   劲

小篆   楷书(繁体)   楷书

【原文】

劲,彊也。从力,巠声。

【译文】

劲,强健有力。从力,巠声。

【按语】

"劲"是形声字。小篆从力,巠声。隶变以后写成"勁"。汉字简化之后写成"劲"。

"劲"的原义是强有力,读 jìng。"疾风知劲草"中的"劲草"就是指坚韧的草。

"劲"还读作 jìn,用作名词,指力量。例如"手劲""使劲儿"。浑身充满力量的人,必定精力充沛,所以还延伸成精神、情绪、神情。例如"机灵劲儿""不对劲儿",其中的"劲"全部是在精神面貌上有向上的意思。

"劲"还延伸指程度。如:"这酒真够劲儿!"就是说酒很烈的意思。

劣

劣 劣

小篆　　楷书

【原文】

劣,弱也。从力少声。

【译文】

劣,弱。由力、少会意。

【按语】

"劣"是会意兼形声字。小篆从力,从少,会力气弱小之意,力兼表声。隶变以后楷书写成"劣"。

"劣"的原义是力气弱小。如曹植《辩道论》:"寿命长短,骨体强劣,各有人焉。"

由力气弱小,延伸指差一等的、不好的、坏的。例如"粗劣""拙劣"。

"劣"延伸指调皮、淘气。例如"顽劣"。又指暴烈、粗劣。例如"劣性",指暴烈性格。

动

動 動 动
金文　　小篆　　楷书（繁体）　楷书

【原文】

動,作也。从力,重声。

【译文】

動,起身行动。从力,重声。

【按语】

"动"是会意兼形声字。金文从重从土会意。小篆改"走"为力,表示力把东西背起来了,重兼表声。隶变以后楷书写成"動"。汉字简化之后写成"动"。

"动"的原义是改变事物原来的位置或者状态。例如"风吹草动""流动"。又指使事物原来的位置或者状态改变。例如"兴师动众"。

"动"由原义延伸指为实现某种目的而行动、活动。例如"暴动""闻风而动"。

"动"又指开始采取行动。例如"大动干戈"。

"动"用作副词,表示极容易发生某种情况,即常常、往往。例如"动辄得咎"。

勘

勘 勘
小篆　　楷书

【原文】

勘,校也。从力,甚声。

【译文】

勘,校订。从力,甚声。

【按语】

"勘"是形声字。小篆从力,甚声。隶变以后楷书写成"勘"。

"勘"的原义是校订、核对。如李清照《金石录后序》:"每获一书,即共同勘校,整集签题。"此处取的就是原义。

"勘"延伸指查看、调查。《红楼梦》第七十四回:"王夫人正嫌人少,不能勘察。"也引伸指判断。关汉卿《窦娥冤》:"地也,你不分好歹何为地!天也,你错勘贤愚枉做天!"

"勘"还延伸特指审讯、问罪。《水浒传》第十八回:"知县把一干拿到的邻居,当厅勘问。"

厶部

县

金文　　小篆　　楷书（繁体）　　楷书

【原文】

縣,系也。从系持県。

【译文】

縣,悬着示众。由"系"持"県"会意。

【按语】

"县"是会意字。金文从木,从系,从県(倒首),会悬首高杆示众之意。隶变以后楷书写成"縣"。汉字简化之后写成"县"。

"县"的原义是悬首示众,延伸成悬挂。例如《诗经·魏风·伐檀》:"不狩不猎,胡瞻尔庭有县鹑兮。"意思是:既不巡守又不打猎,为何看到你的院子里悬挂着那么多鹌鹑?

"县"假借为"寰",指行政区划单位。周代时县大于郡,秦以后县属于郡。

现在是行政区划单位。例如"县志""县委"。

参

甲骨文　金文　　小篆　楷书（繁体）楷书（繁体）　楷书

【原文】

曑,商星。从晶,㐱声。

【译文】

曑,商星。从晶,㐱声。

【按语】

"参"是象形字。甲骨文上面是三颗星,下为人形,表示参星高照在人的上面。金文有了三小横,表示星的光辉。隶变以后楷书写成"曑"和"叄"。汉字简化之后写成"参"。

"参"的原义是星名,读作 shēn。如参星与商星,虽然经常相提并论,但是因为这两个星宿从来不同时出现,所以又用来引喻两人相隔两地不能见面。

"参"还用于植物名。例如"人参"。

"参"又读 cān,指配合。也引伸指等同、齐等。例如"参天大树",此处的"参天"就是指高耸于天空。还可当参与、参加讲。

刀部

刀

甲骨文　　金文　　小篆　　楷书

【原文】

刀,兵也。象形。凡刀之属皆从刀。

【译文】

刀,兵器。象形。凡是刀的部属全部从刀。

【按语】

"刀"是象形字。甲骨文和金文全部似刀尖向上、刀刃向左的一把刀。小篆的刀尖弯曲得夸张。隶变以后楷书写成"刀"。

"刀"的原义是古代兵器名。例如"刀枪""大刀"。尔后延伸泛指用于切割砍削的有锋刃的工具。例如"剪刀""木工刀"。

"刀"也泛指所有似刀的东西。例如"冰刀"。

刃

甲骨文　　小篆　　楷书

【原文】

刃,刀坚也。象刀有刃之形。凡刃之属皆从刃。

【译文】

刃,刀的坚利部分。似刀有锋刃的形状。凡是刃的部属全部从刃。

【按语】

"刃"是指事字。甲骨文是刀头向右歪的一把刀,在其刃部加一个点儿,表明此处是刀刃所在。小篆大体与甲骨文的形体相似。隶变以后楷书写成"刃"。

"刃"的原义指刀剑等的锋利部分,即刀口。例如《庄子·养生主》:"刀刃若新发于硎。"延伸泛指刀剑一类利器。例如《孟子·梁惠王上》:"杀人以梃与刃,有以异乎?"

"刃"作动词用时,当杀讲。例如《史记·廉颇蔺相如列传》:"左右欲刃相如。"

甲骨文　　小篆　　楷书

【原文】

无。

【按语】

"刁"是象形字。甲骨文似砍削用的武器。隶变以后楷书写成"刀"。用作姓,俗写为"刁"。

"刁"的原义是一种武器。尔后表示刁斗,是古代军队中用的一种器具。军中白天可供一人烧饭,夜间敲击以巡更。

"刁"延伸成狡猾、奸诈。例如"刁民""刁钻古怪"。也引伸为有无赖特征。例如"刁婆""刁妇"。还延伸成说话刻薄。例如"刁声浪气",形容说话装腔作势,语调轻浮。

甲骨文　　金文　　小篆　　楷书(繁体)　　楷书

【原文】

芻,刈草也。象包束草之形。

【译文】

芻,割下的草。似包着捆着草的样子。

【按语】

"刍"是会意字。甲骨文从艸,从手,会以手取草之意。金文大概相同。小篆的形体继承金文,但有所变化。隶变以后楷书写成"芻"。汉字简化之后写成"刍"。

"刍"的原义是以手取草。延伸指割草。例如《左传·昭公六年》:"禁刍牧采樵。"

喂牲口的草也叫"刍"。例如《庄子·列御寇》:"(牛)食以刍菽。"正因为喂牛的草叫"刍",所以牛羊的回嚼就叫"反刍"。

"刍"也引伸指浅陋、鄙俗。例如"刍言",指草野之人的言论,后用以引喻浅陋的言论。也用作谦辞,指自己的言论。

切

刅　切

小篆　楷书

【原文】

切,刌也。从刀,七声。

【译文】

切,切断。从刀,七声。

【按语】

"切"是会意兼形声字。小篆从刀,从七,会用刀砍断之意,七兼表声。隶变以后楷书写成"切"。

"切"的原义是用刀把东西截断、分开,读作 qiē。延伸指加工珠宝玉器。例如《论衡·量知》:"切磋琢磨,乃成宝器。"

"切"延伸引喻学问、道德上互相观摩,取长补短。例如《诗经·卫风·淇奥》:"有匪君子,如切如磋,如琢如磨。"

"切"又读作 qiè,主要的意思是贴近、靠近。例如"切近""切肤之痛"。也引伸表示符合。如"不切实际""切中要害"。还表示急迫、紧切。例如"激切""迫切"。

色

小篆　　楷书

【原文】

色,颜气也。从人,从卪。凡色之属皆从色。

【译文】

色,脸上的颜色、气色。由人、由卪会意。凡是色的部属全部从色。

【按语】

"色"是会意字。小篆似一个人驮另一个人,仰承其脸色的形象。隶变以后楷书写成"色"。

"色"的原义是脸色。例如"喜形于色"。也引伸指颜色。如白居易《卖炭翁》:"满面尘灰烟火色,两鬓苍苍十指黑。"进而延伸指姿色、美色。例如《孟子·梁惠王下》:"寡人有疾,寡人好色。"

现代汉语里,"色"有时也可以读为 shǎi。"色子"是一种赌具。

召

甲骨文　　金文　　小篆　　楷书

【原文】

召,呼也。从口,刀声。

【译文】

召,呼唤。从口,刀声。

【按语】

"召"是形声字。甲骨文从口(表示呼唤或者打招呼),刀声。金文大概相同。小篆的形体整齐化、符号化。隶变以后楷书写成"召"。

"召"的原义是呼唤、召唤,用言语来叫人。如俗语"召之即来,挥之即去",是一经召唤立即就来,手一挥就去。形容非常听从使唤。

由呼唤招来又可以延伸指征召来授予官职或者另有调用。例如《史记·李将军列传》:"于是天子乃召拜(李)广为右北平太守。"

"召"用作地名和姓时,读作 shào。如古邑名"召陵"、例如《诗经·国风》之一的"召南"。

券

小篆　　楷书

【原文】

券,契也。从刀,关声。券别之书,以刀判契其旁,故曰契券。

【译文】

券,契据。从刀,关声,契券的文书。用刀分刻契券的旁边,所以叫作契券。

【按语】

"券"是形声字。小篆从刀,关声。隶变以后楷书写成"券"。

"券"的原义是古代用于买卖或者债务的契据。书于简牍,常分为两半,契约双方各执其一,以为凭证,如现在的合同。例如《战国策·齐策》:"使吏召诸民当偿者,悉来合券。"

"券"延伸指可以作为凭证的物件。例如"丹书铁券"是古代帝王赐给功臣世代享受优遇或者免罪的凭证。又用以引喻事情可以成功的保证。例如"稳操胜券"

"胜券在握"等。

剪

𦂅　　剪

小篆　　　楷书

【原文】

无。

【按语】

"剪"是会意兼形声字。小篆从刀,歬声。隶变以后楷书写成"前"。由于"前"被借作"歬",用来表示前进,于是剪刀之义便另造了"剪"来表示。

"剪"的原义是用剪刀铰断。如李商隐《夜雨寄北》:"何当共剪西窗烛,却话巴山夜雨时。"延伸泛指割断。例如"剪草除根"。进而延伸指除掉。例如"剪除""剪灭"。

"剪"用作名词,指剪刀。如孙枝蔚《思春辞》:"断恨并州无快剪。"也引伸指形状似剪刀的器具。例如"火剪""烛剪"。

负

負　　負　　负

小篆　　楷书(繁体)　楷书

【原文】

負,恃也。从人守贝,有所恃也。一曰:受贷不偿。

【译文】

負,凭恃。由"人"守"贝"会意,表示有所凭仗。另一义说:是(负)是受人施予却不回报。

【按语】

"负"是会意字。小篆上从人，下从贝，会人有了货贝就有了依靠之意。隶变以后楷书写成"負"。汉字简化之后写成"负"。

"负"的原义就是背东西。例如"负荆请罪""负薪救火"。延伸指承担。例如"负担""负责"。也引申指依仗、依靠。例如《史记·魏其武安侯列传》："武安负贵而好权。"

"负"也引申指享有。例如"素负盛名"，是一直享有很好的名声。

"负"还指败，与"胜"相对。例如"胜负未分"。

此外，"负"还有背弃的意思。例如"忘恩负义"。

争

| 甲骨文 | 金文 | 小篆 | 楷书（繁体） | 楷书 |

【原文】

爭，引也。从爪丿。

【译文】

爭，争夺。由爪丿会意。

【按语】

"争"是会意字。甲骨文、金文全部似两手争夺一物的样子。小篆线条化。隶变以后楷书写成"爭"。汉字简化之后写成"争"。

"争"的原义就是争夺，指把东西拽过来归为己有。例如《墨子·公输》："杀所不足而争所有余，不可谓知。"延伸成夺取、争取。例如"争先恐后""力争上游"。

"争"还延伸成言语之争，有争论、争辩的意思。

在古诗词中，"争"还有怎的意思。如柳永《八声甘州》："争知我，倚栏干处，正凭凝愁。"

免

甲骨文　　金文　　小篆　　楷书

国学经典文库

说文解字

《说文解字》原文释义

图文珍藏版

【原文】

无。

【按语】

"免"是象形兼会意字。甲骨文和金文似人戴丧帽,俯身而吊,会摘帽之意。隶变以后楷书写作"免"。

"免"的原义是去冠。古代丧礼,先脱掉冠,然后用白布包裹发髻,"免"即此风俗的写照,现在农村丧帽仍以白布勒头。

"免"延伸成脱掉、除去、罢黜。例如"免税""免职"等。进而延伸成躲开、避免。"以免上当""免疫能力"中的"免"全部是指避免。

"免"用作副词,表示勿、不可。例如"免开尊口""闲人免进"。

兔

甲骨文　　小篆　　楷书

【原文】

兔,兽名。象踞,后其尾形。兔头与毚头同。凡兔之属皆从兔。

【译文】

兔,兽名。似蹲坐的样子,后面的是它尾巴的形状。"兔"字的头部"⺈"与毚字的头部相同。凡是兔的部属全部从兔。

【按语】

"兔"是象形字。甲骨文似一只蹲坐着的兔子。小篆整齐化。隶变以后楷书写成"兔"。

"兔"的原义是兔子。例如《史记·越王勾践世家》:"狡兔死,走狗烹。"意思是兔子全部没有了,猎狗就(没有用)被煮了。现在多用"兔死狗烹"来引喻为统治者效劳的人事成后被抛弃或者杀掉。

刂 部

刑

刑 刑 刑

金文　　小篆　　楷书

【原文】

刑,刭也。从刀,幵声。

【译文】

刑,用刀割颈。从刀,幵声。

【按语】

"刑"是会意字。金文右边是刑刀,左边是囚笼之形,会拘囚惩罚之意。小篆继承金文而来。隶变以后楷书写成"刑"。

"刑"的原义是刑罚、处罚、治罪。例如《韩非子·有度》:"刑过不避大臣,赏善不遗匹夫。"

"刑"还延伸成杀。例如《战国策·魏策》:"刑白马以盟于洹水之上。"

"刑"由原义演变为法度,作名词。如诸葛亮《出师表》:"若有作奸犯科及为忠善者,宜付有司论其刑赏。"

则

則 貼 則 则

金文　　小篆　　楷书（繁体）　楷书

【原文】

则，等画物也。从刀，从貝；貝，古之物货也。

【译文】

则，按等级区别的物体。由刀、由贝会意；贝是古代的货币。

【按语】

"则"是会意字。金文的从鼎，从刀，会以刀刻刑法于鼎上之意。隶变以后楷书写成"則"。汉字简化之后写成"则"。

"则"的原义是法则、准则。例如《尚书·五子之歌》："有典有则，贻厥子孙。"由准则，又能延伸成效仿、效法。例如《史记·周本纪》："则古公、公季之法。"

"则"也引伸指规律。例如《管子·形势》："天不变其常，地不易其则。"

"则"用作量词，表示分项或者自成段落的文字条目。例如"寓言三则"。

刨

 刨

小篆　　　楷书

【原文】

无。

【按语】

"刨"是后起字，为形声字。楷书从刀，包声。

"刨"的原义是削，读作 páo，延伸指挖掘。成语"刨根问底"就是指挖掘树根问到底，比喻追究底细，寻根究底。也引伸指减去、除掉。例如"刨去"。

"刨"用作名词,延伸指刮平木料的刨子或者刨床。例如"牛头刨""刨刀"。

"刨"用作动词,延伸表示用刨子或者刨床刮平木材或者钢材等。例如"刨木头"。

创

金文	小篆	楷书(繁体)	楷书

【原文】

无。

【按语】

"创"是指事字。金文似一个人形,手上脚上的小竖表示受了创伤。小篆的写法基本上同于金文。隶变以后楷书写成"創"。汉字简化之后写成"创"。

"创"的原义应为割。延伸伤。例如《后汉书·华佗传》:"四五日创愈。"

"创"有突破义,所以凡事有所突破也可以称为"创"。例如"创举""开创",读作 chuàng。

刺

小篆	楷书

【原文】

刺,君杀大夫曰刺。刺,直伤也。从刀从束,束亦声。

【译文】

刺,君主杀死大夫叫刺。刺,直伤。由刀、束会意,束也表声。

【按语】

"刺"是会意兼形声字。小篆从刀,从束,会用尖锐之物扎之意,束兼表声。隶变以后楷书写作"刺"。

"刺"的原义是用尖锐的东西扎。例如"刺伤""刺绣"。延伸成侦探、探听,例如"刺探""刺问"。

"刺"也引伸为刺激。例如"光线太刺眼"。还延伸成用尖锐的话指出别人的过失。例如"讽刺"。

例如《尔雅》:"刺,杀也。"所以也引伸为杀。例如"行刺""刺客"。

"刺"又用以指名帖。如宗臣《报刘一丈书》:"即门者持刺人,而主者又不即出见。"

利

甲骨文　　金文　　小篆　　楷书

【原文】

利,铦也。从刀。和然后利,从和省。《易》曰:'利者,义之和也。'

【译文】

利,锋利。从刀。和顺协调然后有利,所以从和省。《易经》说:"利益,是由于义的顺。"

【按语】

"利"是会意字。甲骨文从刀,从禾,会用刀收割禾谷之意。金文、小篆与甲骨文大概相同。隶变以后楷书写成"利"。

"利"的原义是割禾,延伸泛指锋利、刀口快。例如《韩非子·难一》:"矛之利,于物无不陷也。"也引伸指快捷、灵便。例如《荀子·劝学》:"假舆马者,非利足也,而致千里。"

由快捷延伸指吉利、顺利。例如"大吉大利"。

从收禾而得利,延伸指利益、财利、私利。

国学经典文库

说文解字

《说文解字》
原文释义

图文珍藏版

282

刚

甲骨文　　金文　　小篆　　楷书（繁体）　楷书

甲骨文　　金文　　小篆　　楷书（繁体）　楷书

【原文】

剛，强断也。从刀，岡声。信，古文剛如此。

【译文】

剛，强力折断。从刀，岡声。信，古文"剛"字就似这个样子。

【按语】

"刚"是会意兼形声字。甲骨文右边是一把刀，以刀断网会坚硬之意。金文改为岡声，小篆继承金文，并整齐化。隶变以后楷书写成"剛"。汉字简化之后写成"刚"。

"刚"的原义是坚硬。例如《诗经·大雅·烝民》："柔则茹之，刚则吐之。"意为柔软的就吃掉，坚硬的就吐出来。

"刚"延伸成坚强、刚毅。例如"柔能克刚"，意思是柔弱的能战胜坚强的。

"刚"由坚硬之意延伸出刚正、倔强固执等意思。例如《明史·海瑞传》："瑞生平为学，以刚为主，因自号刚峰，天下称刚峰先生。"

"刚"用作副词，延伸成方才，表示动作、行为或者情况发生在不久之前。如苏轼《花影》："刚被太阳收拾去，却叫明月送将来。"也引伸为仅仅，表示行为、动作只及于某个范围。例如"这小桥刚能容一个人过去"。也引伸为恰好，表示不多不少。例如"水刚剩下一杯了"。

刹

小篆　　楷书

【原文】

刹,柱也。从刀,殺省声。

【译文】

刹,幡柱。从刀,殺省殳表声。

【按语】

"刹"是形声字。小篆从刀(表示与刀有关),殺省殳表声。隶变以后楷书写成"刹"。

"刹"是梵语刹多罗的省称,原义是土或者土田,国土,读作 chà。例如"罗刹"。

"刹"延伸指幡柱,塔顶上相轮等矗立的部分。例如《洛阳伽蓝记·永宁寺》:"中有九层浮图一所,架木为之,举高九十丈,有刹复高十丈,合去地一千尺。"

"刹"又指佛寺。人们常称寺庙为"古刹""宝刹",就是取的此义。

"刹那",是梵语 ksana 的音译,表示极短促的时间。

"刹"还可以读 shā,表示止住、使停止。例如"急刹车"。

册

甲骨文　　小篆　　楷书

【原文】

删,剟也。从刀册。册,书也。

【译文】

删,删削。由刀、册会意。册,表示简牍。

【按语】

"删"是会意字。古代把字刻在竹木简册上,用绳子连起来,即为"册";刻错或者不要时,需要用刀削去。删即刊削去不要的文字,从册(书简),从刀。隶变以后楷书写成"删"。

"删"的原义是刊削,也就是砍除、删除的意思。例如《汉书·律历志上》:"删其伪辞。"

凡有删除,必有节取,所以"删"也引伸为节取。例如《汉书·艺文志》:"今删其要，以备篇籍。"此处所说的"删其要"，就是节取重要部分的意思。

列

甲骨文　小篆　楷书

【原文】

列，分解也。从刀，歺声。

【译文】

列，分解。从刀，歺声。

【按语】

"列"是象形字，与"歺"同字。甲骨文上部似枯骨破碎的裂纹，下部似死人的空骨。小篆中枯骨有所变形，并增加了"刀"，表示用刀裂。隶变以后楷书写成"列"。

"列"的原义是分解、割裂。例如《荀子·大略》："古者列地建国。"所谓"列地"，就是割地。此义后另加义符"衣"写成"裂"来表示。

由分割又可以延伸成行列、位次。常用的"列阵"就是排列阵式之意。排列整齐的东西一个一个尽收眼底，又能看得很清楚，所以也引伸指各、众。例如"列祖列宗"。

被排列出来，就是其中的个体参与了整体的排列，故而"列"也延伸指参加。例如"列席"。

到

金文　小篆　楷书

【原文】

到，至也。从至，刀声。

【译文】

到，到达。从至，刀声。

【按语】

"到"原本是会意字。金文从至，从人，会人至为到之意。小篆变为从至，刀声的形声字。隶变后楷书写成"到"。

"到"的原义是抵达某一地点。延伸也指抵达于某一时间。例如"一天到晚""从古到今"。后延伸泛指前往、去。例如《乐府诗集·长歌行》："百川东到海，何时复西归。"

由达到也引伸指周全。例如"礼数周到"。

副

朚　　副

小篆　　楷书

【原文】

副，判也。从刀，畐声。例如《周礼》曰：'副辜祭。'

【译文】

副，剖分。从刀，畐声。《周礼》说："剖开牲的肢体来祭祀。"

【按语】

"副"是形声字。小篆从刀，畐声。隶变以后楷书写成"副"。

"副"的原义指剖分、破开，读作 pì。例如《诗经·大雅·生民》："不坼不副（胞衣没有破裂），无灾无害。"延伸表示相称、相配，读作 fù。例如"名不副实""名副其实"。

"副"也引伸指居第二位的、辅助的。例如"副职""副手"。

"副"用作量词，指相配成对后成套的。例如"一副耳环"。也指一张。例如

判

判

<small>小篆　　楷书</small>

【原文】

判，分也。从刀，半声。

【译文】

判，分开。从刀，半声。

【按语】

"判"是会意兼形声字。小篆从刀，从半会意，兼半表声。隶变以后楷书写成"判"。

"判"的原义指分、分开。例如"判割""判散"。延伸指区分、分辨。例如"判别是非""判断"。也引伸指判决、裁定。例如"审判""判词"。

古代也把判决狱讼的官称为"判"。例如"通判""州判"。

剑

剑

<small>金文　　小篆　　楷书（繁体）　　楷书</small>

【原文】

劍，人所带兵也。从刃，僉声。

【译文】

劍，人们佩带的兵器。从刃，僉声。

【按语】

"剑"是形声字。金文从金，僉声。小篆改为从刃。隶变以后楷书写成"劍"。

汉字简化之后写作"剑"。

　　"剑"的原义是古代兵器,两面长刃,中间有脊,短柄。例如《史记·黄帝本纪》:"帝采首山之铜铸剑,以天文古字铭之。"

　　"剑"延伸作动词,指用剑杀人。如潘岳《马穄督诔序》:"白日于全部市手剑父仇。"

刻

小篆　　楷书

【原文】

刻,镂也。从刀,亥声。

【译文】

刻,雕刻。从刀,亥声。

【按语】

　　"刻"是形声字。小篆从刀,亥声。隶变以后楷书写成"刻"。

　　"刻"的原义指用刀子等在竹木、玉石或者金属上雕出文字、图形或者痕迹。例如《韩非子·说林下》:"刻削之道,鼻莫如大,目莫如小,鼻大可小,小不可大也。"

　　"刻"用作名词,泛指在各种材料上雕刻。例如"石刻""碑刻"。

　　"刻"延伸指严格要求、苛求、刻薄。例如"尖刻""苛刻"。

　　"刻"又指古代计时器漏壶的刻度,用作时间单位时指一小时的四分之一。也引伸泛指时间。例如"即刻""无时无刻"。

制

制

小篆　楷书

【原文】

制，裁也。从刀，从未。未，物成有滋味，可裁断。一曰：止也。

【译文】

制，裁断。由刀、未会意。未，树木老成，即有滋味，可以裁断。另一义说：制是禁止。

【按语】

"制"是会意字。小篆从刀，从未（枝条繁茂之树），因为树木长大成材后就可以裁断、切割、制作用品，以此会裁割之意。隶变以后楷书写成"制"。

"制"的原义指裁割。延伸泛指裁制、制作。例如《诗经·豳风·东山》："制彼裳衣。"意思就是制作裤子和上衣。修剪树枝可限制树疯长，故也引伸指限定、约束、掌控、制服。如"克敌制胜"。

罚

罚　罰　罰　罚

金文　小篆　楷书（繁体）　楷书

【原文】

罚，罪之小者。从刀，从詈。未以刀有所贼，但持刀骂詈，则应罚。

【译文】

罚，轻微的犯法行为。由刀、由詈会意。没有用刀对人有所伤害，只是拿着刀骂人，就应该处罚。

【按语】

"罚"是会意字。金文、小篆从网,从言,从刀,会言语触犯法网要受轻刑之意。隶变以后楷书写成"罸"。汉字简化之后写成"罚"。

"罚"的原义指罪过、过错。例如《左传·成公二年》:"贪色为淫,淫为大罚。"

"罚"用作动词,指惩治、处罚。如李白《春夜宴桃李园序》:"如诗不成,罚依金谷酒数。"又例如"惩罚""罚款"。

别

甲骨文　　小篆　　楷书

【原文】

无。

【按语】

"别"是会意字。甲骨文从刀,从冎(骨),会以刀剔骨上肉之意。小篆整齐化。隶变以后楷书写成"別"。汉字简化之后写成"别"。

"别"的原义是分解骨与肉,读作 bié。延伸泛指分开、离开。也引伸指明辨、区分。例如"分门别类""鉴别"。还延伸指转动、转变。例如"别过脸去"。

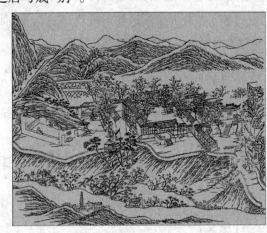

"别"用作名词,延伸指差异、不同。例如"天壤之别"。进而延伸指按不同性质分出来的类。例如"类别""派别"。

"别"用作副词,表示禁止或者劝阻。例如"别动""别玩了"。用于不如意的情况,还表示揣测。例如"别不是出事了吧"。

"别"又读作 biè,表示坚持要求对方改变意见或者习惯。例如"我想不依他,可又别不过他"。

剧

剧 剧 剧

小篆　　楷书（繁体）　楷书

【原文】

剧，务也。从力，豦声。

【译文】

剧，特别尽力。从力，豦声。

【按语】

"剧"是会意兼形声字。小篆从力从豦会意，豦兼表声。隶变以后楷书写成"剧"。汉字简化后写成"剧"。

"剧"的原义是指过分用力，做事紧张。延伸指多、繁多。例如《商君书·算地》："事剧而功寡。"

"剧"还可延伸指重要、险要。例如"剧路"，指交通要道。延伸泛指程度深，意为激烈、厉害。如"病情加剧"。又等同于"极""甚"。

"剧"由紧张猛烈延伸指嬉戏、游戏。进而延伸指戏剧，一种由演员化装表演故事的艺术形式。如"歌剧""话剧"。

刊

刊 刊

小篆　　　楷书

【原文】

刊，剟也。从刀，干声。

【译文】

刊，削。从刀，干声。

【按语】

"刊"是形声字。小篆从刀,干声。隶变以后楷书写成"刊"。

"刊"的原义是削砍。例如《尚书·益稷》:"予乘四载,随山刊木。"延伸指雕刻。如班固《封燕然山铭》:"乃遂封山刊石,昭铭盛德。"

古代书刻在竹简上,刻错了就要削去,故延伸指修改、删定。

"刊"如今泛指排版印刷。例如"刊登""报刊"。

刷

小篆　　楷书

【原文】

刷,刮也。从刀,㕞省声。《礼》:'布刷巾。'

【译文】

刷,刮削。从刀,㕞省双为声。《礼》上有"布刷巾"之说。

【按语】

"刷"是会意兼形声字。小篆从刀,从㕞省,会用刀刮之意,㕞兼表声。隶变以后楷书写成"刷"。

"刷"的原义是用刀刮,读作shuā。延伸指清扫、冲洗。如颜延之《赭白马赋》:"旦刷幽燕,昼秣荆越。"进而延伸泛指除去污垢。例如"刷牙""冲刷"。

"刷"也引伸指涂抹。例如"粉刷""刷墙"。

"刷"用作名词,指清除污垢或者涂抹灰浆、粉彩、油漆等的工具。例如"牙刷""鞋刷"。

"刷"用作象声词,读作shuà,形容物体迅速擦过去的声音。例如"脸色刷白"。

刮

小篆　　楷书

【原文】

刮,掊把也。从刀,昏声。

【译文】

刮,刮摩。从刀,昏声。

【按语】

"刮"是形声字。小篆从刀,昏声。隶变以后楷书写成"刮"。

"刮"的原义是用刀子等紧贴着物体表面移动,削去物体表面上的东西。例如"刮骨去毒"。延伸指擦拭。例如"士别三日,当刮目相待"。

"刮"也引伸指用片状物等接贴着物体表面移动,把浆糊、泥等涂在物体表面。例如"刮泥子"。风从表面吹过与刮相似,故也引伸指(风)吹。例如"刮风"。

"刮"用于抽象意义,延伸指搜罗、想尽办法贪婪地索取。例如"搜刮""刮地皮"。

剥

甲骨文　　小篆　　楷书

【原文】

无。

【按语】

"剥"是会意兼形声字。甲骨文从刀从卜会意,卜兼表声。小篆一形整齐化;二形改为从刀从录(刻录)会意,录兼表声。隶变以后楷书写成"剥"。

"剥"读作 bāo,指去掉物的外皮或者壳(多用于口语)。例如"剥鸡蛋""剥花生"。

"剥"又读作 bō，指剥离。如辛弃疾《清平乐·村居》："最喜小儿无赖，溪头卧剥莲蓬。"

"剥"延伸指脱落、侵蚀。如陆游《老学庵笔记》："汉隶岁久，风雨剥蚀，故其字无复锋芒。"也引伸指强制除去、侵夺。例如"剥夺"。

割

金文　小篆　楷书

【原文】

割，剥也。从刀害声。

【译文】

割，割裂。从刀，害声。

【按语】

"割"是形声兼会意字。金文从刀，害声，害兼表切割之意。小篆整齐化。隶变以后楷书写成"割"。

"割"的原义是用刀切下、切断。延伸指宰杀。例如《论语·阳货》："割鸡焉用牛刀？"又延伸泛指分割、划分。如贾谊《过秦论》："因利乘便，宰割天下，分裂山河。"

分割，一方有得，一方则必有失，故也引伸出两个相反的意思。一是指获取、夺取。如贾谊《过秦论》："东割膏腴之地。"二是指舍弃、断绝。例如"忍痛割爱"。

削

小篆　楷书

【原文】

无。

【按语】

"削"是形声字。小篆从刀,肖声。隶变以后楷书写成"削"。

"削"在口语中单用时,读作 xiāo,原义是斜着刀切刮。例如"削铅笔"。用作名词,指一种书刀,是古代用来削除简牍上的错字的工具。例如"削刀"(书刀)。

"削"还读作 xuē,延伸指分、分割。如苏洵《六国论》:"日削月割,以趋于亡。"进而延伸指使减少、减弱。例如"削弱""削减"。

"削"也引伸指删除、删改。如陆龟蒙《酬谢袭美兄辈》:"向非笔削功,未必无瑕疵。"

"削"由删除进一步延伸指革除、免除、消除。例如"削职为民"。

"削"也引伸指消瘦的样子。例如"瘦削"。

<h1 style="text-align:center">剖</h1>

㓝　　剖

小篆　　楷书

【原文】

剖,判也。从刀,音声。

【译文】

剖,从中间分开。从刀,音声。

【按语】

"剖"是形声字。小篆从刀,音声。隶变以后楷书写成"剖"。

"剖"的原义是把物中分,切开。如刘基《卖柑者言》:"剖之,如有烟扑口鼻。"

"剖"泛指破开。例如"剖腹藏珠",意思是破开肚子把珍珠藏进去。引喻为物伤身,轻重颠倒。

"剖"也引伸指分析辨明。例如"剖明事理"。

剩

骨 䠙 賸 剩

金文　小篆　楷书(繁体)　楷书

【原文】

无。

【按语】

"剩"是形声兼会意字。金文从貝,朕声,朕兼表陪送之意。小篆整齐化。隶变以后楷书写成"賸",汉字简化之后写成"剩"。

"剩"的原义是陪送。此义后写成"媵"。延伸指多。如方岳《最高楼》:"且容侬,多种竹,剩栽梅。"也引伸指多余。如杜甫《九日诸人集于林》:"旧采黄花剩,新梳白发微。"

"剩"也引伸指除此之外没有别的。例如"只剩一口气了"。

划

劃 劃 划

小篆　楷书(繁体)　楷书

【原文】

无。

【按语】

"划"是会意兼形声字。小篆从刀从畫会意,畫兼表声。隶变以后楷书写成"劃"。汉字简化后写成"划"。

"划"的原义是用刀分开、割开,读作 huà。例如"划地为牢"。

国学经典文库

说文解字

《说文解字》原文释义

图文珍藏版

由分开延伸指拨给，多用于钱款或者账目等。例如"划拨清算"。也引伸指筹划、谋划。例如"出谋划策""计划"。

"划"读作 huá，表示拨水前进。例如"划船"。还延伸指猜拳行酒。例如"划拳"。进而延伸指用尖利的东西割开某物。例如"手上划了一个口子"。

"划"也引伸指合算。例如"划算"。

剂

劑　劑　剂

小篆　楷书（繁体）　楷书

【原文】

劑，齐也。从刀，从齐，齐亦声。

【译文】

劑，剪齐。由刀、齐会意，齐也表声。

【按语】

"剂"是会意兼形声字。小篆从刀，从齐，会用刀剪齐之意，齐兼表声。隶变以后楷书写成"劑"。汉字简化之后写成"剂"。

"剂"的原义是剪齐。延伸指调节、调和。例如"调剂"。

中药需要切碎，一副中药由多种药物配合而成，故延伸指配合而成的药剂。

"剂"又指现代能产生化学反应、物理效应或者生物效应的物质。例如"杀虫剂""催化剂"。

"剂"用作量词，用于若干味药配制的汤药。例如"一剂中药"。

卜部

卜

| 甲骨文 | 金文 | 小篆 | 楷书 |

【原文】

卜,灼剥龟也,象灸龟之形。一曰:象龟兆之从横也。凡卜之属皆从卜。

【译文】

卜,火灼裂龟甲,似火灼龟甲的样子。一说:似龟甲裂纹纵横之形。凡是卜的部属全部从卜。

【按语】

"卜"是象形字。甲骨文似用火烧龟甲或者兽骨所形成的横斜交错的裂纹。金文、小篆与甲骨文大概相同。隶变以后楷书写成"卜"。

"卜"的原义就是占卜。占卜是预测,故延伸成预料。例如"生死未卜",意思是或者生或者死结果难以预料。

"卜"也引伸指选择。例如"卜居"就是选择定居,"卜邻"就是选择邻居。

卢

| 甲骨文 | 金文 | 小篆 | 楷书(繁体) | 楷书 |

【原文】

盧,饮器也。从皿,虍声。

【译文】

盧,盛饭的器皿。从皿,虍声。

占

甲骨文　小篆　楷书

【原文】

占，视兆问也。从卜，从口。

【译文】

占，察兆问疑。由卜、由口会意。

【按语】

"占"是会意字。甲骨文从卜，从口，会以口问卜之意。小篆与金文大概相同。隶变以后楷书写成"占"。

"占"的原义指视龟甲之兆推知吉凶，读作 zhān。例如《仪礼·士丧礼》："占者三人。"延伸指通过观察物象来推断吉凶。例如"占卦""占星"。

"占"延伸指不起草、口述。例如《西游记》第一百回："一夜无寐，口占几句俚谈，权表谢意。"

"占"又读作 zhàn，表示占有。

卓

卓 辛 帛 卓

甲骨文　金文　小篆　楷书

【原文】

卓,高也。早匕为卓。

【译文】

卓,高。"早"字和"匕"字合起来构成"卓"字。

【按语】

"卓"是会意字。甲骨文会以网罩鸟之意。金文简化,小篆中把带把的网讹变为"早"。隶变楷书后写成"卓"。

"卓"的原义是以网罩鸟。罩鸟需要高举,故延伸泛指高而直立。也引伸指超出一般。如成语"卓尔不群"指优秀卓越,超出常人。"卓尔"形容高高直立的样子。

以网罩鸟,需要高明的技巧方能罩住,故也引伸指高明。如成语"远见卓识"。

"卓"还用作姓。

卧

卧

甲骨文　金文　小篆　楷书

【原文】

卧,休也。从人臣,取其伏也。凡卧之属皆从卧。

【译文】

卧,休息。由人、臣会意,取"臣"字的屈伏之意。凡是卧的部属全部从卧。

【按语】

"卧"是会意字。甲骨文从人，从臣（是竖立的眼睛），会人低头俯视之意。金文、小篆承接甲骨文而来。隶变以后楷书写成"卧"。

"卧"的原义是低头俯视。延伸指人低头打盹儿休息。如方苞《左忠毅公逸事》："庑下一生伏案卧。"意思就是在厢房里看见一个书生趴在桌子上睡着了。延伸成趴伏。例如"卧虎"。

"卧"也引伸为躺、卧而不眠。如辛弃疾《清平乐·村居》："最喜小儿无赖，溪头卧剥莲蓬。"

冫部

冰

甲骨文　金文　小篆　楷书

【原文】

冰，水坚也。从仌，从水。凝，俗冰，从疑。

【译文】

冰，水凝结成坚冰。由仌、水会意。凝，俗冰字，从疑声。

【按语】

"冰"是象形字。甲骨文和金文全部似初凝突起的冰块。小篆又加了义符"水"，由仌为水凝成会意。隶变以后楷书写成"冰"。

"冰"的原义指水冻结而成的固体。冰块让人感到刺骨的寒冷，故也引伸指使人感到寒冷。例如"这水冰手"。

"冰"用作动词，表示结冰。冰呈晶体状，寒冷而透明。可以用来形容事物。例如"冰糖"。还能用来形容人的性情品格。一指高洁纯净。例如"冰清玉洁"。一指为人冷淡、不热情。例如"冷若冰霜"。

冷

冷　冷
小篆　楷书

【原文】

冷,寒也。从仌,令声。

【译文】

冷,寒气凛冽。从仌,令声。

【按语】

"冷"是形声字。小篆从仌(冰),令声。隶变以后楷书写成"冷"。

"冷"的原义是凉、寒冷。如杜甫《茅屋为秋风所破歌》:"布衾多年冷似铁。"延伸指冷清、冷落。冷则难以接近,故也引伸指冷遇,对人冷淡。例如"冷眼"。

"冰"用作动词,也引伸指冷却、温度变低。例如"冷冻""冷藏"。

冯

馮　馮　冯
小篆　楷书(繁体)　楷书

【原文】

馮,马行疾也。从馬,仌声。

【译文】

馮,马跑得很快。从馬,仌声。

【按语】

"冯"是形声字。小篆从馬，冫声。隶变以后楷书写成"馮"。汉字简化之后写成"冯"。

"冯"的原义是马跑得快，读作 píng。延伸指登、乘。如成语"暴虎冯河"指的就是空手搏虎，徒步涉水。引喻有勇无谋，鲁莽冒险。

"冯"还读作 féng，主要是用作姓。

凉

小篆　　楷书

【原文】

凉，薄也。从水，京声。

【译文】

凉，淡薄（的酒）。从水，京声。

【按语】

"凉"是形声字。小篆从水，京声。隶变以后楷书写成"凉"。

"凉"的原义是酒味淡薄、不浓烈，读作 liáng。例如《周礼·天官·浆人》："浆人掌共王之六饮：水、浆、醴、凉、医、酏。"

"凉"延伸指凉爽、不热、温度低。例如"清凉"。也引伸指人烟稀少、冷落。例如"荒凉"。进而引申指凄凉、悲凉。又引喻灰心、失望。例如"心中凉了半截"。

次

甲骨文　　金文　　小篆　　楷书

【原文】

次，不前、不精也。从欠，二声。

【译文】

次，不靠前的、未经精选的。从欠，二声。

【按语】

"次"是形声字。小篆从欠，二声。隶变以后楷书写成"次"。

"次"的原义是驻扎。例如《左传·襄公十八年》："楚师伐郑，次于鱼陵。"延伸成旅行时停留的处所。例如"旅次"。

"次"延伸成第二、居其次。例如《孙子·谋攻》："凡用兵之法，全国为上，破国次之。"延伸成副、贰。例如"其次"。也引伸为质量差的。例如"次品"。

"次"用作量词，表示行动的回数。例如"他来找你好几次了"。

冶

金文　　小篆　　楷书

【原文】

冶，销也。从仌，台声。

【译文】

冶，冰消融。从仌，台（yí）声。

【按语】

"冶"是会意字。金文左上部的二短横表示金属块，下部为"火"，右边的"刀"表示以"火"熔化金属而铸造刀器之意。隶变以后楷书写成"冶"。

"冶"的原义是熔炼金属。延伸指铸造工人。例如《礼记·学记》："良冶之子，必学为裘。"也引伸指陶冶、造就。如王安石《上皇帝万言书》："冶天下之士而使之皆有君子之才。"

"冶"又假借表示艳丽。例如"妖冶"。

决

决 决 精

小篆　楷书（繁体）　楷书

【原文】

决，行流也。从水，从夬。庐江有决水，出于大别山。

【译文】

决，使水流通行。由水、由夬会意。庐江郡有条决水，从大别山流出。

【按语】

"决"是会意字。小篆从水，从夬，会开凿壅塞、疏通水道之意。隶变以后楷书写成"决"。汉字简化之后写成"决"。

"决"的原义是疏通水道，使水流出去。延伸指大水冲开堤岸。例如"决口"。也引伸指决断、决定。例如《荀子·仲尼》："遂立以为仲父，是天下之大决也。"

"决"进而延伸指处死犯人。我国古代把犯人判以死刑，立即执行叫"立决"。延至秋天执行叫"秋决"。

"决"也引伸指较量、分胜负。例如"决一雌雄"。

冲

冲 衝 冲 沖 涨 泙

甲骨文　金文　小篆　楷书（繁体）楷书（繁体）楷书

【原文】

冲，涌摇也。从水、中。读若动。

【译文】

冲，动摇。由水、中会意。音读似"动"字。

【按语】

"冲"是会意兼形声字。甲骨文从水，从中，会水向上涌动之意，中兼表声。隶变以后楷书写作"冲"，汉字简化之后写为"冲"。

"冲"的原义是水向上涌动的样子，读作 chōng。延伸成直上。例如"怒冲霄汉"。还延伸为破除、毁坏。例如"冲垮"。进而延伸成不顾一切、一直向前。例如"横冲直撞""冲刺"。

极浓烈的东西中加入水，会变得柔和，所以也引伸为平和、谦虚、淡泊。例如"冲和"。

"冲"又作"衝"的简化字，表示通衢大道，重要的地方，读作 chòng。例如"要冲"。引申为猛劲大、气味浓烈。例如"酒味儿真冲"。

净

金文　　小篆　　楷书（繁体）　　楷书

【原文】

无。

【按语】

"净"是形声兼会意字。金文和小篆从水，静声。水静则清亮，故静兼表意。隶变以后楷书写作"瀞"，汉字简化之后写成"净"。

"净"的原义是春秋时鲁国北城门的护城河。假借为"瀞"，表示清洁、洁净。

洁净则无杂物，故"净"延伸指空无所有、无余。如刘禹锡《再游玄全部观》："百亩庭中半是苔，桃花净尽菜花开。"也引伸指纯、纯粹。例如"净利"。

"净"用作佛教语，指清静。例如《魏书·释老志》："伽蓝净土，理绝嚣尘。"

"净"还是京剧中的一类角色，俗称花脸。

凑

凑　凑　凑

小篆　楷书（繁体）　楷书

【原文】

水上人所会也。从水,奏声。

【译文】

凑,水面上人们会合的地方。从水,奏声。

【按语】

"凑"是形声兼会意字。小篆从水,奏声,奏兼表奏进新禾之意。隶变以后楷书写成"凑",俗简作"凑"。如今规范化。以"凑"为正体。

"凑"的原义是水流会合。延伸泛指聚集、汇合。如王建《照镜》:"万愁生旅夜,百病凑衰年。"也引伸指拼凑。例如"东拼西凑""七拼八凑"。

"凑"也引伸指挨近、靠拢。例如"紧凑"。进而延伸指碰、趁。例如"凑巧"。

凝

凝　凝　凝

金文　小篆　楷书

【原文】

无。

【按语】

"凝"是形声兼会意字。金文从水从冫会意。小篆整齐化;异体改为从冫,疑声,疑兼表疑定之意。隶变以后楷书写成"凝"。

"凝"的原义是结冰、冰冻。如岑参《走马川行奉送封大夫出师西征》:"五花连钱旋作冰,幕中草檄砚水凝。"延伸指凝结、凝聚。例如《诗经·卫风·硕人》:"手如柔荑,肤如凝脂。"

"凝"也引伸指神情专注或者注意力集中。例如"凝神屏气"。也引伸指停止、静止。如江淹《别赋》:"舟凝滞于水滨,车逶迟于山侧。"

"凝"也引伸指稳重、庄重。如徐珂《清稗类钞·容止类》:"器量宏大,风度端凝。"

廴 部

延

| 甲骨文 | 金文 | 小篆 | 楷书 |

【原文】

延,长行也。从,厂声。

【译文】

延,长远地出行。从廴,厂声。

【按语】

"延"是会意兼形声字。甲骨文和金文全部从止(脚),从彳(道路),会走长路之意。小篆另加义符"厂",表示拉长之意,厂兼表声。隶变以后楷书写成"延"。

"延"的原义是走长路。延伸泛指长。如曹植《洛神赋》:"延颈秀项,皓质呈露。"又引申指伸展、引长。例如《韩非子·十过》:"延颈而鸣,舒翼而舞。"

延伸指蔓延、延续。如成语"苟延残喘"。进而也引伸指展缓、推迟。例如"延期""迁延"。

建

| 甲骨文 | 金文 | 小篆 | 楷书 |

【原文】

建,立朝律也。从聿,从廴。

【译文】

建,建立朝廷法律。由聿,由廴会意。

【按语】

"建"是会意字。甲骨文似一人立于船头持篙撑船。小篆讹为从聿从廴会意。隶变以后楷书写作"建"。

"建"的原义应为竖篙撑船。由此延伸成竖起、树立。例如《资治通鉴》:"上可建五丈大旗。"意思是上面能竖高五丈的大旗。

"建"也引伸指建筑、建造。如张衡《东京赋》:"楚筑章华于前,赵建丛台于后。"也引伸为倡仪、提出。例如"建言""建议"。

厂 部

| 金文 | 小篆 | 楷书 |

【原文】

厂,山石之厓岩,人可居。象形。凡厂之属皆从厂。

【译文】

厂,山上石头形成的边岸,它们下面的洞穴是人们可以居住的地方。象形。凡是厂的部属全部从厂。

【按语】

"厂"是象形字。金文外形是个厂（似突出的山崖），下面似岩穴之形。小篆线条化，只剩下"厂"。隶变以后楷书写成"厂"

"厂"现在用作"廠"的简化字，"厂"的原义是棚屋。

"厂"是个部首字。凡由"厂"组成的字，大全部与房屋或者山崖有关。例如"厨""原""历"。

历

| 甲骨文 | 金文 | 小篆 | 楷书（繁体） | 楷书 |

【原文】

歷，过也。从止，厤声。

【译文】

歷，经过。从止，厤声。

【按语】

"历"本是会意字。甲骨文从二禾（表示一列列的庄稼），从止（脚），会从庄稼中走过之意。金文加了"厂"（山崖）。小篆继承金文。隶变以后楷书写成"歷"。汉字简化之后写成"历"。

"历"的原义是经过。如司马迁《报任安书》中的"足历王庭"就是指从匈奴君主的住处走过。延伸成行走、游历。如陆游《舟中晓赋》："遍历三湘与五湖。"

"历"也引伸指逐一、逐个。如成语"历历在目"，唐崔颢诗《黄鹤楼》："晴川历历汉阳树。"

"历"又表示历法。例如《旧唐书·李淳风传》："尤明天文、历算、阴阳之学。"

原

金文　　　小篆　　楷书（繁体）　　楷书

【原文】

厵，水泉本也。从灥出厂下。原，小篆从泉。

【译文】

厵，水泉的本源。由"灥"出"厂"下而会意。原，小篆"厵"字，从泉。

【按语】

"原"是会意字。金文似大山崖中有一股泉水流出。在小篆的字形中，泉水由原来的一股变为三股。隶变以后楷书写成"厵"和"原"。如今规范化，以"原"为正体。

"原"的原义是水源、源泉，是"源"的本字。延伸指起源、根本。如陆游《自责》："文章跌宕忘绳墨，学问荒唐失本原。"也引伸指平坦之地、原野。如屈原《九歌·国殇》："出不入兮往不反（返），平原忽兮路超远。"

"原"由平坦也引伸指宽恕。

压

小篆　　楷书（繁体）　　楷书

【原文】

壓，坏也。一曰：塞补。从土，厭声。

【译文】

壓，自然崩坏。另一义说：（压）是堵塞填补。从土，厭声。

【按语】

"压"是会意兼形声字。小篆从土从厌会意,厌兼表声。隶变以后楷书写成"壓"。汉字简化后写成"压"。

"压"的原义是崩坏。如李贺《雁门太守行》:"黑云压城城欲摧,甲光向日金鳞开。"人的心理负担重,也用"压"来表示。例如"被一身债务压得喘不过气来"。也引伸指压抑、压制。如俗语"强龙不压地头蛇"。

"压"用作名词,某物作用于其直接接触的另一物上的力,即压力。例如"水压"。又指一切对相反力的冲力。例如"血压""气压"。

厉

厲 厲 厲 厉

金文　小篆　楷书(繁体)　楷书

【原文】

厲,旱石也。从厂,蠆省声。

【译文】

厲,质地粗硬的(磨刀)石头。从厂,蠆省声。

【按语】

"厉"是形声字。金文从厂(山石),表示粗糙的磨刀石,蚕省声。小篆整齐化。隶变以后楷书写成"厲"。汉字简化之后写成"厉"。

"厉"的原义是磨刀石。用作动词,指磨砺。还延伸指猛烈,程度深。如陶渊明《桃花源诗》:"草荣识节和,木衰知风厉。"也引伸指严厉,即威严不随和。例如《论语·述而》:"子温而厉,威而不猛。"

"厉"也引伸指勉励、激励。此义现作"励"。

厚

甲骨文　　金文　　小篆　　楷书

【原文】

厚,山陵之厚也。从𣆪,从厂。

【译文】

厚,山陵的高厚。由𣆪、厂会意。

【按语】

"厚"为形声字。甲骨文上部为"厂",似山崖;下部为"𣆪",似一个敞口尖底的酒坛,从厂从𣆪会意,𣆪也兼表声。金文下部更似一个尖底的酒坛形。小篆整齐化,线条化。隶变以后楷书写成"厚"。

"厚"的原义是山陵厚。例如《荀子·劝学》:"不临深溪,不知地之厚也。"由此延伸泛指扁平物体上下两面的之间距离大,与"薄"相对。

由厚的东西又可以延伸成深、重。如成语"无可厚非"。

辰

甲骨文　　金文　　小篆　　楷书

【原文】

辰,震也。三月,阳气动,雷电振,民农时也。物皆生,从乙、匕,象芒达;厂,声也。辰,房星,天时也。从二;二,古文"上"字。凡辰之属皆从辰。

【译文】

辰,震动。(辰)代表三月,这时阳气发动,雷电震动,是人们耕种的时节。万物全部在生长,由乙、匕会意,表示草木由弯弯曲曲、艰难地生长变化为草芒径直通达。厂表示读音。辰，又代表房星，(房星的出现)标志着适宜种田的天时的来到。所以从二;二，是古文"上"字。凡是辰的部属全部从辰。

【按语】

"辰"为象形字。甲骨文似蚌壳之形。金文愈加形象。小篆的写法与甲骨文的形体类似。隶变后楷书写成"辰"。

"辰"的原义是贝壳，后被假借为地支的第五位——子、丑、寅、卯、辰。用以纪月，即农历三月;用以计时，等同于现在的上午七点至九点。

时间往往与星的运行有关，所以"辰"又可以当"星"讲。

古代以日月星辰的运行判定时间，制定历法，所以也引伸指时光、日子。例如"良辰美景"。

厢

厢　厢　厢

小篆　楷书(繁体)　楷书

【原文】

厢，廊也。从广，相声。

【译文】

厢，东西廊。从广，相声。

【按语】

"厢"是形声字。从小篆字形来看，从广(敞屋)，相声。隶变以后楷书写成"廂"，俗作"厢"。如今规范化，以"厢"为正体。

"厢"的原义是东西廊。延伸表示厢房——正房前面两侧的房屋。

"厢"也引伸指堂屋的东西墙。进而延伸指边、旁。王实甫《西厢记》:"耳边厢金鼓连天震，征云冉冉，土雨纷纷。"还延伸指似厢房的隔间。例如"车厢"。也引伸指靠近城的地方。例如"城厢""关厢"。

匚 部

甲骨文　　金文　　小篆　　楷书

【原文】

匚，受物之器。象形。凡匚之属皆从匚。读若方。

【译文】

匚，盛物的器具。象形。凡是匚的部属全部从匚。音读似"方"字。

【按语】

"匚"是象形字。甲骨文似一个可盛放东西的方形器具。金文大概相同，只是其口向右开。小篆线条化。隶变以后楷书写成"匚"。

"匚"的原义是方形的筐。如学者方以智在《通雅》中认为"匚为古筐"，能盛放东西。

"匚"是个部首字，不单独成字。凡由"匚"组成的字，全部与盛放东西的器具有关。例如"匣""匠""匡""匪""匝""匮"等。

甲骨文　　金文　　小篆　　楷书（繁体）　　楷书

【原文】

區，踦区，藏匿也。从品在匚中。品，众也。

【译文】

區，踦区，收藏隐匿。由"品"在"匚"之中会意。品，表示物件众多。

【按语】

"区"是会意字。甲骨文似器具内盛有很多物品的样子。金文与甲骨文大概相同，小篆整齐化。隶变以后楷书写成"區"。汉字简化之后写成"区"。

"区"原义是藏匿，读作 ōu。

由藏匿延伸指储物的容器，也指容量单位。例如《左传·昭公三年》："齐旧四量：豆、区、釜、钟。"此义后用"瓯"来表示。

"区"还读作 qū，指藏匿处。用作动词，指区别。例如《论语·子张》："譬诸草木，区以别矣。"

"区"又可以延伸指小、微小。如："区区小事，何足挂齿。"

医

（甲骨文　金文　小篆　楷书）

【原文】

医，治病工也。殹，恶姿也；医之性然。得酒而使，从酉。王育说。一曰殹，病声。酒所以治病也。《周礼》有医酒。古者巫彭初作医。

【译文】

医，治病的人。殹，是违背常人的姿态的意思；医生的性情就是这样。用酒作药物的辅助剂，所以从酉。这是王育的说法。另一说：殹，表示病人的声音；酒，是用来治病的。《周礼》有名叫医的酒。古时候，巫彭最早开始行医。

【按语】

"医"是会意字。金文从匚，从矢，会盛弓的器具之意。隶变以后楷书写成"医"。现在做了"醫"的简化字。

"医"的原义是为人治病的人。延伸成救治、治疗。例如"医治""治病"。

"医"也引伸指医术、医学。例如"医道""医理"。

匹

金文　　小篆　　楷书

【原文】

匹，四丈也。从八、匚。八揲一匹，八亦声。

【译文】

匹，（布帛）四丈。由八、匚会意。八折成一匹，八也表声。

【按语】

"匹"是会意字，金文似凹凸不平的山崖，以此来引喻布的褶皱。隶变以后楷书写成"匹"。

"匹"的原义是中国古代计算布帛的单位，四丈为匹。延伸也用于骡马。例如"马匹""一匹骡子"。

古代布帛自两头卷起，一匹两卷，由此用作动词，延伸表示两相对等，比得上。例如"匹敌"。进一步延伸指配合、相配。例如"匹配"。

"匹"用作形容词，表示单独。例如"单枪匹马"。

匾

小篆　　楷书

【原文】

无。

【按语】

"匾"是后起字，为会意兼形声字。楷书写成"匾"，从匚从扁会意，扁兼表声。

"匾"的原义是薄。延伸指不圆,物体的厚度比长度、宽度小。关汉卿《一枝花·不伏老》:"我是个蒸不烂、煮不熟、捶不匾、炒不爆、响珰珰一粒铜豌豆。"

　　"匾"用作名词,表示匾额。例如"金匾""牌匾"。也引伸指用竹篾编成的圆形平底器具,用来养蚕或者盛粮食。例如"针线匾""竹匾"。

巨

巨　巨　巨
金文　小篆　楷书

【原文】

巨,规巨也。从工,象手持之。榘,巨或者,从木、矢;矢者,其中正也。

【译文】

巨,规矩的矩。从工,似用手握着矩。榘,巨的或者体,从木、矢;矢,表示中正。

【按语】

　　"巨"是象形字。金文似一个正面站立的人,右手拿着一个量角度或者量方形的工具,似"规矩"的"矩"字。小篆省略了人形部分,只留下矩形。隶变以后楷书写成"巨"。

　　"巨"的原义是画直角或者方形的工具。此义后写成"矩"。例如《荀子·赋篇》:"圆者中规,方者中矩。"其中的"规"是指画圆形的仪器。

　　"巨"也引伸指大。之所以能代表大,是从度量义延伸出来的。例如"巨大""巨人"。

匣

匣　匣
小篆　楷书

【原文】

匣，匮也。从匚，甲声。

【译文】

匣，箱匣。从匚，甲声。

【按语】

"匣"是会意兼形声字。小篆从匚（表示筐），从甲，会收藏铠甲的箱子之意，甲兼表声。隶变以后楷书写成"匣"。

"匣"的原义是能收藏东西的箱柜，大都呈方形，大的叫箱，小的叫匣。

"匣"用作动词，表示用匣子收藏。汉代帝王葬饰用玉片连缀成衣服状，套在死者身上，称为"玉匣"，赐予大臣，以示优礼。

"匣"也引伸指薄而小的棺材。沈从文《边城》："河街上船总顺顺，派人找了一只空船带了副白木匣子，即刻向碧溪咀撑去。"

匿

金文　　小篆　　楷书

【原文】

匿，亡也。从匚，若声。

【译文】

匿，隐藏。从匚，若声。

【按语】

"匿"为会意兼形声字。金文从匚（表示隐藏），从若（散发之人），会隐藏之意，若兼表声。小篆整齐化。隶变以后楷书写成"匿"。

"匿"的原义是隐藏、躲藏。延伸成隐瞒。常说的"匿名信"。就是不署真姓名的信件，古时称为"匿名书"。成语"销声匿迹"意思就是不再公开讲话，不再出头露面。

匜

金文　　小篆　　楷书

【原文】

匜,似羹魁。柄中有道,可以注水。从匚,也声。

【译文】

匜,似汤勺,柄中有槽,可以用来注水。从匚,也声。

【按语】

"匜"是象形兼形声字。金文借"也"来表示,大概是因为它似匜的形状;或者另加义符"金"或者"皿",表示其质地或者用途。小篆改为从匚,也声。隶变以后楷书写成"匜"。

"匜"的原义是古代一种盛酒、水的器皿,形状似瓢,有柄,柄上有凹槽。我国先秦时代有一种礼器就叫作匜,用于沃盥之礼,为客人洗手之用。周朝时期,沃盥之礼所用水器由盘、盉组合变为盘、匜组合。

"匜"现在既可以单用,也可以作偏旁,凡是从"匜"取义的字全部与其具有关。

广部

广

甲骨文　　金文　　小篆　　楷书

【原文】

广,因广为屋,象对刺高屋之形。凡广之属皆从广,读若'俨然'之'俨'。

国学经典文库

说文解字

《说文解字》原文释义

图文珍藏版

【译文】

广,依傍岩岸架屋,似高耸的房屋的样子。凡是广的部属全部从广。音读似俨然的"俨"字。

【按语】

"广"是象形字。甲骨文似依靠着山崖筑成的房子。金文与甲骨文相似,小篆线条化。隶变后楷书写成"广"。

"广"的原义是靠近山崖而做成的房子。延伸成简陋的草屋。如袁桷《次韵瑾子过梁山泺三十韵》:"土屋危可缘,草广突如峙。"其中的"草广"是指简陋的草屋。

庆

甲骨文	金文	小篆	楷书（繁体）	楷书

【原文】

慶,行贺人也。从心,从夂。吉礼以鹿皮为贽,故从鹿省。

【译文】

慶,去祝贺别人。由心、由夂会意。吉祥的典礼,用鹿皮作为礼物,所以又由"鹿"字省去"比"会意。

【按语】

"庆"是会意字。甲骨文从文,从心,右边是一张鹿皮,表示带着鹿皮,诚心向人庆贺。金文大概相同。隶变以后楷书写成"慶"。汉字简化之后写成"庆"。

"庆"的原义是祝贺、庆贺。用作名词,表示吉庆、福庆。例如《尚书·吕刑》:"一人有庆,兆民赖之,其宁惟永。"孔传:"天子有善,则兆民赖之,其乃安宁长久之道。"意思是天子有值得庆祝的事迹,那百姓全部会仰赖效法,国家就会安宁长久。

床

牀　牀　牀　床

甲骨文　　金文　　　小篆　　　楷书

【原文】

牀,安身之坐者。从木,爿声。

【译文】

牀,安身的坐具。从木,爿声。

【按语】

"床"是象形字。甲骨文就似一张竖起来的床。小篆增加了义符"木",表示床是由木头所制的。隶变以后楷书写成"牀"。汉字简化之后写成"床"。

"床"的原义是供人坐卧的用具。由人睡卧的用具,可以延伸成安放器物的架子。如杜甫《羌村》:"赖知禾黍收,已觉糟床注。"此处的"糟床"指的就是榨酒的器具。

唐

唐　唐　唐　唐

甲骨文　　金文　　　小篆　　　楷书

【原文】

唐,大言也。从口,庚声。

【译文】

唐,大话。从口,庚声。

【按语】

"唐"是会意字。甲骨文从口,从庚,表示说话似钟铃一样响大,会说大话之意。金文大概相同。小篆中铃体讹为两手。隶变以后楷书写成"唐"。

　　"唐"的原义是说话虚夸、不着边际,即大话。延伸指行事比较离谱,不正常,不符合一般规则。例如"荒唐无稽"。

　　"唐"又指放荡,没有节制。还指古帝尧政权的称号。例如"唐尧",帝喾之子,初封于陶,号陶唐氏。

庚

甲骨文　　金文　　小篆　　楷书

【原文】

　　庚,位西方,象秋时万物庚庚有实也。庚承己,象人齐。凡庚之属皆从庚。

【译文】

　　庚,定位在西方,西方是秋天的方位,似秋天万物坚硬有果实的样子。庚承继己,似人的肚脐。凡是庚的部属全部从庚。

【按语】

　　"庚"是象形字。甲骨文就似中间有长柄、左右有两耳可以摇的乐器。金文愈加形象。小篆线条化。隶变以后楷书写成"庚"。

　　"庚"的原义指一种乐器。当"庚"被假借为天干第七位后,又造出新的形声字"钲"来代替这种乐器的名字。

　　"庚"的常用义是指天干的第七位或者年龄。人们在说与人同龄时,用文雅的话会说"同庚";问人年龄,时会说"贵庚",此处"庚"全部用的是年龄之意。

庇

小篆　　楷书

【原文】

庇，荫也。从广，比声。

【译文】

庇，遮蔽。从广，比声。

【按语】

"庇"是形声字。小篆从广（表示与遮挡物有关），比声。隶变以后楷书写成"庇"。

"庇"的原义是遮蔽、掩护。杜甫《茅屋为秋风所破歌》："安得广厦千万间，大庇天下寒士俱欢颜。"延伸指躲避、躲藏。例如《世说新语·赏誉》："庾太尉少为王眉子所知，庾过江，叹王曰：'庇其宇下，使人忘寒暑。'"也引伸指保护。例如"庇护"。进而延伸指袒护、包容。例如"包庇"。

庶

甲骨文　　小篆　　楷书（繁体）　楷书

【原文】

庶，屋下众也。从广、炗；炗，古文光字。

【译文】

庶，屋下光彩众多。由广、炗会意。炗，是古文"光"字。

【按语】

"庶"是会意字。甲骨文字形似在山崖避风处，用锅灶烧火蒸煮之形，应该是初民生活的写照。隶变以后楷书写成"庶"。

"庶"的原义是烧火做饭。烧火做饭是奴隶干的活儿，所以延伸指奴仆。后泛指百姓、平民。例如"庶民""黎庶"。

"庶"还延伸成宗族的旁支。例如"庶出",指的就是由妾室所生的孩子。

"庶"还延伸成差不多、也许。例如"庶乎可行"。

康

甲骨文　　　金文　　　小篆　　　楷书

【原文】

无。

【按语】

"康"是指事字。甲骨文从庚(摇铃),下边四点象征摇铃发出的乐声,表示正在演奏乐铃。隶变以后楷书写成"康"。

"康"的原义是演奏乐铃。延伸成欢乐、安乐。例如"康乐""安康"。也引伸指身体强健。例如"健康"。进而延伸指富裕、丰富。例如"小康",意思就是指家庭经济比较宽裕。

"康"又特指四通八达的大路。成语"康庄大道"就是用来形容四通八达的大路。

庐

金文　　　小篆　　　楷书(繁体)　　　楷书

【原文】

廬,寄也。秋冬去,春夏居。从广,盧声。

【译文】

廬,可寄居的棚舍。秋季、冬季离开,春季、夏季居住。从广,盧声。

【按语】

"庐"是形声字。金文从广,盧声。小篆继承金文。隶变以后楷书写成"盧"。汉字简化之后写作"庐"。

"庐"的原义是农忙季节在田地中临时搭建的看守庄稼的简易棚屋。例如《汉书·食货志》:"余二十亩,以为庐舍。"泛指简陋居室。如陶渊明《饮酒》:"结庐在人境,而无车马喧。"

"庐"也引伸指古人为守丧而构筑在墓旁的小屋。《后汉书·韦彪传》:"彪孝行纯至,父母卒,哀毁三年,不出庐寝。"

庸

甲骨文	金文	小篆	楷书

【原文】

庸,用也。从用,从庚。庚,更事也。《易》曰:'先庚三日。'

【译文】

庸,施行。由用、由庚会意。庚,表示变更其法。例如《易经》说:"先干三天而后希望变更。"

【按语】

"庸"是会意字。甲骨文从用(使用),从庚(乐器),借使用乐器大钟会使用之意;或者另加义符"攴",表示敲击。金文和小篆大概相同。隶变以后楷书写成"庸"。

"庸"的原义是古乐器大钟。延伸指采用、使用、需要。例如"毋庸讳言""毋庸置疑"。

镛钟是日常使用之物,遂延伸泛指平常、一般、平凡。例如"平庸""庸夫"。古时候一般人没有自己的土地或者店铺,多受雇于别人,故又表示受雇佣、被雇佣的人。此义后用"傭"来表示,如今简化作"佣"。

序

庌　序

小篆　　楷书

【原文】

序,东西墙也。从广,予声。

【译文】

序,(堂屋的)东西墙。从广,予声。

【按语】

"序"是形声字。小篆从广(敞屋),予声。隶变以后楷书写成"序"。

"序"的原义是隔开正室与两旁夹室的墙。延伸指正屋两侧东西厢房。

古时候,地方学校全部设在正堂的两侧,也引伸为地方学校。例如"庠序"。堂屋与厢房依次排列,所以还延伸成次第、次序。例如"长幼有序""井然故有序"。也引伸指季节。例如《红楼梦》第八十七回:"回忆海棠结社,序属清秋。"

"序"也延伸成序言。例如"序跋"。由此延伸成开头。例如"序幕""序曲"。

庄

𤖅　莊　莊　庄

金文　小篆　楷书(繁体)　楷书

【原文】

莊,艸大也。从艸,壯声。

【译文】

莊,草粗壮盛大。从艸,壯声。

【按语】

"庄"是会意兼形声字。隶变以后楷书写成"莊",从艸(艹),从壯(大),表示粗壮茂盛,壯兼表声;俗作"庄"。如今规范化"庄"。

"庄"的原义是盛大。延伸指大道。例如"康庄大道"。尔后,人们又把生意兴隆、财力盛大的店铺后加上一个庄字。例如"布庄""钱庄""茶庄"。

"庄"延伸成村庄——古时皇室、官僚、地主等在乡下占据的大片土地及其建筑物。如姚合《原上新居》:"邻富鸡长住,庄贫客渐稀。"

尔后,人们把这种村庄、田庄不动之义引入赌博中,"庄"因此就有了庄家的意思。

库

庫　庫　库

小篆　楷书（繁体）　楷书

【原文】

庫,兵车藏也。从車在广下。

【译文】

庫,兵甲车马收藏的处所。由"車"在"广"下会意。

【按语】

"库"是会意字。小篆从广(高大敞屋),从车,会收藏兵车的高大敞屋之意。隶变以后楷书写成"庫"。汉字简化之后写为"库"。

"库"的原义是收藏兵车的地方。延伸泛指贮存物品的屋舍。例如《荀子·富国》:"百姓虚而府库满。"

"库"也引伸为监狱。例如《史记·鲁仲连邹阳列传》:"故拘之牖里之库百日,欲令之死。"

用作量词,是电量的法定计量单位"库仑"的简称。

庞

庞

甲骨文　小篆　楷书（繁体）　楷书

【原文】

龐，高屋也。从广，龍声。

【译文】

龐，高大的屋。从广，龍声。

【按语】

"庞"是会意兼形声字。甲骨文从厂，从龍，似高大的屋宇下有一条巨龙，会房屋高大之意，龍兼表声。小篆中龙的形体繁杂化。隶变以后楷书写成"龐"。汉字简化之后写成"庞"。

"庞"的原义是高大的屋子，但原义后世已经消失，多用"高大"这个延伸义。如柳宗元《黔之驴》："虎见之，庞然大物也，以为神。"

"庞"由高大也引伸表示多而杂乱的。例如"庞杂"。

底

底　底

小篆　楷书

【原文】

底，山居也。一曰：下也。从广，氏声。

【译文】

底，止息、居住的地方。另一义说：底是下面。从广，氏声。

【按语】

"底"是形声兼会意字。小篆从广，氏声，氏兼表向下意。隶变以后楷书写成"底"。

"底"的原义是止住、停滞不通。例如《左传·昭公元年》："于是乎节宣其气，勿使有所壅闭湫底。"

"底"用作名词，延伸指最下面、底端。例如《列子·汤问》："有大壑焉，实惟无底之谷。"由最下面也引伸为下层、下面。例如"底下人"。

"底"也引伸指基础。例如"底子"。还延伸指底细、内情。

府

𤞤　府　府

金文　小篆　楷书

【原文】

府，文书藏也。从广，付声。

【译文】

府，储藏文书的地方。从广，付声。

【按语】

"府"是会意兼形声字。金文从广，从贝，从付，会储藏财物的地方之意，付兼表声。小篆省去"贝"，并整齐化。隶变以后楷书写成"府"。

"府"的原义是府库，是古代国家收藏文书或者财物的地方。例如《史记·项羽本纪》："籍吏民，封府库，而待将军。"

到了汉至南北朝，"府"多指高级官员及诸王治事之所，即官署。诸葛亮《出师表》："宫中府中，俱为一体。"尔后泛指宅第。例如"王府"，指古代有王爵封号的人的住宅。

唐朝至清朝时，"府"为行政区划，比县高一级。例如"开封府""济南府"。

麻

麻　麻　蔴　麻

金文　　小篆　　楷书（繁体）　楷书

【原文】

蔴，与林同。人所治，在屋下。从广，从林。凡麻之属皆从蔴。

【译文】

蔴，与"林"字意义相同。是人们刮治的植物，在敞屋之下。由广、由林会意。凡是麻的部属全部从蔴。

【按语】

"麻"是会意字。金文从厂（山崖），但其内挂着的不是"林"，而是纤麻，会于崖下劈麻晾麻之意。小篆改为从广（敞屋），会在屋檐下晾麻之意。隶变以后楷书写成"麻"。

"麻"的原义就是可做绳索、纺织的大麻。延伸成麻布丧服。例如"披麻戴孝"。

麻织成的布粗糙不平，故也引伸指表面粗糙的、凹凸不平的。《聊斋志异·吕无病》："衣服朴洁，而微黑多麻。"所谓"多麻"是说人的脸上有麻子，也说明脸上不光滑。

麻一般长得众多，故又可以延伸指众多、混乱。如李白《梦游天姥吟留别》："虎鼓瑟兮鸾回车，仙之人兮列如麻。"

廪

甲骨文　　金文　　小篆　　楷书

【原文】

廩,赐谷也。从㐭,从禾。

【译文】

廩,赐给的谷物。由㐭、由禾会意。

【按语】

"廩"是象形兼会意兼形声字。甲骨文似简易的粮仓。金文繁杂化。小篆从广从禀会意,禀兼表声。隶变以后楷书写成"廩"。

"廩"的原义是米仓。例如《史记·货殖列传》:"仓廩实而知礼节。"延伸泛指粮食仓库。如晁错《论贵粟疏》:"广蓄积,以实仓廩。"

"廩"后延伸指供给、赐予。例如《韩非子·内储说上》:"宣王说(悦)之,廩食以数百人。"

"廩"由此延伸指俸禄。如苏轼《与杨济甫》:"奉别忽四年,薄廩维绊,归计未成。"

废

廢　廢　废

说文解字

《说文解字》原文释义

图文珍藏版

小篆　楷书(繁体)　楷书

【原文】

廢,屋顿也。从广,發声。

【译文】

廢,房屋倒塌。从广,發声。

【按语】

"废"是形声字。小篆从广(敞屋),發声。隶变以后楷书写成"廢"。汉字简化之后写成"废"。

"废"的原义是房屋坍塌不能居住。延伸泛指倒塌、荒废。例如《淮南子·览冥训》:"往古之时,四极废,九州裂。"

事物一旦破败,可利用的价值也就不大了,所以也引伸指没用的。例如"废物""废话"。进而延伸指停止、中止。例如"废寝忘食""因噎废食"。

子部

子

甲骨文　　金文　　小篆　　楷书

【原文】

子,十一月,阳气动,万物滋,人以为称。象形。凡子之属皆从子。

【译文】

子,代表十一月,这时阳气发动,万物滋生,人假借"子"作为称呼。似婴儿的样子。大凡子的部属全部从子。

【按语】

"子"是象形字。甲骨文似小儿在襁褓中的样子。金文似婴儿双手张开要人抱的样子。小篆的形体继承甲骨文、金文,并线条化。隶变以后楷书写成"子"。

"子"的原义是婴儿。延伸泛指孩子(与父母等长辈相对)。亦可表示古代对男子的美称或者尊称,还特指有道德和有学问的人。

古代的五等爵位(即公、侯、伯、子、男),"子"为第四等。

"子"尔后又借作地支的第一位,与天干相配。如用以计时,则指夜间十一时至次日凌晨一时。例如"子时"。

孤

孤

小篆　　楷书

【原文】

孤,无父也。从子,瓜声。

【译文】

孤,(年幼而)没有父亲。从子,瓜声。

【按语】

"孤"是形声字。小篆从子,瓜声。隶变以后楷书写成"孤"。

"孤"的原义是幼年死去父亲。延伸指孤单、单独。如王维《使至塞上》:"大漠孤烟直,长河落日圆。"也引伸指少、贫乏。例如《礼记·学记》:"独学而无友,则孤陋而寡闻。"

"孤"用于抽象意义,延伸指孤高。如孟郊《连州吟》:"孤怀吐明月,众毁铄黄金。"

"孤"还用作古代王侯自谦之词。

季

甲骨文	金文	小篆	楷书
			季

【原文】

季,少称也。从子,从稚省,稚亦声。

【译文】

季,年少者的称呼。由子、由稚省佳会意,稚也表声。

【按语】

"季"是会意兼形声字。甲骨文从子,从稚省,会禾苗幼小之意,稚也兼表声。金文的形体大概相同。小篆整齐化。隶变以后楷书写成"季"。

"季"的原义是幼禾。此义后用"稚"来表示。延伸泛指幼、少小。例如"季父",指父亲的幼弟;"季弟",指最小的弟弟。进而延伸指同辈排行中最小的。

最小的也是最后的,故也引伸指朝代末了或者春夏秋冬每个季节的最后一个月。如蔡琰《悲愤诗》:"汉季失权柄,董卓乱天常。"由此也称春夏秋冬四时为"四季"。

孕

甲骨文　小篆　楷书

【原文】

孕，怀子也。从子，从几。

【译文】

孕，怀胎。由子、几会意。

【按语】

"孕"是会意字。甲骨文从人，从子，会怀孕之意。小篆上部变为"乃"字，下部的"子"依然存在。隶变以后楷书写成"孕"。

"孕"的原义是怀胎。例如《庄子·天运》："民孕妇十月生子，子生五月而能言。"

由怀胎延伸引喻在既存事物中成长着新事物，即培育、培养。如李白《述德兼陈情上哥舒大夫》："天为国家孕英才，森森矛戟拥灵台。"

"孕"由原义也引伸指含有、包含。如白居易《与元九书》："于是乎孕大含深，贯微洞密，上下通而一气泰。"

孝

甲骨文　金文　小篆　楷书

【原文】

孝，善事父母者。从老省，从子；子承老也。

【译文】

孝，善于侍奉父母的人。由老省、由子会意，表示子女承奉父老。

"孝"是会意字。甲骨文似长着长头发的老人。金文似孩子背着老人的样子。小篆形体与金文大概相同,并整齐化。隶变以后楷书写成"孝"。

"孝"的原义是善于侍奉父母,即尊敬和顺从父母,尽心奉养。例如《论语·为政》:"孝弟者也,其为仁之本与?"延伸指祭祀。例如《论语·泰伯》:"菲饮食而致孝乎鬼神。"意思是(大禹自己的)饮食很简单,却把祭祀鬼神得祭品办得很丰盛。

孩

小篆　　楷书

【原文】

咳,小儿笑也。从口,亥声。

【译文】

孩,小儿笑的样子。从口,亥声。

【按语】

"孩"是形声字。小篆从子,亥声。隶变以后楷书写成"孩",是"咳"的异体。

"孩"的原义是小儿笑。例如《孟子·尽心上》:"孩提之童,无不知爱其亲者。"注:"孩提,二三岁之间,在襁褓知孩笑,孩提抱者也。"延伸指幼童。如李密《陈情表》:"生孩六月,慈父见背。"延伸泛指子女。也可用作幼辈、属员或者仆役的自称。例如《张协状元》:"孩儿领受爹娘慈旨,曰即离去。"

孙

甲骨文　　金文　　小篆　　楷书(繁体)　　楷书

【原文】

孫,子之子曰孙。从子,从系。系,续也。

【译文】

孙，儿子的儿子叫孙子。由子、由系会意。系，是连续的意思。

【按语】

"孙"是会意字。甲骨文从子，从糸（表示连续），会子与子相连续之意。金文、小篆与甲骨文大概相同。隶变以后楷书写成"孫"。汉字简化之后写成"孙"。

"孙"的原义是儿子的儿子。例如《列子·汤问》："遂率子孙荷担者三夫，叩石垦壤。"

"孙"延伸泛指后代子孙。如苏洵《六国论》："子孙视之不甚惜，举以予人，如弃草芥。"

孟

| 金文 | 小篆 | 楷书 |

【原文】

孟，长也。从子，皿声。

【译文】

孟，同辈中年长的。从子，皿声。

【按语】

"孟"是会意兼形声字。金文从子，从皿，会给初生儿洗沐之意，皿兼表声。小篆整齐化。隶变以后楷书写成"孟"。

"孟"的原义是头生子，即兄弟姊妹中排行最大的。例如《史记·鲁周公世家》："庄公筑台临党氏，见孟女，说而爱之。"

排行第一就是老大。例如"孟兄"，就是长兄。农历四季中每季的第一个月也可以称"孟"。如李白《出自蓟北门行》："孟冬风沙紧，旌旗飒凋伤。""孟冬"就是冬季的第一个月，即农历十月。

学

甲骨文　金文　小篆　楷书（繁体）　楷书

【原文】

无。

【按语】

"学"是会意字。甲骨文描摹的是双手摆布算筹的样子。金文表示在屋子里教孩子们学算术。隶变以后楷书写成"學"。汉字简化之后写成"学"。

"学"的原义是学习。例如《论语·述而》："学而不厌,诲人不倦。"

"学"由学习延伸指学问。例如《韩非子·外储说》："其身甚修,其学甚博,君何不举之?"所谓"其学甚博"是说他们的学问很渊博。

"学"作名词,表示学校。如韩愈《进学解》："国子先生晨入太学,招诸生立馆下。"其中的"太学"是指我国古代设于京城以传授儒家经典的最高学府。

弓 部

弓

甲骨文　金文　小篆　楷书

【原文】

弓,以近穷远。象形。古者挥作弓。凡弓之属皆从弓。

【译文】

弓,从近处射及远方的武器。象形。古时候,名叫挥的人制作了弓。凡是弓的部属全部从弓。

【按语】

"弓"是象形字。甲骨文左边是弓背,右边是弓弦。金文似一张松了弓弦的弓。小篆的写法由金文而来,并整齐化。隶变以后楷书写成"弓"。

"弓"的原义是射箭的工具。例如《诗经·小雅·吉日》:"既张我弓,既挟我矢。"延伸指形状或者作用似弓的东西。

"弓"用作动词,延伸指弯曲。如段成式《酉阳杂俎·诺皋记》:"舞袖弓腰浑忘却,蛾眉空带九秋霜。"其中"弓腰"是指向后弯腰及地如弓形。

引

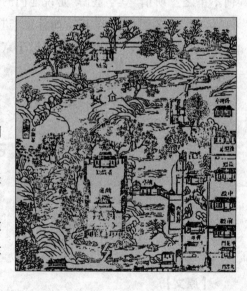

甲骨文　金文　小篆　楷书

【原文】

引,开弓也。从弓、丨。

【译文】

引,拉开弓。由弓、丨会意。

【按语】

"引"是会意字。甲骨文似一张大弓搭着箭,即引弓的样子。金文与甲骨文相似。隶变以后楷书写成"引"。

"引"的原义是拉开弓。如卢纶《和张仆射塞下曲》:"林暗草惊风,将军夜引弓。"延伸指拉、牵挽。成语"引而不发"意思就是拉满了弓却不射出箭,只是摆出跃跃欲射的姿态。引喻善于启发引导,也引喻做好准备暂不行动,以待时机。

"引"又可以延伸成引导、带领。例如《史记·魏公子列传》:"至家,公子引侯生坐上坐。"

弹

彈 彈 弹

甲骨文　　　小篆　　　楷书（繁体）　　楷书

【原文】

彈,行丸也。从弓,單声。

【译文】

彈,弹弓,使丸疾行。从弓,單声。

【按语】

"弹"是形声字。甲骨文是一张弓,在弓上有一个小圆圈,就是弹丸的形象。小篆繁杂化。隶变以后楷书写成"彈"。汉字简化之后写成"弹"。

"弹"的原义是弹弓,读作 dàn。如卢照邻《长安古意》:"挟弹飞鹰杜陵北。"

"弹"又读作 tán,用作动词,表示用弹弓发射弹丸。又可以延伸成弹击。例如《楚辞·渔父》:"新沐者必弹冠,新浴者必振衣。"也引伸指用手指拨动而演奏。例如"弹奏"。

弯

彎 彎 弯

小篆　　　楷书（繁体）　　楷书

【原文】

彎,持弓关矢也。从弓,䜌声。

【译文】

彎,(左手)拿着弓,(右手)把箭括捉在弦上,箭镝伸在弓背外。从弓,䜌声。

【按语】

"弯"是形声字。楷书从弓,䜌声,表示开弓搭箭。隶变以后楷书写成"彎"。汉字简化之后写成"弯"。

"弯"的原义是拉开弓。如李白《大猎赋》:"擢倚天之剑,弯落月之弓。"延伸成弯曲。如杨万里《竹枝歌》:"月子弯弯照九州,几家欢乐几家愁。"也引伸特指弯曲的地方。如"臂弯""小弯"。

"弯"还作量词,用于弯状物。例如"一弯新月""一弯牛角弓"。

张

張　張　张

小篆　　楷书（繁体）　　楷书

【原文】

张,施弓弦也。从弓,长声。

【译文】

张,把弦绷在弓上。从弓,长声。

【按语】

"张"是形声字。小篆从弓,长声。隶变以后楷书写成"張"。汉字简化之后写为"张"。

"张"的原义是把弦安在弓上。如张籍《宫词》:"弦索新张调更高。"延伸成拉开弓。如"张弓射箭"。

"张"由拉开弓延伸出展开之意。也引伸为举目而望。例如"东张西望"。也引伸为放纵。例如"张狂""乖张"。也引伸为挂起、陈设。例如"张灯结彩""张设"。弓被拉开之后,自然就会变得特别紧,故也引伸为紧、急。例如"张弛有度"。

"张"用作量词,表示一种或者一类中的一件。

弱

弱　弱

小篆　　楷书

【原文】

弱，桡也。上象桡曲，彡象毛氂桡弱也。弱物并，故从二弓。

【译文】

弱，柔曲。上面的弓似弯曲的样子，彡似毛氂的柔弱。柔弱的东西并存而不独立，所以"弱"字由两个"弓（juàn）"构成。

【按语】

"弱"是象形字。小篆似两把弯曲的弓，彡似毛羽之形，两部分合起来表示柔弱。隶变以后楷书写成"弱"。

"弱"的原义是气力小，势力差。延伸指纤细、柔软。如卢照邻《长安古意》："弱柳青槐拂地垂，佳气红尘暗天起。"

"弱"也引伸指虚弱、瘦弱。如熟语"弱不禁风"。

"弱"用作动词，延伸指削弱。如贾谊《过秦论》："诸侯恐惧，会盟而谋弱秦。"

"弱"还延伸特指年纪小。如古人常说的"弱子"，就是幼子之意。

疆

金文　　小篆　　楷书

【原文】

畺，界也。从畕；三，其界画也。疆，畺或者，从彊、土。

【译文】

畺，疆界。从畕；三，是田与田之间的界限。疆，畺的或者体，从土，彊声（徐锴《说文解字系传》中作"从土，彊声"，此处从其说）。

【按语】

"疆"是会意字。金文从弓，从土，会用弓来丈量土地之意。小篆继承金文并整齐化、线条化。隶变以后楷书写成"疆"。

"疆"的原义就是田界。例如《诗经·小雅·信南山》:"中田有庐,疆场有瓜。"延伸指边界、国界。例如《史记·秦始皇本纪》:"圣法初兴,清理疆内。"

由边界延伸成极限、止境。例如《诗经·豳风·七月》:"称彼兕觥,万寿无疆。"

弦

𢎺　弦
小篆　　楷书

【原文】

弦,弓弦也。从弓,象丝轸之形。凡弦之属皆从弦。

【译文】

弦,弓弦。从弓,(𢎺)似丝束绑缚在弦所在之处的样子。凡是弦的部属全部从弦。

【按语】

"弦"是会意字。小篆从弓,从玄(糸),会弓上有丝弦之意。隶变以后楷书写成"弦"。

"弦"的原义是弓弦。例如"箭在弦上,不得不发"。延伸指乐器上发声的弦丝。筝、琴等弦乐器,就是因发声的丝弦而得名。也引伸为月弦。例如"上弦月"。

钟表的发条有弹性,盘曲似弓弦,故也指钟表的发条。例如"上弦""钟弦"。

强

𢑛　強　强
小篆　楷书(繁体)　楷书

【原文】

强,蚚也。从虫,弘声。

【译文】

强,蚚类蝇。从虫,弘声。

【按语】

"强"是形声字。小篆从虫,弘声。隶变楷书后写成"強"。汉字简化之后写成"强"。

"强"的原义是米中的一种小黑虫。尔后借用作"彊",指弓有力。延伸指力量大、盛大。例如《孟子·梁惠王上》:"寡固不可以敌众,弱固不可以敌强。"

"强"也引伸指健壮、有力。例如《荀子·劝学》:"蚓无爪牙之利,筋骨之强。"进而延伸指加强、使有力。例如《周易·乾》:"天行健,君子以自强不息。"还延伸指横暴。例如"强徒""强横"。

"强"还延伸指优越、好,程度高,超出。

"强"用作动词,延伸指勉强、硬要、迫使。例如"强人所难"。

弧

小篆　　楷书

【原文】

弧,木弓也。从弓,瓜声。

【译文】

弧,木弓。从弓,瓜声。

【按语】

"弧"是形声字。小篆从弓,瓜声。隶变以后楷书写成"弧"。

"弧"的原义是木弓、弓。例如《易·系传》:"弦木为弧,剡木为矢,弧矢之利,以威天下。"

把木弯曲方能做成弓,故也引伸指弯曲、歪曲。如东方朔《七谏》:"邪说饰而多曲兮,正法弧而不公。"

"弧"也引伸用作古星名,即天弓星。因为天弓九星排列成弓形,在天狼星的左边,似张弓发矢射天狼星的样子,故得名。

国学经典文库

说文解字

《说文解字》原文释义

图文珍藏版

343

弥

金文　　小篆　　楷书（繁体）楷书（繁体）　楷书

【原文】

瓕，弛弓也。从弓，璽声。

【译文】

瓕，放松弓弦。从弓，璽声。

【按语】

"弥"是会意字。金文从弓，从寅，表示用双手抽去箭矢，会放松弓弦之意。隶变以后楷书分别写成"彌"和"瓕"。汉字简化之后写成"弥"。

"弥"的原义是弓张满。延伸泛指充满、遍。《诗经·大雅·生民》："诞弥厥月，先生如达。"也引伸指填满、补满、缝合。例如"弥补"。

由深远也引伸指愈加、愈加。例如"弥足珍贵""欲盖弥彰"。

弛

小篆　　楷书

【原文】

弛，弓解也。从弓，也声。

【译文】

弛，弓弦松懈。从弓，也声。

【按语】

"弛"是形声兼会意字。小篆从弓，也声，也兼表弓弦松弛如蛇屈曲之意。隶变以后楷书写成"弛"。

"弛"的原义是放松或者解下弓弦。例如《左传·襄公十八年》："乃弛弓，而自后缚之。"引申泛指放松、松懈。成语"一张一弛"就是引喻生活的松紧和工作的劳逸要合理安排。

"弛"也引伸指衰减、减弱。成语有"色衰爱弛"，意思是姿色衰老，不被宠爱。

弼

金文　　小篆　　楷书

【原文】

弼，辅也；重也。从弜，丙声。

【译文】

弼，辅正；重复。从弜，丙声。

【按语】

"弼"是会意兼形声字。金文从弜从丙（竹席），会弓的凭借之意，丙兼表声。隶变以后楷书写成"弼"。

"弼"的原义是矫正弓弩的器具。延伸指纠正。如白居易《除武元衡门下侍郎平章事制》："弼违救失，不以尤悔为虑。"

"弼"也引伸指辅佐、辅政，特指臣下辅佐君王。例如《尚书·益稷》："予违汝弼，汝无面从，退有后言。"

"弼"用作名词，指担任辅佐的人。例如《三国志·魏书·武帝纪》："夫治世御众，建立辅弼。"

女

甲骨文　金文　小篆　楷书

【原文】

女,妇人也。象形。王育说。凡女之属皆从女。

【译文】

女,女人。象形。是王育的说法。凡是女的部属全部从女。

【按语】

"女"是象形字。甲骨文似一个妇人跪坐在席子上。金文字形基本上与甲骨文相同,只是多了一条横线,表示发簪之类的饰品。隶变以后楷书写成"女"。

"女"的原义就是女孩子,大都全部指未出嫁的女性。例如《诗经·周南·关雎》:"窈窕淑女,君子好逑。"延伸泛指妇女。如贾谊《论积贮疏》:"一女不织,或者受之寒。"也引伸指女儿。例如《乐府诗集·木兰辞》:"不闻机杼声,惟闻女叹息。"

奴

金文　小篆　楷书

【原文】

奴,奴婢,皆古之辠人也。《周礼》曰:'其奴,男子入于辠隶,女子入于舂藁。'从女,从又。

【译文】

奴,奴和婢,全部是古代的罪人。《周礼》说:"那些奴隶,男子交给为官府提供差役的官员,女子交给供应米粮的官员和主管闲散人员饮食的官员。"由女、又会意。

【按语】

"奴"是会意字。金文字形左为"女",右下为"又"(手)向她抓去,会抓住了人之意。小篆的写法与金文很相似,并整齐化。隶变以后楷书写成"奴"。

"奴"的原义是奴隶。如韩愈《马说》:"故虽有名马,只辱于奴隶人之手。"

"奴"延伸指奴仆。古有"卖身为奴"的说法。到了后世,"奴"常用作古代男女自称的谦辞。如"老奴""奴家"。

威

威

金文　小篆　楷书

说文解字

《说文解字》原文释义

图文珍藏版

【原文】

威,姑也。由女,从戍。汉律曰:'妇告威姑。'

【译文】

威,丈夫的母亲。从女、戍会意。汉朝的律令说:"妇人告发丈夫的母亲。"

【按语】

"威"是会意兼形声字。金文右为一把类似长柄大斧的武器,左下角是一个女子,会用武器向人示威之意,"戍"兼表声。小篆的形体整齐化。隶变以后楷书写成"威"。

"威"的原义指威风、威力。我们常说"威震四海",意思是威风震慑四海。延伸指威严、尊严。例如《管子·八观》:"禁罚威严,则简慢之人整齐。"意思是(假如)刑罚威严,轻视法令的人也会规规矩矩。也引伸指刑罚、法则。例如"作威作福"。也引伸指凭借力量、气势来震慑、胁迫。例如"威胁""威逼"。

姝

姝 姝

小篆　　楷书

【原文】

姝，好也。从女，朱声。

【译文】

姝，女色美好。从女，朱声。

【按语】

"姝"是形声字。小篆从女，朱声。隶变以后楷书写成"姝"。

"姝"的原义是(女子容色)美好。例如《诗经·邶风·静女》："静女其姝，俟我于城隅。""姝"字单独使用时，有时可指青年女子，美人。例如《乐府诗集·陌上桑》："使君遣吏往，问是谁家姝。"意思是太守派了一个小吏前去，询问那是谁家的女子。

如

如 如 如 如

甲骨文　　金文　　小篆　　楷书

【原文】

如，从随也。从女，从口。

【译文】

如，依从。由女、由口会意。

【按语】

"如"是会意字。甲骨文左边为"口"，右边是一个朝左跪着的女人，会从命之意。金文和小篆全部直接由甲骨文演变而来。隶变以后楷书写成"如"。

"如"的原义是从随、遵从。人们常说"不尽如人意",就是不随人愿的意思。也引伸指去、往。例如"如厕"就是指去厕所。也引伸为好似、如同。例如《史记·留侯世家》:"(张良)状貌如妇人女子。"

由好似也引伸指为及、比得上。我们说"自叹不如",就是比不上之意。用作假设连词,表示如果、假如。如王昌龄《芙蓉楼送辛渐》:"洛阳亲友如相问,一片冰心在玉壶。"

嫂

小篆　楷书

【原文】

嫂,兄妻也。从女,叟声。

【译文】

嫂,兄长的妻子。从女,叟声。

【按语】

"嫂"是形声兼会意字。小篆从女,叟声,叟兼表长上之意。隶变以后楷书写成"嫂"。

"嫂"的原义是哥哥的妻子。例如"兄嫂""表嫂""嫂子"。尔后延伸泛指已婚妇女。例如《红楼梦》第六回:"原是特来瞧瞧嫂子,二则也请姑太太的安。"

媒

小篆　楷书

【原文】

媒,谋也,谋合二姓。从女,某声。

【译文】

媒,谋划,谋划使两个不同姓氏的男女结合。从女,某声。

【按语】

"媒"是形声字。小篆从女,某声。隶变以后楷书写成"媒"。

"媒"的原义是媒人。例如《诗经·卫风·氓》:"匪我愆期,子无良媒。"由媒人延伸指使双方发生联系的人或者事物。例如"媒介"。

好

甲骨文　金文　小篆　楷书

【原文】

好,美也。从女、子。

【译文】

好,美。由女、子会意。

【按语】

"好"是会意字。甲骨文似一个半跪着的女子,抱着一个婴儿。金文和小篆全部是由甲骨文演化而来。隶变以后楷书写成"好"。

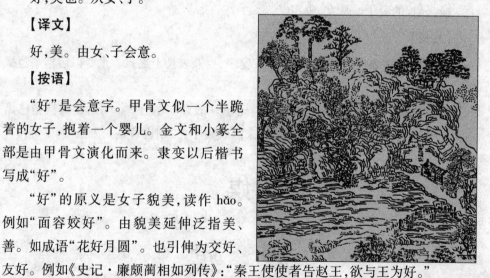

"好"的原义是女子貌美,读作 hǎo。例如"面容姣好"。由貌美延伸泛指美、善。如成语"花好月圆"。也引伸为交好、友好。例如《史记·廉颇蔺相如列传》:"秦王使使者告赵王,欲与王为好。"

"好"读作 hào,表示喜欢、爱好。例如"上天有好生之德"中的"好"就取此义。

妓

妙 妓

小篆　　楷书

【原文】

妓,妇人小物也。从女,支声。

【译文】

妓,妇人用的琐屑之物。从女,支声。

【按语】

"妓"是形声字。小篆从女,支声。隶变以后楷书写成"妓"。

"妓"的原义是妇人小有才艺,表示古代从事歌舞表演的女子。例如"歌妓""舞妓"。

后世专指妓女——以卖淫为职业的女子。陈孚《真州》:"翠户妆营妓,红桥税海商。"

姊

姊 姊

小篆　　楷书

【原文】

姊,女兄也。从女,𣎴声。

【译文】

姊,女人中同父母而又比自己大的。从女,𣎴声。

【按语】

"姊"是形声字。小篆从女,𣎴声。隶变以后楷书写成"姊"。

"姊"的原义是姐姐。例如《乐府诗集·木兰诗》:"阿姊闻妹来,当户理红妆。"

国学经典文库

说文解字

《说文解字》原文释义

图文珍藏版

古代又特指母亲。如刘知几《史通·杂说中》:"如今之所谓者,若中州名汉,关右称羌,易臣以奴,呼母云姊。"

妒

妒　妒

小篆　　　楷书

【原文】

妒,妇妒夫也。从女,户声。

【译文】

妒,妇人忌恨丈夫。从女,户声。

【按语】

"妒"是形声字。小篆从女,户声。隶变以后楷书写成"妒"。

"妒"的原义是妇女忌恨丈夫。延伸泛指忌妒别的女子的姿色。如白居易《琵琶行》:"曲罢曾教善才服,妆成每被秋娘妒。"也引伸泛指忌恨别人。如陆游《卜算子·咏梅》:"无意苦争春,一任群芳妒。"

妆

妆　妆　妝　妝　妆

甲骨文　金文　小篆　楷书(繁体)　楷书

【原文】

妆,饰也。从女,爿声。

【译文】

妆,修饰。从女,爿声。

【按语】

"妆"是形声字。甲骨文从女,爿声。金文与甲骨文大概相同,小篆整齐化。隶变以后楷书写作"妝"。汉字简化之后写成"妆"。

　　"妆"的原义是修饰、打扮。"梳妆"就是打扮之意。延伸指女子身上的妆饰或者装饰用品。例如《乐府诗集·木兰诗》："阿姊闻妹来，当户理红妆。"还延伸特指女子出嫁时陪送的财物。例如"嫁妆"。

　　"妆"也引伸指装饰的样式。如刘禹锡《赠李司空妓》："高髻云鬟宫样妆，春风一曲杜韦娘。"

妇

甲骨文	金文	小篆	楷书（繁体）	楷书

【原文】

婦，服也。从女持帚，洒扫也。

【译文】

婦，服侍家事的人。由"女"持握着扫"帚"会意，表示洒扫庭院的意思。

【按语】

　　"妇"是会意字。甲骨文似一个女子手拿笤帚，会女子洒扫之意。金文字形与甲骨文基本相同。小篆把"女""帚"对调。隶变以后楷书写成"婦"。汉字简化之后写成"妇"。

　　"妇"的原义是已婚女子。例如"妇人""少妇"。延伸指妻子。如白居易《琵琶行》："门前冷落鞍马稀，老大嫁作商人妇。"也引伸泛指妇女，常指成年女子。如杜甫《兵车行》："纵有健妇把锄犁，禾生陇亩无东西。""妇"还当儿媳讲。例如《古诗为焦仲卿妻作》："非为织作迟，君家妇难为。"

妹

甲骨文　　金文　　小篆　　楷书

【原文】

妹，女弟也。从女，未声。

【译文】

妹，女人中同父母而又比自己小的。从女，未声。

【按语】

"妹"是形声字。甲骨文右边是一个半跪着的女子，表形；左边"未"表声。金文字形与甲骨文大概相同。小篆把"女"和"未"的位置对调。隶变以后楷书写成"妹"。

"妹"的原义是女弟。所谓"女弟"，是同父母而年龄比自己小的女子。也延伸指亲戚中年龄比自己小的女性同辈。例如"表妹""堂妹"。后延伸泛指女孩、年轻的女子。例如"打工妹""外来妹"。

妄

小篆　　楷书

【原文】

妄，乱也。从女，亡声。

【译文】

妄，荒乱。从女，亡声。

【按语】

"妄"是会意兼形声字。金文从女，从亡（盲意），会看不见而胡乱猜想之意，亡兼表声。隶变以后楷书写成"妄"。

　　"妄"的原义是胡乱，荒诞不合常理的。成语"轻举妄动"就是不经慎重考虑而盲目行动的意思。延伸指非分的。例如"妄念"就是指虚妄的或者不正当的念头。进而延伸指不真实。例如"虚妄""妄想"。

婿

小篆　　楷书（繁体）　　楷书

【原文】

婿，夫也。从土，胥声。

【译文】

婿，丈夫。从土，胥声。

【按语】

　　"婿"是形声字。小篆从土，胥声。隶变以后楷书写成"壻"；俗作"婿"，改为从女。如今规范化，以"婿"为正体。

　　"婿"的原义是古时女子对丈夫的称呼。例如"夫婿"。延伸成对成年男子的美称。例如《晋书·桓温传》："桓温有英雄之才，愿陛下勿以常人遇之，常婿畜之。"又指女儿、妹妹或者其他晚辈的丈夫。例如《史记·平原君虞卿列传》："公夫人甚爱女，每迎女，婿固不遣。"

妻

甲骨文　　金文　　小篆　　楷书

【原文】

妻，妇，与夫齐者也。从女，从屮，从又。又，持事，妻职也。

【译文】

妻，又叫妇人。与丈夫一致的人。女、中、由又会意。又，表示操持事务的意思，是妻子的职责。

【按语】

"妻"是会意字。甲骨文从女，从又（手），以妇女梳理长发会结发为妻之意。金文上改为结发插笄之形，下部改为从母。小篆整齐化。隶变以后楷书写成"妻"。

"妻"的原义是男子的配偶。例如《诗经·齐风·南山》："取妻如之何，匪媒不得。"延伸指以女嫁人为妻。例如《论语·公冶长》："子谓公冶长：'可妻也。虽在缧绁之中，非其罪也。'"

婢

甲骨文　　小篆　　楷书

【原文】

婢，女之卑者也。从女，从卑，卑亦声。

【译文】

婢，女人中地位低下的。由女、由卑会意，卑也表声。

【按语】

"婢"是会意兼形声字。甲骨文从妾，从卑（卑下），会卑贱的女子之意，卑兼表声。小篆把左边的"妾"换成了"女"，并整齐化。隶变以后楷书写成"婢"。

"婢"的原义是古代罪人眷属中没入官署服役的人。尔后延伸泛指旧时有钱人家雇来役使的女孩子、女仆。例如"婢女""贱婢"。有时也用作妇女自谦之词。例如《左传·僖公二十二年》："寡君之使婢子侍执巾栉，以固子也。"杜预注："婢子，妇人之卑称也。"

婴

金文　　小篆　　楷书（繁体）　楷书

【原文】

婴，颈饰也。从女、賏。賏，其连也。

【译文】

婴，妇人颈脖上的装饰品。由女、賏会意。賏，表示用贝相连。

【按语】

"婴"是会意字。金文賏，下为女，会妇女颈上挂着贝做成的装饰品之意。小篆上部变为两只贝，下仍为"女"，意义没变。隶变以后楷书写成"嬰"。汉字简化之后写成"婴"。

"婴"的原义是上古时用贝做成的项链，是妇女的颈饰。延伸指系在颈上、戴。进而延伸指缠绕、围绕。如陆机《赴洛道中作》："借问予何之，世网婴我身。"贝曾经是财富的象征，用贝穿成的饰物一定比较珍贵，所以"婴"有了宝贝之意。小孩子是种族的血脉，也是人类的珍宝，所以"婴"也引伸指婴儿。

姿

小篆　　　楷书

【原文】

姿，态也。从女，次声。

【译文】

姿，姿态。从女，次声。

【按语】

"姿"是形声字。小篆从女,次声。隶变以后楷书写成"姿"。

"姿"的原义是姿态。如苏轼《念奴娇·赤壁怀古》中有"雄姿英发"之句,取的就是此义。用作形容词,指美好妩媚。例如"姿色",指的女子有美好的姿态和容貌。延伸指资质、气质。如成语"蒲柳之姿",就是用于形容就气质而言较柔弱的一类女子。

姓

甲骨文　　小篆　　楷书

【原文】

姓,人所生也。古之神圣母,感天而生子,故称天子。从女,从生,生亦声。例如《春秋传》曰:"天子因生以赐姓。"

【译文】

姓,人出生的那个家族的姓氏。古代的神圣的母亲,由于上天的感动而生下了子女,所以叫作"天子"。由女,生会意,生也表声。《春秋左氏传》说:天子根据出生的由来而赐给诸侯的姓氏。

【按语】

"姓"是会意兼形声字。甲骨文从女(姓是母系社会的反映,故从女),从生,生兼表声。小篆整齐化。隶变以后楷书写成"姓"。

"姓"的原义是标志家族系统的字。例如"姓氏",姓和氏本有分别,姓起于女系,氏起于男系。秦汉以后,姓氏合一,通称姓或者兼称姓氏。战国前,只有贵族有姓,奴隶没有姓,故又指官吏、贵族百官族姓。例如《尚书·尧典》:"百姓昭明,协和万邦。"此处的"百姓"指的就是百官。战国以后渐指平民。

娶

娶 𡠗 娶
甲骨文　　小篆　　楷书

【原文】

娶,取妇也。从女,从取,取亦声。

【译文】

娶,选取(女子做)妻子。由女、取会意,取也表声。

【按语】

　　"娶"是会意兼形声字。甲骨文从女从取会意,取兼表声。小篆由甲骨文演变而来。隶变以后楷书写成"娶"。

　　"娶"的原义是男子结婚,把女子接过来成亲。我们常说的"娶媳妇""迎娶新娘"全部是用原义。

姐

姐 姐
小篆　　楷书

【原文】

姐,蜀谓母曰姐,淮南谓之社。从女,且声。

【译文】

姐,蜀地把母亲叫作姐,淮南地方叫作社。从女,且声。

【按语】

　　"姐"是形声字。小篆的形体从女,且声。隶变以后楷书写成"姐"。

　　"姐"的原义是母亲的别称。古代时蜀人称母为姐。尔后延伸特指同父母而年龄比自己大的女子。也指家族亲戚中与自己同辈而年龄比自己大的女子。例如"表姐""堂姐"。还是对普通同辈女性的尊称。例如"李姐""张姐"。

姥

小篆　　楷书

【原文】

无。

【按语】

"姥"是形声兼会意字。小篆,从女,老声,老兼表年老之意。楷书写成"姥",异体写成"姆"。现在二字的表意有分工,以"姥"为正体字。

"姥"的原义是以妇德、妇言、妇容、妇功教人的老年妇女,读作 mǔ,但此义今已不用。延伸泛指老年妇女。例如《晋书·王羲之传》:"会稽有孤居姥养一鹅,善鸣。"也引伸指婆婆,即丈夫的母亲。例如《古诗为焦仲卿妻作》:"便可白公姥,及时相遣归。"此处的"公姥",即指公公婆婆。

"姥"读作 lǎo,借用以表示外祖母,方言也称"姥娘"。

嫡

小篆　　楷书

【原文】

嫡,孎也。从女,啻声。

【译文】

嫡,谨慎。从女,啻声。

【按语】

"嫡"是形声字。小篆从女,商声。隶变以后楷书写成"嫡"。

"嫡"的原义是奴隶社会、封建社会中的正妻。古代"嫡出""庶出"的说法,指的就是由正室所生,还是由妾室所生。尔后也把正妻生的长子称嫡子,省称为"嫡"。

"嫡"也引伸指家庭中血缘近的、亲的,或者奴隶社会、封建社会中的正支。例如"嫡亲""嫡系"。进而也引伸指正统的、正宗的。例如"嫡传",是嫡派相传的意思,表示正宗。

妖

妖

小篆　　楷书

【原文】

无。

【按语】

"妖"是会意兼形声字。小篆从女从夭(表示舞动着的人)会意,夭兼表声。隶变以后楷书写作"妖"。

"妖"的原义是女子美好、容貌艳丽。我们熟知的"妖娆"就是美好的意思。过分美丽会让人觉得不真实,故"妖"延伸成怪诞、怪异。例如"妖言惑众"。

人们又用"妖"来形容淫邪不正。例如"妖媚"和"妖里妖气",取的全部是此义。"妖"又引申为害人的怪物。例如"花妖狐魅""妖魔鬼怪"。妖精害人,故也引伸为邪恶、品质恶劣。例如"妖道""妖术"。

奶

金文　　小篆　　楷书　　楷书

【原文】

无。

【按语】

"奶"是会意兼形声字。金文从女，爾声。隶变以后楷书写成"嬭"。俗作"奶"，从女从乃（奶头）会意，乃字兼表声。汉字简化之后写成"奶"。

"奶"的原义是乳房。王力在《同源字典》中说："今人谓乳房为奶，乳汁亦为奶。'奶'是'乳'的音转。"所以"奶"也指乳汁。例如"牛奶""吃奶"。延伸又指老年妇女或者祖母。例如"奶奶"。

妃

甲骨文　　金文　　小篆　　楷书

【原文】

妃，匹也。从女，己声。

【译文】

妃，匹偶。从女，己声。

【按语】

"妃"是形声字。甲骨文从女，从巳（表示子），会婚配生子之意。金文字形与甲骨文差不多。小篆整齐化，但"巳"变为"己"，成了形声字。隶变以后楷书写成"妃"。

"妃"的原义是婚配,读作 pèi。此义后用"配"取代。例如《左传·昭公二十六年》:"子叔姬妃齐昭公,生舍。"意思是子叔姬嫁给齐昭公,生下了舍。

延伸泛指妻子、配偶,读作 fēi。例如《史记·五帝本纪》:"嫘祖为黄帝正妃,生二子,其后皆有天下。"后也引伸特指帝王的妾。也特指太子、王侯之妻。例如"太子妃""王妃"。又用作古代对神女的尊称。例如"宓妃",就是传说中洛神的名字,是后羿的妻子。

娇

嬌　嬌　娇

小篆　楷书(繁体)　楷书

【原文】

嬌,姿也。从女,喬声。

【译文】

嬌,姿态(柔美可爱)。从女,喬声。

【按语】

"娇"是形声字。小篆从女,乔声。隶变楷书后写成"嬌"。汉字后简化写成"娇"。

"娇"的原义指姿态柔美可爱。如杜甫《江畔独步寻花》:"留连戏蝶时时舞,自在娇莺恰恰啼。"延伸出柔弱之意。如白居易《长恨歌》:"侍儿扶起娇无力,始是新承恩泽时。"女子和儿童全部是柔弱而美

好的,所以又特指年轻女子和儿童。例如《乐府诗集·华山畿》:"夜相思,投壶不停箭,忆欢作娇时。"

"娇"也引伸为爱、宠爱。如杜甫《北征》:"平生所娇儿,颜色白胜雪。"过多的宠爱会让人变得肆无忌惮,故也引伸为任性。如王实甫《西厢记》:"小姐,你性儿忒惯得娇了。"

妊

甲骨文　　金文　　小篆　　楷书

【原文】

妊,孕也。从女,从壬,壬亦声。

【译文】

妊,怀孕。由女、由壬会意,壬也表声。

【按语】

"妊"是会意兼形声字。甲骨文从女,从壬(表示承担),壬兼表声。金文字形与甲骨文差不多。小篆整齐化。隶变以后楷书写成"妊"。

"妊"的原义是怀孕。例如《后汉书·章帝纪》:"今诸怀妊者,赐胎养谷人三斛。"此句所记即东汉章帝时,为鼓励生育,国家规定,对怀孕的人,赏赐用于胎养的谷物三斛。

始

金文　　小篆　　楷书

【原文】

始,女之初也。从女,台声。

【译文】

始,女子的初生。从女,台声。

【按语】

"始"是形声字。金文和小篆全部是从女,台声。隶变以后楷书写成"始"。

"始"的原义是女子的初生。延伸泛指开头、开始。例如"千里之行,始于足下"。也引伸指当初、在最初的时候。例如"初始"。

用作副词,延伸表示时间不久,等同于"刚刚""刚才"。如王观《卜算子》:"才始送春归,又送君归去。"又等同于方才、然后。如白居易在《琵琶行》:"千呼万唤始出来。"还延伸指仅仅、只。如李白《梁园吟》:"天长水阔厌远涉,访古始及平台间。"

姻

小篆　楷书

【原文】

姻,婿家也。女之所因,故曰姻。从女,从因,因亦声。

【译文】

姻,女婿的家。是女人依靠的对象,所以叫作姻。由女、由因会意,因也表声。

【按语】

"姻"是会意兼形声字。小篆从女从因(表示凭借、依靠)会意,因兼表声。隶变以后楷书写作"姻"。

"姻"的原义是女婿家,即男方。例如《白虎通·嫁娶》:"姻旨,妇人因夫而成,故曰姻。"尔后延伸泛指男女嫁娶结成的婚姻关系。例如"联姻""姻缘"。也引伸指因婚姻而结成的亲戚。例如《太平广记·柳毅传》:"泾阳之妻,则洞庭君之爱女也。淑性茂质,为九姻所重。"其中的"九姻"泛指亲族。

娃

娃 娃

小篆　　　楷书

【原文】

娃,吴楚之间谓好曰娃。从女,圭声。

【译文】

娃,吴楚之间把容貌美好的女子叫作娃。从女,圭声。

【按语】

"娃"是形声兼会意字。小篆从女,圭声,圭兼表如圭玉之意。隶变以后楷书写成"娃"。

"娃"的原义是女子容貌美好。延伸泛指美女。古人称美丽的女子为"娇娃"。少女多美好,故也引伸指少女、姑娘。如白居易《城上夜宴》:"诗听越客吟何苦,酒被吴娃劝不休。"还延伸指小孩子。例如"娃娃"。后词义扩大,在方言中指某些动物的幼崽。例如"猪娃"。

奸

姦 姦 奸

小篆　　楷书（繁体）　　楷书

【原文】

姦,犯婬也。从女从干,干亦声。

【译文】

姦,犯奸淫的罪恶。由女、干会意,干也表声。

【按语】

"奸"是会意兼形声字。小篆有两个字形：一个由三个"女"字组成；另一个从女，从干，会干犯之意，干也兼表音。隶变以后楷书分别写成"姦"和"奸"。如今规范化，以"奸"为正体。

"奸"作为"姦"的简化字，"奸"的原义是私。例如《汉书·食货志下》："奸钱日多，五谷不为多。"其中的"奸钱"就是指私铸的钱币。后也引伸指私通。例如"通奸"。

"奸"进而也引伸指奸邪、狡诈。人们常说的"奸人"即指狡诈之人。也引伸泛指坏人、坏事。成语"作奸犯科"就是这种用法。

妙

钞　妙

小篆　　楷书（繁体）　　楷书

【原文】

玅，急戾也。从弦省，少声。

【译文】

玅，急躁暴戾。从弦省弓会意，少表声。

【按语】

"妙"是形声兼会意字。小篆从弦省，少声，少兼表小之意。隶变为楷书写成"钞"，又作"妙"。汉字简化之后写成"妙"。

"妙"作为"钞"的异体字，"妙"的原义是急躁暴戾。

"妙"作本字，原义是少女。延伸指青春年少。例如"妙龄"一词现在用来专指女子的青春时期，但是在古代则是泛指青春年少。年轻的时光是人生中最美好的，故也引伸指美好、美妙。例如《古诗十九首》之《今日良宴会》："弹筝奋逸响，新声妙入神。"

"妙"也引伸指精妙、微妙、精微。例如《老子》第一章："故常无欲以观其妙，常有欲以观其徼。"也引伸指奇巧、神奇。例如《后汉书·张衡传》："后数日，驿至，果地震陇西，于是皆服其妙。"

妨

妙 妨

小篆　　楷书

【原文】

妨,害也。从女,方声。

【译文】

妨,损害。从女,方声。

【按语】

"妨"是形声字。小篆从女,方声。隶变以后楷书写成"妨"。

"妨"的原义是损害、伤害。如王充《论衡·偶会》:"贼父之子,妨兄之弟,与此同召。"延伸指阻碍。例如"妨碍"。也引伸指相克。

妈

嫣 媽 妈

小篆　　楷书（繁体）　　楷书

【原文】

无。

【按语】

"妈"是形声字。楷书写成"媽",从女,馬声。汉字简化之后写成"妈"。

"妈"的原义是母亲。延伸泛指年长的妇女或者女性长辈。例如"姑妈""姨妈"。旧时又指中老年女仆。例如"老妈子",就是指年老的女仆。

媚

甲骨文　　金文　　小篆　　楷书

【原文】

媚，说（悦）也。从女，眉声。

【译文】

媚，爱悦。从女，眉声。

【按语】

　　"媚"是会意兼形声字。甲骨文似一个跪坐的女子，大眼睛、长眉毛，很漂亮。金文与甲骨文大概相同，但更为形象。小篆改为从女从眉会意，眉兼表声。隶变以后楷书写成"媚"。

　　"媚"的原义是喜爱。如辛弃疾《清平乐·村居》中有"醉里吴音相媚好"之句，意思就是吴音醉人，让人喜爱。美好的事物招人喜爱，故也引伸指婀娜多姿、姿态美好。"明媚""娇媚"全部取此义。只为让对方喜爱而不问是非，就是在讨好对方，故也引伸指逢迎、取悦、讨好。例如"奴颜媚骨""谄媚"。

嫌

小篆　　　楷书

国学经典文库

说文解字

《说文解字》原文释义

图文珍藏版

【原文】

嫌,不平于心也。一曰:疑也。从女,兼声。

【译文】

嫌,(怨恨)在心里不平静。另一义说:嫌是疑惑的意思。从女,兼声。

【按语】

"嫌"是形声字。小篆从女,兼声。隶变以后楷书写成"嫌"。

"嫌"的原义是不满意、厌恶。例如《古诗为焦仲卿妻作》:"三日断五匹,大人故嫌迟。"由此延伸指怨恨、仇怨。例如《新唐书·尉迟敬德传》:"丈夫以气相许,小嫌不足置胸中。"还延伸指疑惑、怀疑。例如"避嫌""嫌疑"。

嫩

嬔 嫩 嫩

小篆　楷书(繁体)　楷书

【原文】

嫩,好貌。从女,㪻声。

【译文】

嫩,(女子)柔美的样子。从女,㪻声。

【按语】

"嫩"是形声兼会意字。小篆从女,㪻声,㪻兼表柔软之意。隶变以后楷书写成"嫩",后作"嫩"。如今规范化,以"嫩"为正体。

"嫩"的原义是指女子柔美的样子。延伸泛指初生而柔弱娇嫩。如萧衍《游钟山大爱敬寺》:"萝短未中揽,葛嫩不任牵。"还延伸指程度轻。如杨万里《春暖郡圃散策》:"春禽处处讲新声,烟草欣欣贺嫩晴。"也引伸指颜色新鲜浅淡。例如"嫩黄""嫩绿"。

由程度轻,延伸指食物烹调时间短,容易咀嚼。例如"嫩牛排""肉很嫩"。也引伸指幼稚,不老练,缺乏实际经验。"你还嫩了点",就是说这个人缺乏经验。

姑

钟姑 姑 姑

金文　　小篆　　楷书

【原文】

姑，夫母也。从女，古声。

【译文】

姑，丈夫的母亲。从女，古声。

【按语】

"姑"是会意兼形声字。金文从女，古声。小篆整齐化。隶变以后楷书写成"姑"。

"姑"的原义是丈夫的母亲，如今称婆婆。如王建《新娘嫁》："未谙姑食性，先遣小姑尝。"前一个"姑"指婆婆，后边的"小姑"指的是丈夫的妹妹。所以"姑"也延伸指丈夫的姊妹。还延伸指父亲的姊妹。例如"姑妈"。尔后用作妇女的通称。例如"尼姑""道姑"。

"姑"用作副词，表示姑且、暂且。如蒲松龄《聊斋志异》："姑妄言之，姑妄听之。"

婆

婆 婆

小篆　　楷书

【原文】

无。

【按语】

"婆"是形声字。隶变以后楷书写成"婆",从女,波声。

"婆"的原义是年老的妇人。也引伸特指母亲。例如《乐府诗集·折杨柳枝歌》:"阿婆不嫁女,那得孙儿抱?"此处的"阿婆"指的就是母亲。又指丈夫的母亲。也指祖母。例如"外婆"。还延伸指旧时从事某些职业的妇女。例如"渔婆""媒婆""接生婆"。

婪

甲骨文　　小篆　　楷书

【原文】

婪,贪也。从女,林声。杜林说:卜者党相诈验为婪。

【译文】

婪,贪婪。从女,林声。杜林认为,占卦的人用骗人的征兆使人以为灵验,就叫"婪"。

【按语】

"婪"是形声字。甲骨文从女,林声。小篆字形与甲骨文差不多,只是整齐化、线条化了。隶变以后楷书写成"婪"。

"婪"原义是贪食。如韩愈《月蚀诗效玉川子作》:"婪酣大肚遭一饱,饥肠彻死无由鸣。""婪"现在大都与"贪"连用作"贪婪",引喻渴求而不知足。

婶

婶

小篆　　楷书〔繁体〕　　楷书

【原文】

无。

【按语】

"婶"是形声字。楷书繁体写成"嬸",从女,審声。汉字简化之后写成"婶"。

"婶"的原义是叔父的妻子、叔母。例如"婶娘""婶母"。延伸泛指与父母同辈而年龄较小的已婚妇女。例如"大婶儿"。

姨

姨

小篆　　　　楷书

【原文】

姨,妻之女弟同出为姨。从女,夷声。

【译文】

姨,妻子的姊妹全部已出嫁的叫姨。从女,夷声。

【按语】

"姨"是形声字。小篆从女,夷声。隶变以后楷书写成"姨"。

"姨"的原义是妻子的姐妹。例如"小姨"。也延伸指母亲的姊妹。例如"姨母"。旧时子女也以之称呼父亲的小老婆,即庶母。

娘

娘 纕 孃 娘

甲骨文　小篆　楷书（繁体）　楷书

【原文】

孃，烦扰也。从女，襄声。

【译文】

原义是烦扰。此义后用"攘"来表示。如《玉篇·女部》："娘，少女之号。"

【按语】

"娘"是形声字。甲骨文从女，良声。小篆改为从女，襄声。隶变以后楷书写成"孃"。汉字简化之后写成"娘"。

"娘"的原义是少女、年轻女子。如古人常称年轻貌美的女子为"美娇娘"。

又借用以表示母亲。如杜甫《兵车行》："爷娘妻子走相送，尘埃不见咸阳桥。"又泛指长一辈或者年长的已婚妇女。例如"大娘""婶娘"。还延伸泛指妇女。例如"厨娘""渔娘"等。

娱

娱 娱

小篆　　楷书

【原文】

娱，乐也。从女，吴声。

【译文】

娱，欢乐。从女，吴声。

【按语】

"娱"是会意兼形声字。小篆从女,吴声,吴兼表人歌舞之意。隶变以后楷书写成"娱"。

"娱"的原义是欢乐、快乐。例如《楚辞·离骚》:"启《九辩》与《九歌》兮,夏康娱以自纵。""夏康"是夏代君王太康的省称。太康是启的儿子,因游乐放纵而失去了国家的政权。

"娱"用作动词,表示戏乐、使欢乐。例如"娱乐"。快乐能驱散忧愁,所以"娱"也引伸指排遣、抒发。例如《楚辞·九章·思美人》:"吾将荡志而愉乐兮,遵江夏以娱忧。""遵江夏"指的是屈原东迁的路线,"娱忧"就是排解忧愁。

婚

婚　婚

小篆　　楷书

【原文】

婚,妇家也。《礼》:娶妇以昏时,妇人阴也,故曰婚。从女从昏,昏亦声。

【译文】

婚,妻子的家。《礼》规定:娶妻子应在黄昏的时候,因为女人属阴,所以叫作"婚"。由女、由昏会意,昏也表声。

【按语】

"婚"是形声兼会意字。本作"昏",因为古代婚礼常在黄昏举行,而且这也是远古抢婚习俗的反映。小篆另加义符"女",昏声,兼表黄昏之意。隶变以后楷书写成"婚"。

"婚"的原义是女方,即妻子一家。延伸指结婚。例如《国语·晋语》:"同姓不婚,恶不殖也。""同姓不婚"即同一姓之男女不相嫁娶。

嫁

嫁   嫁

小篆   楷书

【原文】

嫁,女适人也。从女,家声。

【译文】

嫁,女孩儿(从自家出来)到男人家里(为妻)。从女,家声

【按语】

"嫁"是形声兼会意字。小篆从女,家声,家兼表成家之意。隶变以后楷书写成"嫁"。

"嫁"的原义是女子去跟男子结婚。例如"出嫁"。延伸特指把损失、祸害转移给他人。例如"嫁祸于人"。还延伸指植物的人工营养繁殖方法之一,即"嫁接"。

媳

媳   媳

小篆   楷书

【原文】

无。

【按语】

"媳"是后起字,为会意兼形声字。楷书写成"媳",从女从息(生息)会意,息兼表声。

"媳"的原义是儿子的妻子。例如"媳妇",古代主要指儿媳,现在则多指妻子。尔后又泛指弟弟及其他晚辈的妻子。例如"弟媳""孙媳"。

"媳"后又用作已婚妇女的谦称。如冯梦龙《警世通言》:"老媳寻得一头亲,难

得恁般凑巧。""老媳"就是老妇人的自称,等同于"老妇"。

嫉

脨 **嫉**
　小篆　　　楷书

【原文】

嫉,妒也。从人,疾声。一曰:毒也。傃或者,从女。

【译文】

嫉,嫉妒。从人,疾声。另一义说:嫉是憎恶。嫉,傃的或者体,从女。

【按语】

"嫉"是形声兼会意字。小篆从人,疾声,疾兼表痛之意。隶变以后楷书写成"嫉"。

"嫉"的原义是忌妒才德地位等美好的人。后泛指忌妒。如屈原《离骚》:"众女嫉余之娥眉兮,谣诼谓余以善淫。"嫉妒使人生恨,所以"嫉"也引伸指憎恨。如成语"嫉恶如仇",意思是嫉恨坏人坏事就似嫉恨仇敌一样。现在一般写成"疾恶如仇"。

嬉

嬰 **僖** **僖** **嬉**
　甲骨文　　小篆　　楷书(繁体)　楷书

【原文】

无。

【按语】

"嬉"是会意兼形声字。甲骨文左边是"喜",右边是跪坐的女子,喜兼表声。小篆中"女"讹变为"人"。隶变以后楷书写成"僖"和"嬉"。如今规范化,以"嬉"为正体。

"嬉"的原义是戏乐、没有拘束地游玩。如韩愈《进学解》:"业精于勤,荒于嬉。"

马部

马

甲骨文　金文　小篆　楷书（繁体）　楷书

【原文】

馬,怒也;武也。象马头髦尾四足之形。凡馬之属皆从馬。

【译文】

馬,是昂首怒目的动物;是勇武的动物。似马的头部、鬃毛、尾巴、四只脚的样子。凡是馬的部属全部从馬。

【按语】

"马"是象形字。甲骨文就似一匹马。金文与甲骨文大概相同,只是马的眼睛特别突出,鬃毛也鬣鬣可见。小篆整齐化。隶变以后楷书写成"馬"。汉字简化之后写成"马"。

"马"的原义是强武有力的家养马。由于马在古代是用来搬运物品或者打仗时的坐骑,因此许慎解释马是昂首怒目的动物,是勇武的动物。例如《战国策·燕策一》:"古之君人,有以千金求千里马者,三年不能得。"

驹

金文　小篆　楷书（繁体）　楷书

【原文】

驹,马二岁曰驹,三岁曰駣。从馬,句声。

【译文】

驹,马两岁叫作驹,三岁叫作駣。从馬,句声。

【按语】

"驹"是形声字。金文从馬,句声。小篆继承金文而来。隶变以后楷书写成"駒"。汉字简化后写成"驹"。

"驹"的原义是两岁的小马,可见古代的驹有齿龄的限制,后世则泛指小马。

"驹"延伸泛指少壮的骏马。如成语"白驹过隙",意思是白色骏马在细小的缝隙前跑过。形容时间过得极快。

骑

小篆　　楷书（繁体）　　楷书

【原文】

骑,跨马也。从馬,奇声。

【译文】

骑,两腿分张跨在马上。从馬,奇声。

【按语】

"骑"是形声字。小篆从馬,奇声。隶变以后楷书写成"騎",汉字简化之后写成"骑"。

"骑"的原义是骑马。延伸泛指两腿跨于物上。如李白《长干行》:"郎骑竹马来,绕床弄青梅。"

"骑"用作名词,指马、骑手,或者一人一马,读作 jì。如白居易《卖炭翁》:"翩翩两骑来是谁,黄衣使者白衫儿。"其中的"骑"便是指一人一马。

驱

驅　驅　驱

小篆　　楷书（繁体）　　楷书

【原文】

驅，马驰也。从馬，區声。

【译文】

驅，用棰策鞭打马，使马奔驰向前。从馬，區声。

【按语】

"驱"是形声字。小篆从馬，區声，表示赶马之意。隶变以后楷书写成"驅"。汉字简化之后写作"驱"。

"驱"的原义是赶马。例如《诗经·唐风·山有枢》："子有车马，弗驰弗驱。"意思是，你有车马，却不乘坐、不驱赶。也引伸指驱逐、赶走。例如"驱寒""驱除"。

"驱"也引伸指逼迫、迫使。如陶渊明《乞食》："饥来驱我去，不知竟何之。"

驳

駁　駁　駁　驳

甲骨文　　小篆　　楷书（繁体）　　楷书

【原文】

駁，马色不纯。从馬，爻声。

【译文】

駁，马的毛色不纯。从馬，爻声。

【按语】

"驳"是会意字。甲骨文从馬，从爻，会意马身上有交错的花纹之意。小篆整齐化。隶变以后楷书写成"驳"。

"驳"原义指马的毛色不纯。延伸成混杂、杂乱、庞杂。例如"驳杂"。

"驳"由反对杂乱、混杂延伸成辨正是非、说出自己的道理，或者者列举理由以否定别人的意见。如"驳斥""批驳"。

驰

驃　馳　驰

【原文】

馳，大驱也。从馬，也声。

【译文】

馳，使马长驱。从馬，也声。

【按语】

"驰"是形声字。小篆从马，也声。隶变以后楷书写成"馳"。汉字简化之后写成"驰"。

"驰"的原义是车马疾行。延伸成声名远扬。例如"驰名中外"。

"驰"也引伸为驱车马追击、追逐。例如"驰竞"。而尽力追逐之时，正是心向往之，故也引伸为向往。例如《隋书·史祥传》："身在边隅，情驰魏阙。"

驻

駐　駐　驻

【原文】

駐，马立也。从馬，主声。

【译文】

驻,马立定止住。从馬,主声。

【按语】

"驻"是形声字。小篆从馬,主声。隶变以后楷书写成"駐",汉字简化之后写为"驻"。

"驻"的原义是马暂时停立。例如"驻马"。延伸成人暂时停留或者停留。如姜夔《扬州慢》:"解鞍少驻初程。"

"驻"由停下来不走延伸成军队的驻扎、驻防。例如"驻扎"。

"驻"也引伸为工作人员暂住在履行职务的地方。例如"驻京办事处"。

驭

| 甲骨文 | 金文 | 小篆 | 楷书(繁体) | 楷书 |

【原文】

无。

【按语】

"驭"是会意字。甲骨文,从马,从又(手)会用手驾驭马匹之意。金文、小篆承之。隶变后楷书写成"馭"。汉字简化之后写成"驭"。

"驭"的原义是驾驭车马。例如《荀子·王霸》:"王良造父者,善服驭者也。"延伸成控制、制约。例如《宋书·后废帝纪》:"廪藏虚罄,难用驭远。""驭远"指控制远藩。

"驭"也引伸指统治、治理。如牛弘《请开献书之路表》:"及秦皇驭宇,吞灭诸侯。""驭宇"就是统治天下。

驯

驯 馴 驯

小篆　楷书（繁体）　楷书

【原文】

驯，马顺也。从馬，川声。

【译文】

驯，马顺从。从馬，川声。

【按语】

"驯"是形声字。小篆从馬，川声。隶变以后楷书写成"馴"。汉字简化之后写成"驯"。

"驯"的原义是马驯服、顺从。例如《淮南子·说林训》："马先驯而后求良，人先信而后求能。"延伸指驯服鸟兽。如韩愈《送惠师》："江鱼不池活，野鸟难笼驯。"泛指顺服。如"桀骜不驯"。

驾

驾 駕 驾

小篆　楷书（繁体）　楷书

【原文】

駕，马在轭中。从馬，加声。

【译文】

駕，马套在车轭之中。从馬，加声。

【按语】

"驾"是形声字。小篆从馬，加声。隶变以后楷书写成"駕"。汉字简化之后写成"驾"。

说文解字

　　"驾"的原义是把车套等加在马身上使其拉动。延伸指驾车、驾驶。如白居易《卖炭翁》:"夜来城外一尺雪,晓驾炭车辗冰辙。"

　　"驾"用作量词,指马拉车一天所走的路程。例如《荀子·劝学》:"驽马十驾,功在不舍。"

　　"驾"后世又特指皇帝的车。古代天子出行,仪仗队规模最大者为大驾,在法驾、小驾之上。后遂用"大驾光临"形容尊贵的客人到来。进而特指皇帝。如古代天子死亡称为"驾崩"。

骄

驕　驕　骄

小篆　　楷书(繁体)　　楷书

【原文】

　　驕,马高六尺为骄。从馬,喬声。例如《诗》曰:'我马唯骄。'一曰:野马。

【译文】

　　驕,马高六尺叫作骄。从馬,喬声。例如《诗经》说:"我的马儿是骄马。"另一义说:骄是野马。

【按语】

　　"骄"是会意兼形声字。小篆从马,从喬,会雄壮的大马之意,喬兼表声。隶变以后楷书写成"驕"。汉字简化之后写成"骄"。

　　"骄"的原义是雄壮的大马。延伸指马高大雄壮的样子。

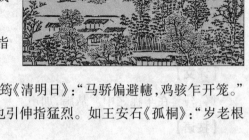

　　"骄"又指马奔逸不受控制。如温庭筠《清明日》:"马骄偏避幰,鸡骇乍开笼。"进而延伸指傲慢、放纵。例如"骄纵"。也引伸指猛烈。如王安石《孤桐》:"岁老根弥壮,阳骄叶更阴。"

骗

騗　騗　骗

小篆　　楷书（繁体）　楷书

【原文】

无。

【按语】

"骗"是形声字。小篆从馬,扁声。隶变以后楷书写成"騗"。汉字简化之后写成"骗"。

"骗"的原义是跃上马背并骑乘。如张元一《嘲武懿宗》:"长弓短度箭,蜀马临阶骗。"

"骗"后主要借用来表示欺蒙,即用假话或者欺诈手段使人相信、上当。例如"坑蒙拐骗"。又表示用欺骗的手段得到。例如"骗吃骗喝"。

骤

驟　驟　骤

小篆　　楷书（繁体）　楷书

【原文】

驟,马疾步也。从馬,聚声。

【译文】

驟,马飞速奔驰。从馬,聚声。

【按语】

"骤"是形声字。小篆从马,聚声。隶变以后楷书写成"驟",汉字简化之后写成"骤"。

"骤"的原义是马飞速奔驰。例如《诗经·小雅·四牡》:"驾彼四骆,载骤骎骤。"意思就是驾着四匹骏马，疾驰奔向前方。泛指奔驰。进而延伸指迅疾、急速。例如"狂风骤雨"。

"骤"用作副词，延伸指突然。如成语"骤不及防"，就是指事情来得突然，使人不及防备。

骚

騷　騷　骚

小篆　　楷书（繁体）　　楷书

【原文】

骚，扰也。一曰：摩马。从馬，蚤声。

【译文】

骚，骚扰。另一义说：骚是刷马。从馬，蚤声。

【按语】

"骚"是形声兼会意字。小篆从馬，蚤声，蚤兼表扰乱之意。隶变以后楷书写成"騷"。汉字简化写成"骚"。

"骚"的原义是马惊扰不安。例如"骚动"。泛指骚扰。如李白《古风》："阳和变杀气，发卒骚中土。"

"骚"特指《离骚》。也引伸特指诗体的一种——以屈原《离骚》为代表的诗歌体裁。

"骚"由腥臊延伸指轻佻、放荡（多用于女子）。例如"卖弄风骚"。

幺 部

幺

金文　小篆　楷书

【原文】

幺,小也。象子初生之形。凡幺之属皆从幺。

【译文】

幺,小。似婴儿刚刚出生的样子。凡是幺的部属全部从幺。

【按语】

"幺"是象形字。金文似一小束丝的样子。小篆与金文的形体接近。隶变以后楷书写成"幺"。

"幺"的原义是小。如苏轼《异鹊》:"家有五亩园,幺凤集桐华。"

因为一是最小的整数,所以至今人们还称"一"为幺。"幺"也指排行最末的。如在湘西及四川一带称幼子为"幺儿"。

幽

甲骨文　金文　小篆　楷书

【原文】

幽,隐也。从山中丝,丝亦声。

【译文】

幽,隐蔽。由"山"中有"丝"会意,丝也表声。

【按语】

"幽"是会意兼形声字。甲骨文从丝,从火,会以微火烧细丝发出微弱的光之意。小篆下部的"火"讹变为"山",从山从丝会意,丝兼表声。隶变以后楷书写成"幽"。

"幽"的原义是昏暗。由昏暗延伸成隐晦深奥。如成语"探幽索隐",就是探究深奥的道理,搜索隐秘的事情。

"幽"也引伸指幽深僻静。常建《题破山寺后禅院》:"曲径通幽处,禅房花木深。""幽"就是指僻静。

"幽"还延伸出微弱之意。"幽咽"就是指发出微弱的哭声。

幽

| 甲骨文 | 金文 | 小篆 | 楷书 |

【原文】

幽,少也。从幺,从力。

【译文】

幽,年少。由幺、由力会意。

【按语】

"幽"是会意字。甲骨文从幺(表示细小),从力,会力量弱小之意。金文与甲骨文差不多。小篆整齐化、线条化。隶变以后楷书写成"幽"。

"幽"的原义是年幼力小。延伸指幼小、年纪小。如屈原《涉江》:"余自幼好此奇服兮,年既老而不衰。"

"幽"用作名词,指小孩儿。如陶渊明《归去来兮辞》:"携幼入室,有酒盈樽。"

"幽"也引伸指爱护。例如《孟子·梁惠王上》:"幼吾幼以及人之幼。"第一个

"幼"即爱护、关心;后一个"幼"则指小孩儿、孩子。

纟部

糸

| 甲骨文 | 金文 | 小篆 | 楷书（繁体） | 楷书 |

【原文】

糸,细丝也。象束丝之形。凡糸之属皆从糸。

【译文】

糸,细丝。似一束丝的样子。凡是糸的部属全部从糸。

【按语】

"纟"是象形字。甲骨文似一小束丝拧在一起的样子。金文与甲骨文大概相同。小篆线条化了。隶变以后楷书写成"糸"。汉字简化发后写成"纟"。

"纟"原义是细丝。如宋代研究《说文解字》的学者徐锴说:"一蚕所吐为'忽',十忽为'丝';'糸',五忽也。"因此说这种丝是极细的。

红

紅 紅 红

| 小篆 | 楷书（繁体） | 楷书 |

【原文】

紅,帛赤白色。从糸,工声。

【译文】

紅,丝织品呈浅赤色。从糸,工声。

国学经典文库

说文解字

《说文解字》原文释义

图文珍藏版

【按语】

"红"是形声字。小篆从糸,工声。隶变以后楷书写成"紅"。汉字简化之后写成"红"。

"红"的原义是粉红色的丝帛。后用来指代颜色。

红色似漂亮女人羞红的脸庞,故尔后成为美人的代称;与女人相关的东西,也用红来指代。例如"红颜""红妆"。

红色是热闹、喜庆的颜色,用以象征喜事。例如"红白喜事""红娘"。人事业兴旺时,分给其他人的钱称作"红利"。人得宠时,叫作"走红""大红大紫"。

绎

绎　繹　绎

小篆　楷书（繁体）　楷书

【原文】

繹,抽丝也。从糸,睪声。

【译文】

繹,抽丝。从糸,睪声。

【按语】

"绎"是形声字。小篆从糸,睪声。隶变以后楷书写成"繹",汉字简化之后写成"绎"。

"绎"的原义是抽丝。延伸指继续、连续不断。如成语"络绎不绝",形容车船人马等前后相接,往来不断。

"绎"还延伸指陈述。例如《礼记·射义》:"绎者,各绎己之志也。""绎志"便是指抒陈自己的志向。

绅

$$绅\quad 紳\quad 绅$$

【原文】

紳,大带也。从糸,申声。

【译文】

紳,(束腰)大带(的下垂部分)。从糸,申声。

【按语】

"绅"是形声字。小篆从糸,申声。隶变以后楷书写成"紳"。汉字简化之后写成"绅"。

"绅"的原义是古代士大夫束在衣外腰间的大带子,一端下垂。例如《礼记·玉藻》:"绅长制士三尺,有司二尺有五寸。"《白虎通》:"衣裳所以必有绅带者,示敬谨自约整也。"

"绅"延伸指佩戴这种带子的人,旧指地方上有地位、有名望的人。例如"缙绅"。

纯

$$纯\quad 屯\quad 純\quad 純\quad 纯$$

【原文】

純,丝也。从糸,屯声。《论语》曰:'今也纯,俭。'

【译文】

純,蚕丝。从糸,屯声。《论语》说:"如今用丝料(做礼帽),是俭省的。"

【按语】

"纯"是形声字。金文从糸,屯声。小篆整齐化。隶变以后楷书写成"純"。汉字简化之后写成"纯"。

"纯"的原义是生蚕丝。延伸指同一颜色的丝织品。进而延伸指纯正、不含杂质、质朴无华。

"纯"也引伸指专一、单纯。例如"单纯""纯粹"。还延伸指精通、熟练。例如"炉火纯青"。

"纯"用作副词,表示全、全部。例如"纯属虚构"。

纠

甲骨文　金文　小篆　楷书(繁体)　楷书

【原文】

糾,绳三合也。从糸、丩。

【译文】

糾,绳多股绞合在一起。由糸、丩会意。

【按语】

"纠"原本是象形字。甲骨文似藤蔓或者两束丝线纠缠在一起。金文愈加形象。小篆与甲骨文、金文相似。隶变以后楷书写成"糾"。汉字简化之后写成"纠"。

"纠"的原义是三股绳子。延伸指似丝线一样缠结、缠绕。例如《诗经·魏风·葛屦》:"纠纠葛屦,可以履霜。"

由缠结、缠绕在一起,又可以延伸出集结、聚集之意。例如《红楼梦》第八十回:"金桂不发作性气,有时喜欢,便纠聚人来斗牌掷骰行乐。"

经

经（金文）　經（小篆）　經（楷书（繁体））　经（楷书）

金文　　小篆　　楷书（繁体）　楷书

【原文】

經，织也。从糸，巠声。

【译文】

經，编织品的纵线。从糸，巠声。

【按语】

"经"象形字。金文的下部是织布时撑线用的"工"，上部的三条曲线就是织布的经线的形状。小篆左边增加了"糸"。隶变以后楷书写成"經"。汉字简化之后写成"经"。

"经"的原义是织布上的纵线，与"纬"相对。尔后由经纬，延伸成南北。例如《大戴礼记·易本命》："凡地东西为纬，南北为经。"

若没有经也就谈不上纬，"经"是主要的，故人体气血通路的主干也称为"经"。例如"经脉""经络"。历来被尊奉为典范的著作就称为"经典"。

"经"用作动词，表示管理、治理。如陆游《喜谭德称归》："少鄙章句学，所慕在经世。"

继

继（金文）　繼（小篆）　繼（楷书（繁体））　继（楷书）

金文　　小篆　　楷书（繁体）　楷书

【原文】

繼，续也。从糸，䜌。一曰：反䜌为继。

【译文】

繼，继续。由糸、䜌会意。另一义说：把表示断绝的"䜌"字反转过来，就是

"继"。

【按语】

"继"是会意字。金文会把断了的丝线接续上之意。小篆在左边又增加"糹"。隶变以后楷书写成"繼"。汉字简化之后写成"继"。

"继"的原义是连续、接续。延伸成承继。例如《荀子·儒效》:"工匠之子,莫不继事。"

"继"又可以延伸成延续。如成语"存亡继绝",原意是说恢复灭亡的国家,延续断绝了的子嗣。泛指使濒临灭亡或者已亡者得以继续存在或者延续。

素

| 金文 | 小篆 | 楷书 |

【原文】

素,白致缯也。从糸,取其泽也。凡素之属皆从素。

【译文】

素,白色而又细密的、未加工的丝织品。由糸会意,取其光润下垂的意思。凡是素的部属全部从素。

【按语】

"素"为会意字。金文中间为白缯(丝织品)之形,下部两侧为双手,会双手拿着白缯之意。小篆省掉了双手,上部更似缯下垂的样子。隶变以后楷书写成"素"。

"素"的原义是本色未染的生绢。由白缯延伸成白的、没有染色的。"素面朝天"指的就是未施脂粉。

"素"也引伸出朴素、质朴之义。例如"素朴"。

索

甲骨文　　金文　　小篆　　楷书

【原文】

索,艸有茎叶,可以作为绳索。从糸。

【译文】

索,草有茎和叶,可用来制作绳索。由、糸会意。

【按语】

"索"为象形字。甲骨文似一条大绳,上端似大绳三股分开的样子。金文似双手搓绳的样子。小篆发生了讹变。隶变以后楷书写成"索"。

"索"的原义就是大绳子,最初是狩猎或者农事中的工具。延伸成求取、讨取。例如"索要"。也引伸为寻找、搜索。例如《后汉书·杜林传》:"吹毛索疵。"就是吹开皮上的毛寻找疤痕。成语又写成"吹毛求疵"。

"索"也引伸表示独自、孤单。例如"离群索居"、就是独居之意。

编

小篆　　楷书（繁体）　　楷书

【原文】

编,次简也。从糸,扁声。

【译文】

编,依次排列竹简。从糸,扁声。

【按语】

"编"是形声兼会意字。小篆从糸,扁声,扁兼表编制之意。隶变以后楷书写成

"编"。汉字简化之后写成"编"。

"编"的原义是编简。如成语"韦编三绝"。

"编"延伸特指按一定的制度建立某种组织。例如"编队""编组"。进而延伸指编制。例如"编外人员""在编"。又泛指把条状物交织组织起来。例如"编筐""编辫子"。

"编"由编辑延伸指创作。例如"编剧""编导"。也引伸指捏造。例如"编派"就是编造故事,借机讥诮别人。

绵

绵 縣 绵

小篆　楷书（繁体）　楷书

【原文】

无。

【按语】

"绵"是会意字。小篆从糸,从帛,会缠连的丝绵之意。隶变以后楷书写成"縣"。汉字简化后写成"绵"。

"绵"的原义是丝棉。延伸指丝絮状物。如陆游《醉中怀眉山旧游》:"海棠如雪柳飞绵。"进而延伸指似丝绵一样接连不断。例如《诗经·大雅·绵》:"绵绵瓜瓞,民之初生。"

"绵"也引伸指薄弱、软弱。例如"略尽绵力"。又指病重。例如《晋书·陶侃传》:"不图所患,遂尔绵笃。"

"绵"还延伸指久远。如陆机《饮马长城窟行》:"冬来秋未反,去家邈以绵。"

绊

绊 绊 绊

小篆　楷书（繁体）　楷书

【原文】

绊,马絷也。从糸半声。

【译文】

绊,御马的绳索。从糸,半声。

【按语】

"绊"是形声字。小篆从糸,半声。隶变以后楷书写成"絆"。汉字简化之后写成"绊"。

"绊"的原义是用绳子把马系住。又指用绳子把足系住。例如"绊脚"。进而延伸泛指牵制、约束、束缚。如杜甫《曲江》:"细推物理须行乐,何用浮荣绊此身。"

"绊"也引伸指行走时被别的东西挡住或者缠住。例如"磕磕绊绊""绊脚石""绊马索"。

"绊"用于抽象意义,延伸引喻阴谋、圈套。例如"暗地里使绊儿"。

缴

缴　缴　缴

小篆　楷书(繁体)　楷书

【原文】

无。

【按语】

"缴"是形声字。小篆从糸(表示与线丝有关),敫声。隶变以后楷书写成"缴"。

"缴"的原义是系在箭上的生丝绳,射鸟用,读作 zhuó。例如《孟子·告子》:"一心以为有鸿鹄将至,思援弓缴而射之。"

"缴"又读作 jiǎo,借用作"交",指交纳、交出,用于履行义务或者被迫。例如"缴公粮"。延伸指迫使交出,强力收取。例如"缴械"。

"缴"也引伸指缠绕、扭转。如白居易《早梳头诗》:"年事渐蹉跎,世缘方缴绕。"

终

| 甲骨文 | 金文 | 小篆 | 楷书（繁体） | 楷书 |

【原文】

終，緻丝也。从糸，冬声。

【译文】

終，缠紧丝。从糸，冬声。

【按语】

"终"是象形兼会意兼形声字。甲骨文似一束丝，两头似结扎的末端。金文把丝结简化为点。小篆整齐化，线条化，并另加义符"系"和声符"夂"。隶变以后楷书写成"終"。汉字简化后写成"终"。

"终"的原义是纺线结束后把线头打结。延伸泛指终了、结束，与"始"相对。延伸指生命的终结，即死。例如"寿终正寝""无疾而终"。

"终"还指从开始到结束的所有时间。例如"终日"。

"终"用作副词，表示最终、终于。又表示终究、到底。如陆游《冬夜读书示子聿》："纸上得来终觉浅，绝知此事要躬行。"

纬

緯 緯 纬

| 小篆 | 楷书（繁体） | 楷书 |

【原文】

緯，织横丝也。从糸，韋声。

【译文】

纬,纺织品的横线。从糸,韦声。

【按语】

"纬"是形声字。小篆从糸,韦声。隶变以后楷书写成"緯"。汉字简化之后写成"纬"。

"纬"的原义是织物上横向的纱线。延伸指东西向的横路。例如《周礼·考工记》:"国中九经九纬,经涂九轨。"

"纬"也引伸指地理学上假定的沿地球表面跟赤道平行的东西分度横线。例如"纬度"。

缝

 縫 缝

小篆 　　楷书（繁体）　　楷书

【原文】

缝,以针絘絘衣也。从糸,逢声。

【译文】

缝,用针把布帛连缀成衣。从糸,逢声。

【按语】

"缝"是形声兼会意字。小篆从糸,逢声,逢兼表相接之意。隶变以后楷书写成"縫"。

"缝"的原义是用针线连缀衣服。延伸指补合。例如"缝破补绽",就是泛指裁制修补之类的针线活。

"缝"用作名词,延伸指连缀缝合处,接合的地方,罅隙。例如"裤缝""门缝"。又引喻言行中出现的漏洞、差错。

缘

緣　緣　缘

小篆　楷书（繁体）　楷书

【原文】

緣，衣纯也。从糸，彖声。

【译文】

緣，装饰衣边。从糸，彖声。

【按语】

"缘"是形声字。小篆从糸（表示与丝线布帛有关），彖声。隶变以后楷书写成"緣"。汉字简化之后写成"缘"。

"缘"的原义是衣服的饰边。例如《后汉书·明德马皇后纪》："常衣大练，裙不加缘。"引申泛指器物的边沿。如元稹《茅舍》："边缘堤岸斜。"

"缘"也引伸指人与人或者事物发生联系的可能性，即缘分。进而延伸指缘故、理由。例如"无缘无故"。

"缘"也引伸指向上爬、攀援。如成语"缘木求鱼"。

绳

繩　繩　绳

小篆　楷书（繁体）　楷书

【原文】

繩，索也。从糸，蠅省声。

【译文】

繩，绳索。从糸，蠅省声。

【按语】

"绳"是形声字。小篆从糸,電声。隶变以后楷书写成"繩"。汉字简化之后写成"绳"。

"绳"的原义是绳子。延伸特指木工用的墨线、墨斗。例如《荀子·劝学》:"故木受绳则直。"

"绳"用作动词,延伸指衡量。例如"绳之以法"就是用法律做准绳而给予制裁的意思。也引伸指纠正、约束、制裁。如龚自珍《病梅馆记》:"未可明诏大号以绳天下之梅也。"

织

纖　織　织

小篆　　楷书（繁体）　　楷书

【原文】

織,作布帛之总名也。从糸,戠声。

【译文】

織,制作麻织品和丝织品的总名称。从糸,戠声。

【按语】

"织"是形声字。小篆从糸,戠声。隶变以后楷书写成"織"。汉字简化之后写成"织"。

"织"的原义是织布、制作布帛的总称。例如《乐府诗集·木兰诗》:"唧唧复唧唧,木兰当户织。"

"织"延伸泛指编制、组成。例如《孟子·滕文公》:"其徒数十人,皆衣褐,捆屦织席以为食。"

"织"也引伸指搜罗、收集。例如《旧唐书·酷吏传上·来俊臣》:"招集无赖数百人,令其告事,共为罗织。"

"织"用作名词,指织成的物品。例如《后汉书·列女传》:"今若断斯织,则损失成功。"

绿

綠　綠　绿

小篆　楷书(繁体)　楷书

【原文】

綠,帛青黄色也。从糸,彔声。"

【译文】

绿,丝帛呈青黄色(蓝色与黄色调和的颜色)。从糸,彔声。

【按语】

"绿"是形声字。小篆从糸,彔声。隶变以后楷书写成"綠",汉字简化之后写成"绿"。

"绿"的原义是青黄色,是草木叶子在茂盛时的颜色。如贺知章《咏柳》:"碧玉妆成一树高,万条垂下绿丝绦。"

绿色的色彩很深,故用以引喻乌黑发亮的颜色。在古诗文常见"绿鬓"一词,例如"绿鬓愁中改"(李白《古风》五),其中的"绿鬓"就是指人乌黑而有光泽的鬓发。

缔

締　締　缔

小篆　楷书(繁体)　楷书

【原文】

締,结不解也。从糸,帝声。

【译文】

締,丝纠结得不可分解。从糸,帝声。

【按语】

"缔"是形声字。小篆从糸（表示与线丝或者缠织等有关），帝声。隶变以后楷书写成"締"。汉字简化之后写成"缔"。

"缔"的原义是系结得很牢固、不可解开。如贾谊《过秦论》："合从缔交，相与为一。"延伸指郁结。例如《楚辞·九章·悲回风》："心鞿羁而不开兮，气缭转而自缔。"

由纠结在一起，延伸指（牢固）结合、订立。例如"缔好"（指结好）、"缔约国"。

"缔"也引伸指构造、建造。例如"缔造"。

绩

續　　績　　绩

小篆　　楷书（繁体）　　楷书

【原文】

續，缉也。从糸，責声。

【译文】

績，把麻或者者其他的纤维搓捻成线或者绳。从糸，責声。

【按语】

"绩"为形声字。小篆从糸，責声。隶变以后楷书写成"績"。汉字简化之后写成"绩"。

"绩"的原义是把麻、纤维接续起来搓成线绳。如范成大《田园四时杂兴》："昼出耘田夜绩麻，村庄儿女各当家。"

纺绩会有所结果，故延伸指成就、功业、收获。例如"丰功伟绩""成绩"。

缚

缚 縛 縛

小篆　楷书（繁体）　楷书

【原文】

縛，束也。从糸，専声。

【译文】

縛，用强索捆绑。从糸，専声。

【按语】

"缚"是形声字。小篆从糸（表示与线丝或者缠织等有关），専声。隶变以后楷书写成"縛"，汉字简化之后写成"缚"。

"缚"的原义是用绳索捆绑。例如《左传·文公二年》："晋襄公缚秦囚，使莱驹以戈斩之。"延伸指拘束、限制。例如"束缚"。

缕

縷 縷 缕

小篆　楷书（繁体）　楷书

【原文】

縷，线也。从糸，婁声。

【译文】

縷，线。从糸，婁声。

【按语】

"缕"是形声字。小篆从糸（表示与线丝有关），婁声。隶变以后楷书写成"縷"。汉字简化后写成"缕"。

"缕"的原义是丝线、麻线。延伸泛指细而长的东西，线状物。例如《三国志·

魏书·文帝纪》："汉氏诸陵无不发掘,乃至烧取玉匣金缕。"

"缕"用作副词,延伸指逐条地、细致地。例如《抱朴子·外篇》:"其功业相次千万者,不可缕举也。"

"缕"用作量词,用于纤细的条状物或者抽象的东西。例如"千丝万缕""几缕相思"。

纤

纖 纖 纤

小篆　楷书（繁体）　楷书

【原文】

纖,细也。从糸,韱声。

【译文】

纖,细小。从糸,韱声。

【按语】

"纤"是会意兼形声字。小篆从糸从韱会意,韱兼表声。隶变以后楷书写成"纖"。汉字简化后写成"纤"。

"纤"的原义是细小、细微,读作 xiān。例如"纤细"。也指细纹丝帛。如屈原《招魂》:"被(披)文服(穿)纤,丽而不奇些。"延伸形容美好的样子。例如"纤纤素手"。

"纤"特指纺织品的主要原料——纤维。例如"化纤"。

"纤"又读作 qiàn,指拉船的绳索。例如"纤夫"。也指牵牲口的绳索。如刘禹锡《观市》:"马牛有纤。"

约

𦃃　約　约

小篆　楷书（繁体）　楷书

【原文】

约，缠束也。从糸，勺声。

【译文】

约，缠绕捆缚。从糸，勺声。

【按语】

"约"是形声字。小篆从糸，勺声。隶变以后楷书写成"約"。汉字简化之后写成"约"。

"约"的原义是捆缚、缠束，读作 yuē。如李商隐《又效江南曲》："扫黛开宫额，裁裙约楚腰。"用于抽象意义，指束缚、限制。例如"约束"。进而延伸指事先提出或者商量。例如"约好""有约在先"。

"约"又指约会、预先约定的会面，或者邀请。例如"约在饭店""约你吃饭"。

"约"用作形容词，指简明、精要。例如"简约"。

"约"又读作 yāo，多用于口语，指用秤称物。例如"给我约二斤肉"。

纪

己　𥿄　紀　纪

金文　小篆　楷书（繁体）　楷书

【原文】

纪，丝别也。从糸，己声。

【译文】

纪，丝的另一头绪。从糸，己声。

【按语】

"纪"是会意兼形声字。金文用"己"（编结）表示。小篆另加义符"纟"，从纟从己会意，己兼表声。隶变以后楷书写成"紀"。汉字简化之后写成"纪"。

"纪"的原义是丝缕的头绪、开端。延伸指纲领。例如"纲纪"。又指法度、准则。例如"违法乱纪"。

"纪"古时用作纪年单位。例如《抱朴子·微旨篇》："罪大者夺纪（减损寿命三百天）。"现在指一百年或者更长的时间。例如"一个世纪""中世纪"。

"纪"又指史书的一种体裁，用来记述帝王的历史事迹。例如"高祖本纪""项羽本纪"。

纲

| 小篆 | 楷书（繁体） | 楷书 |

【原文】

綱，维纮绳也。从纟，冈声。

【译文】

綱，网的大绳。从纟，冈声。

【按语】

"纲"是形声兼会意字。小篆从纟，冈声，兼表领起之意。隶变以后楷书写成"綱"。汉字简化后写成"纲"。

"纲"的原义是提网的总绳。延伸引喻总要。例如"提纲挈领"。也引伸引喻国家法度。例如《诗经·大雅·棫朴》："勉勉我王，纲纪四方。"

唐代以后，大量货物分批起运时，要为每批货物编立字号，分为若干组，故延伸指成批运输货物的编组。例如"生辰纲""盐纲"。

"纲"延伸指书籍所分成的大类与小类，或者生物学上分类系统的第三级，门之下目之上。例如"本草纲目""鸟纲"。

纳

金文　　　小篆　　　楷书（繁体）　楷书

【原文】

納，丝湿纳纳也。从糸，内声。

【译文】

納，丝湿润润的样子。从糸，内声。

【按语】

"纳"是会意兼形声字。金文同"内"。小篆另加义符"糸"。隶变以后楷书写成"納"，从内从糸会意，内也兼表声。汉字简化之后写成"纳"。

"纳"的原义是丝吸水而湿的样子。例如《九叹·逢纷》："裳襜襜而含风兮，衣纳纳而掩露。"延伸指收藏。例如《诗经·豳风·七月》："九月筑场圃，十月纳禾稼。"

"纳"延伸指收容、接受。例如"纳谏""采纳"。还可指娶。例如"纳妾"。

"纳"也引伸指藏。例如"藏污纳垢"。延伸又指献出、交付。例如"纳税"。

纹

小篆　　楷书（繁体）　楷书

【原文】

无

【按语】

"纹"是形声兼会意字。楷书繁体写成"紋",从糸从文会意,文兼表声。汉字简化之后写成"纹"。

"纹"的原义是丝织品上的花纹。如杜甫《小至》:"刺绣五纹添弱线,吹葭六管动浮灰。"

"纹"延伸泛指物体上的花纹。例如"纹丝不动""纹理"。

"纹"特指皮肤上的纹理。例如"指纹""皱纹"。

纵

糸 縱 纵

小篆　　楷书(繁体)　　楷书

【原文】

縱,缓也。一曰舍也。从糸,從声。

【译文】

縱,松缓。另一义说,是舍弃。从糸,從声。

【按语】

"纵"是会意兼形声字。小篆从糸,从從,從兼表声。隶变以后楷书写成"縱"。汉字简化之后写成"纵"。

"纵"的原义是织布时松开杼任其退回去。延伸指放走、释放。例如"纵虎归山"。也引伸指放任、不加拘束。如杜甫《闻官军收河南河北》:"白日放歌须纵酒。"也引伸指猛然向前或者向上跃起。例如"纵身上马"。

"纵"用作连词,表假设,等同于"即使""如"。例如"纵然"。

"纵"也引伸指地理上南北向的。例如"纵向"。

纷

纷　紛　纷

小篆　楷书（繁体）　楷书

【原文】

纷，马尾韬也。从糸，分声。

【译文】

纷，包藏马尾的套子。从糸，分声。

【按语】

"纷"是形声兼会意字。小篆从糸，分声。分兼表散之意。隶变以后楷书写成"紛"。汉字简化后写成"纷"。

"纷"的原义是兜住马尾防其散乱的兜子，现在此义已不用。延伸指众多、杂乱。如屈原《涉江》："霰雪纷其无垠兮，云霏霏而承宇。"

"纷"还指繁盛的样子。如屈原《离骚》："纷吾既有此内美兮，又重之以修能。"

由纷乱延伸指旌旗上的飘带。如扬雄《羽猎赋》："青云为纷，虹霓为缲。"